Geulnuri
2014-B-03

Understanding of C·H·I·N·E·S·E Modern Society

중국 현대사회의 이해

정명기 | 田娜 | 유자영

글누리
HNU

머리말

1978년 등소평에 의한 개혁 개방으로 竹의 장막을 걷어낸 중국은 세계의 공장에서 세계의 시장으로 빠르게 발전하면서 21세기에 새로운 질서를 구축하는 행위자로 주목받게 되었다. 우리에게도 중국은 최대교역국일 뿐만 아니라 최대투자국으로 하루에 만 명 이상이 방문하는 나라이며, 한 해에 4백만 명 이상의 중국인이 우리나라를 방문하고 있다. 이제 중국은 더 이상 가깝고도 먼 나라가 아니다. 한·중 수교 20년 만에 중국은 가깝고 더 가까워진 나라로 우리 곁에 성큼 다가왔다. 그럼에도 불구하고 우리는 중국에 대한 많은 오해와 편견을 가지고 있는 것도 사실이다. 사회주의 유산과 과거와의 단절로부터 발생한 정치경제적 변화들이 중국 사회를 보다 이해하는 데 걸림돌로 작용하여 왔기 때문으로 풀이된다.

이 같은 문제의식에서 국가, 시장, 사회라는 세 가지 차원에서 현대 중국 사회를 알기 쉽게 이해하기 위해 이 책을 서술하였다. 따라서 이 책은 현대 중국 사회를 전체적으로 조망하는데 필요한 내용들로 짜여져 있다. 비록 이 내용들이 저자들의 관심을 추구하고 정리한 것이지만 현대 중국 사회에 관심이 있는 일반 독자나 학생들에게 도움이 될 것으로 생각된다.

이 책이 출판되기까지 묵묵히 곁에서 격려해 준 동료교수님들과 마지막으로 난삽한 문장을 가다듬어 준 대학출판부 여러분의 노고에 감사드린다.

2014년 甲午年에

저자를 대표해서 정 명 기 씀

머/리/말

제1부 국가 국토와 정치지배구조 · 11

제2부 시장 사회주의 시장경제 메커니즘의 이해 · 57

표 목 차

그 림 목 차

제 1 부

국가

국토와 정치지배 구조

제 1 장.　중국의 국토 및 행정구역

제 2 장.　국가 정치 권력구조

제 3 장.　정치개혁과 민주화

제1부 국가
국토와 정치지배 구조

대인류가 21세기에 진입하면서 중국도 새로운 역사가 시작되었다. 30여년의 개혁개방을 통해 중국의 경제건설은 세계경제발전 역사에서 보기 드문 연평균 GDP 9.8%의 성장속도를 보이며 2010년 일본을 제치고 세계 2대 경제대국으로 성장하였다. 또한 도시주민의 일인당 가처분 소득은 1978년 343위안에서 2012년 24,565위안으로 연평균 13.4% 증가하였고, 농촌주민 일인당 순소득도 1978년 134위안에서 2012년 7,917위안으로 증가하는 등 국민생활이 전반적으로 향상되었다. 2013년 9월말 현재 중국의 외환보유고는 이미 3조 6,600억 달러를 초과하여 사상 최대의 외환보유고를 기록하면서 30여년 전 중국인은 물론 미국을 포함한 선진국에서는 상상할 수도 없던 일이 벌어졌다.

1987년 덩샤오핑(邓小平)은 온바오(温饱) → 샤오캉(小康) → 따퉁(大同)로 나아가는 "삼보주(三步走)" 중국 경제발전론을 제시하였으며,

첫 번째 단계인 温饱단계는, 기본 의식주 문제를 해결하는 단계로 1981~1990년 GNP를 2배로 증가시켜 국민들의 의식주 문제를 해결하고,

두 번째 단계인 小康단계[1]에는, 1991~20세기 말까지 GNP를 2배로 끌어올려 중진국 수준에 진입하고,

세 번째 단계인 大同단계는 2049년까지 선진국 수준으로 진입하여 국민생활을 비교적 부유하게 만든다는 청사진을 설계하였다.

21세기에 진입한 이후, 중국은 '经济更加发展, 民主更加健全, 科教更加进步, 文化更加繁荣, 社会更加和谐, 人民生活更加殷实'(경제발전 확대, 완전한 민주화, 과학교육발전, 문화번영 확대, 사회화합 확대, 윤택한 국민생활)라는 구호를 가지고 2020년까지 전면적인 샤오캉 사회건설을 목표로 하고 있다.

그러나 전체적으로 볼 때 경제와 사회발전의 부조화로 인해 많은 사회문제가 일어나고 있으며, 이는 현재 중국이 새로운 발전단계로 진입하는 데 있어 커다란 장애요소로 등장하였다. 1978년 개혁개방 초기에 중국 사회에 대한 보편적인 인식은 중국이 직면한 수많은 어려움과 모순의 주요한 원인이 경제적 낙후이고, 이러한 사회문제들은 경제가 발전하면 자연히 해결될 것이라고 인식하였다.

그러나 경제가 발전할수록 주택, 교육, 의료, 양로 등의 새로운 민생문제가 나타나기 시작하였으며, 빈부 격차, 도·농간의 격차, 지역 간 격차는 갈수록 확대되었다. 이는 사회구조조정이 경제성장의 속도보다 느리기 때문에 야기된 문제로 시기적절한 사회구조 조정과 사회모순 해결만이 중국이 새로운 성장단계로 진입하는 열쇠가 된다.

이처럼 급변하는 중국 사회를 보다 체계적이고 폭넓게 이해하기 위해 국가, 경제, 사회라는 세 가지 관점에서 접근할 필요가 있다.

---

1) 2002년 16차 당 대회에서 장쩌민(江泽民)은 "2020년까지 전면적인 샤오캉 사회를 달성하겠다."고 말한 이후 중국 발전의 상징어로 자리잡았다.

제1장 중국의 국토 및 행정구역

1 중국의 국토

유라시아대륙의 동부, 태평양의 서안에 위치하고 있는 중국의 정식 명칭은 중화인민공화국(中华人民共和国, People's Republic of China)이다. 중국의 국토 전체 면적은 약 960만㎢로 한반도의 약 44배에 달하며 러시아, 캐나다, 미국에 이어 세계 4위[2]를 차지하고 있으며, 세계 육지 총 면적의 6.5%를 차지하고 있다. 중국 육지 국경선의 총 길이는 약 2만 2,800km로 14개 국가[3]와 국경을 접하고 있고, 중국의 해안선은 중국 북쪽과 북한 국경에 있는 압록강 하구에서부터 중국 남쪽과 베트남 국경의 베이룬허(北倫河)까지로 총 길이는 1만 8천여㎢에 이르고 있으며, 발해, 황해, 동해, 남해 등 4대 해역과 대만섬[4] 동쪽의 태평양에 인접해 있다.

중국 영토의 가장 북쪽은 헤이룽장 성(黑龍江省) 모허(漠河)의 헤이룽 강과 우수리(烏蘇里) 강이 합쳐지는 지점이고, 가장 서쪽은 신장자

2) 러시아 17,098,242㎢, 캐나다 9,984,670㎢, 미국 9,826,675㎢, 중국, 9,596,961㎢. 2012년 CIA 〈The World Factbook〉 참조.

3) 북동쪽으로 대한민국, 북한, 러시아, 서쪽으로 카자흐스탄, 키르기스스탄, 타지키스탄, 아프가니스탄, 남서쪽으로 인도, 파키스탄, 네팔, 부탄, 남쪽으로 미얀마, 베트남, 라오스 등 14개 국가와 국경을 이루고 있다.

4) 중국에 속해있는 7천여 개의 섬 중 대만이 가장 큰 섬에 속한다.

치구(新疆自治區) 우허(烏恰) 서부의 파미르(帕米爾) 고원이다. 동쪽 끝에서 서쪽 끝까지는 62°의 경도차가 있어 동쪽 해안의 어민들이 햇살을 맞으며 출항할 때 서쪽 고원의 유목민들은 깊은 밤중이라 단꿈에 빠져 있다.

중국의 지형은 광활한 국토 면적에 걸맞게 복잡하고 다양한 특징을 지니고 있다.

우선 중국 전체 국토를 놓고 보면, 산지가 전체 육지 면적의 약 2/3 이상을 차지하고 있는 반면 평지 면적은 1/3도 안 되는, 즉 산지가 많고 평지가 적은 특징을 지니고 있다. 해발고도 500m 이상인 지역이 전체 육지 면적의 약 3/4를 차지하고 있으며, 그 중 해발 3,000m 이상인 지역이 26%를 차지하고 있다.

둘째, 서고동저형으로 서쪽에서 동쪽을 향해 바라보면 흡사 세 단계의 계단모양을 하고 있는 것처럼 보인다.

첫 번째 계단은 해발 3,000m~5,000m 사이에 들어가는 칭장(靑藏) 고원 지역이다. 티베트 고원이라고도 불리는 칭장 고원의 평균 해발고도는 4,500m이며, 면적은 250만㎢에 달하여 세계의 지붕이라고도 불리는 세계에서 가장 높고 큰 고원이다. 중국 면적의 23%를 차지하고 있는 칭장 고원의 동쪽에는 헝단 산맥(橫斷山脈), 서쪽으로는 카라코람 산맥(喀喇昆仑山脉), 남쪽으로는 히말라야 산맥(喜马拉雅山脉), 북쪽에는 쿤룬 산맥(昆崙山脈) 등 높은 산맥들이 있다.

두 번째 계단은 해발 1,000m~2,000m 사이의 고원과 분지지역이 있는 곳으로 내몽고 고원(內蒙古高原), 황토 고원(黃土高原), 운귀 고원(雲貴高原) 및 그 사이 사이에 있는 타리무 분지(塔里木盆

地), 준가얼 분지(准噶爾盆地), 쓰촨 분지(四川盆地)가 있는 지역이다. 타리무 분지는 중국 내 최대의 내륙분지로 티엔산 산맥(天山山脉)과 쿤룬 산맥(昆崙山脉) 등 주변의 형세가 모두 높고 산꼭대기는 만년설에 덮여 있기 때문에 이곳에서 발생하는 수량이 많아 물을 모으는 곳이라는 의미의 타리무라는 이름이 붙여졌다.

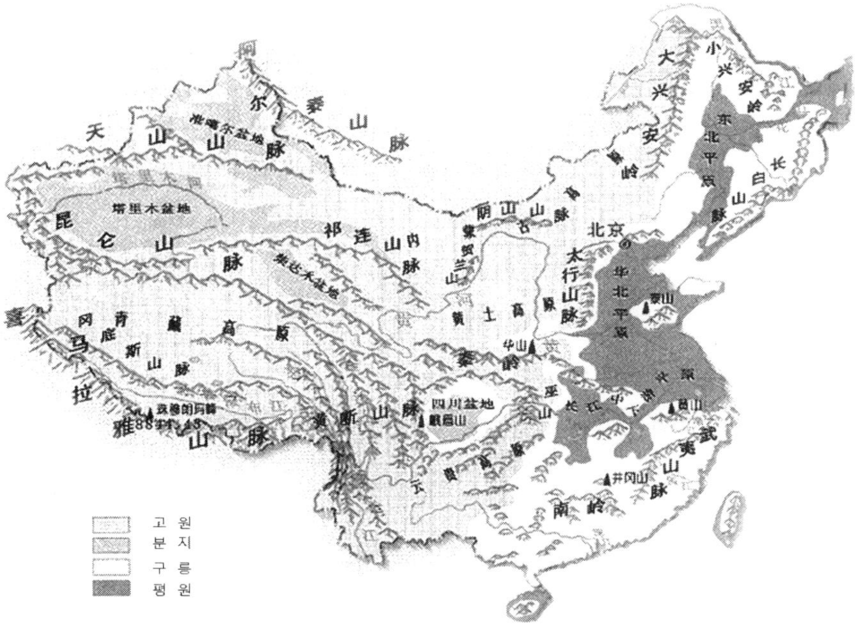

참고자료 : 中国地理常识, 国务院侨务办公室 外语教学与研究出版社 (2007~03出版).

【그림 1-1】 중국 지형 분포도

세 번째 단계는 500m 이하인 지역으로, 중국의 곡창지대를 형성하는 동베이 평원(東北平原), 허베이 평원(華北平原), 창장 중하류 평원(長江中下游平原) 등 3대 평원 및 500m 이하의 낮은 산과 구릉으로 이루어져 있다. 황허(黃河), 양쯔강(揚子江), 주강(珠江) 등 중국의 중요한 하천들은 서부의 고원과 산지에서 발원하여 경사진 지세를 통해 동쪽으로 흘러 바다로 들어간다. 이러한 영향으로 이 지역의 인구밀집도는 매우 높아 중국 전체 인구의 90%를 차지하고 있다.

중국의 기후는 지리적 위치와 지형의 고저(高低) 등의 영향으로 지역에 따라 다양한 기후분포를 나타내고 있다. 동북지방은 겨울이 길고 여름이 짧은 반면, 남부지방의 경우 여름이 길고 겨울이 짧으며 동부 연해지방은 사계절이 분명하고 온난다습하다. 여름철 동남부지역의 기온과 습도가 모두 높아 '4대 화로(火爐)'라고 불리는 우한(武汉), 창사(长沙), 충칭(重庆), 난징(南京)의 7월 평균 기온은 모두 40℃ 이상을 기록한 적이 있다. 겨울철에는 중국 남북의 기온 차이가 비교적 크게 나타나기 때문에 북쪽 헤이룽장 하얼빈(黑龙江哈尔滨)에서 빙설제[5]가 열릴 때 남쪽 광조우(广州)에서는 백화가 만발하고 봄기운이 넘쳐난다. 북서쪽의 칭하이(青海), 티베트, 신강(新疆) 지역과 내몽고 지역은 고산기후 및 건조한 기후를 나타내고 있다.

강수량 역시 지역마다 큰 차이가 나타나는데 동남부 연해지역에서 북서 내륙지역으로 갈수록 강수량은 점차 줄어들어 동남지역의 연평균 강수량은 1,500mm인데 비해 서부지역은 50mm이다. 특히 대만의 호샤오랴오(火燒寮) 지역은 연평균 강수량이 6,557.8mm인데 비해 북서부지역의 신강 투르판(吐魯番) 분지[6]의 경우 연평균 강수량이 10mm도 되지 않는다.

---

5) 하얼빈 빙설제(Harbin International Ice and Snow Festival)는 하얼빈 얼음축제, 하얼빈 빙등제라고도 불리며, 1985년 제1회 하얼빈빙설제가 시작된 이후 매년 1월 5일부터 2월 5일 한 달간 개최되는 세계 4대 얼음축제 중 하나이다.

6) 투르판은 15, 16세기 이 지역에서 세력을 떨쳤던 투르판국(國)과 그 도성(都城)의 이름에서 유래되어, 중국 신장위구르(新疆維吾爾)자치구 티엔산 산맥(天山山脈) 동쪽에 있는 도시 또는 이 도시를 중심으로 한 분지 전체를 통틀어 투르판이라고 부른다.

2
행정구역

중국의 현행 행정구역은 지속적인 개편을 통해 1997년 이후 현행 체제를 유지하고 있으며 23개의 성(省)[7], 광시장족자치구(广西壮族自治区), 네이멍구자치구(内蒙古自治区), 시장자치구(西藏自治区, 티베트자치구), 신장위구르자치구(新疆维吾尔自治区), 닝샤회족자치구(宁夏回族自治区) 등 5개의 자치구(自治區), 베이징(北京), 텐진(天津), 상하이(上海), 충칭(重庆) 등 4개의 직할시(直轄市)와 홍콩, 마카오 등 2개의 특별행정구(特別行政區)[8]로 분류되고 있다.

중국은 56개 민족으로 구성된 다민족 통일국가로 이들 민족 중 한족(汉族)의 인구는 절대적이며, 한족을 제외한 55개 민족을 소수민족으로 부른다. 2010년 11월 1일 제6차 인구조사[9] 결과에 따르면 중국의 전체 인구는 13억 7천만여 명으로, 이 중 한족이 차지하는 비중은 12억 2천만여 명으로 총 인구 수의 91.5%를 차지하고 있으며, 소수민족은 1억 천여만 명으로 총 인구의 약 8.4%를 차지하는 것으로 나타났다.

현재 소수민족은 중국 전체 인구에서 차지하는 비율은 낮지만, 중국의 남서, 북서지역과 동북지역 등 중국 전역에 분포되어 한족과 더불어 살아가고 있을 뿐만 아니라 중국 정부는 중국 법에 의거하여 소수민족

---

7) 중국은 대만을 중국의 행정구역으로 포함시켜 23개의 성으로 간주한다.
8) 홍콩 1997년 7월 1일 반환, 마카오 1999년 12월 20일 반환, 이들 지역을 특별행정구로 선포하고 1국 2체제를 운영한다.
9) 국무원과 지방의 각급정부에서 통일적으로 실시하는 인구조사로 1953년 제1차를 시작으로 1964년 2차, 1982년 3차, 1990년 4차, 2000년 5차, 2010년 6차 인구조사 실시. 5차 인구조사보다 한족은 5.74%, 소수민족은 6.92% 증가한 것으로 나타났다.

의 민족자치권 보장 및 민족평등정책 등을 시행하여 각기 다른 환경 및 사회 · 역사 조건에서 수많은 세월을 살아온 각 민족 특유의 풍속과 관습을 유지시키는 노력을 지속하고 있다.

중국의 인구는 2010년 11월 1일 현재 13억 7천만여 명으로 세계에서 인구가 가장 많은 국가로 전 세계 총 인구의 22%를 차지하고 있는 인구대국이다. 중국의 인구분포는 서고동저의 지형적인 원인으로 인해 평원지역이 많은 동부지역에 인구밀도가 높고 산지와 고원지역이 많은 서부지역에는 인구밀도가 낮은 지역적 불균형을 나타내고 있다.

참고자료 : http://user.chollian.net/~ajb6123

【그림 1-2】 중국의 주요 성(省) · 시(市)

〈표 1-1〉 중국의 행정구역

행정구역	약칭	성도 (省都 : 행정중심지)
베이징 北京市	징 京	베이징 北京
텐진 天津市	진 津	텐진 天津
상하이 上海市	후 沪	상하이 上海
충칭 重庆市	위 渝	충칭 重庆
허베이성 河北省	지 冀	스지아좡 石家庄
산시성 山西省	진 晋	타이위엔 太原
랴오닝성 辽宁省	랴오 辽	썬양 沈阳
지린성 吉林省	지 吉	창춘 长春
헤이룽장성 黑龙江省	헤이 黑	하얼빈 哈尔滨
찌앙쑤성 江苏省	쑤 苏	난징 南京
저지앙성 浙江省	저 浙	항저우 杭州
푸지엔성 福建省	민 闽	푸저우福州
안휘성 安徽省	완 皖	허페이 合肥
장시성 江西省	깐 赣	난창 南昌
산둥성 山东省	루 鲁	지난 济南
허난성 河南省	위 豫	정저우 郑州
후베이성 湖北省	어 鄂	우한 武汉
후난성 湖南省	시앙 湘	창사 长沙
광둥성 广东省	위에 粤	광저우 广州
하이난성 海南省	치옹 琼	하이커우 海口
쓰촨성 四川省	촨 川, 수 蜀	청두 城都
꾸이저우성 贵州省	꾸이 贵, 치엔 黔	귀이양 贵阳
윈난성 云南省	윈 云, 디엔 滇	쿤밍 昆明
산시성 陕西省	산 陕, 친 秦	시안 西安
깐수성 甘肃省	깐 甘, 룽 陇	난조우 南州
칭하이성 青海省	칭 青	시닝 西宁
타이완성 台湾省	타이 台	타이페이 台北
네이멍구자치구 内蒙古自治区	멍 蒙	후허하우터 呼和浩特
광시장족자치구 广西壮族自治区	꾸이 桂	난닝 南宁
시장(티베트)자치구 西藏自治区	장 藏	라사 拉萨
닝샤회족자치구 宁夏回族自治区	닝 宁	인촨 银川
신장위구르자치구 新疆维吾尔自治区	신 新	우루무치 乌鲁木齐
홍콩특별행정구 香港特别行政区	강 港	홍콩 香港
마카오특별행정구 澳门特别行政区	아오 澳	마카오 澳门

살펴보기

| 중국 국기 |

중국 국기 명칭은 오성홍기(五星紅旗)로 붉은 바탕에 다섯 개의 오각형 황색별이 좌측 상단에 위치하고 있다.

붉은색은 혁명을 의미, 황색은 광명을 의미한다.

5개의 별 중 가장 큰 별은 중국 공산당을 상징하고 4개의 작은 별들은 노동자, 농민, 도시 소자산계급, 민족자산계급을 의미하는데, 4개의 작은 별들은 중국 공산당의 지도 아래 대동단결한다는 의미를 내포하고 있다.

| 중국 국가휘장 |

국가휘장은 국기, 천안문, 톱니바퀴, 곡식이삭으로 구성되어 있다.

천안문은 5.4운동의 시발지로서 신중국 탄생을 상징하고, 톱니바퀴는 노동자 발전, 곡식이삭은 농민들의 풍요를 의미한다.

1950년 6월 중국 인민정치협상회의에서 의결된 이후 사용되기 시작하였다.

참고자료 : 리앙쩐웨이, 한손에 잡히는 중국, 지영사, pp.96–97 참조 재구성.

| 1국가 2체제 |

한 국가 내에서 서로 다른 두 개의 체제를 인정하는 원칙을 말하며, 일국양제(一國兩制)라고도 한다. 즉, 중국이라는 공산주의 국가 내에서 홍콩과 마카오 지역에서만 자본주의를 인정해 주는 체제를 말한다.

홍콩의 구기(区旗) 및 구장(区微)	
1997년 7월 1일 홍콩 반환 이후 공식 게양	 
마카오의 구기(区旗) 및 구장(区微)	
1999년 12월 24일 마카오 반환 이후 공식 게양	 

| 중국 국가 - 의용군행진곡(义勇军行进曲) |

일어나라 ! 노예되기 원치 않는 사람들이여 !
우리의 피와 살로 새로운 장성을 쌓아가자 !
중화민족이 가장 위급한 때를 맞아, 일어나라 ! 일어나라 ! 일어나라 !
우리 모두 한마음으로 적의포화를 뚫고 전진 !
적의 포화를 뚫고 전진 ! 전진 ! 전진 ! 전진 !

제2장 국가정치 권력구조

1 중국 공산당

1949년 중화인민공화국 수립 이후 현재까지 중국은 기본적으로 당-국가 체제를 유지[10]하고 있으며, 중국 공산당은 정치권력의 근원인 동시에 중앙집권적 위계질서를 통해 다른 정치조직을 통제하는 절대적 권력을 가지고 있다.

중국 공산당은 1921년 7월 23일 코민테른[11]의 지원과 천두슈(陈独秀) 등 소수 급진적 지식인을 중심으로 상해에서 정식으로 창당되었다. 공산당은 세력 확장을 위하여 1924년 국민당[12]과 1차 국공합작에 합의하였으며, 이후 국민당 정부의 보호를 받아 대도시 지역에서 노동운동을 주도하기 시작하면서 대중정당으로 발전할 수 있는 기틀을 마련하였다.

---

10) 1921년 중국공산당 창당, 1927년 중국인민해방군 창설, 1949년 중화인민공화국 건국, 공산당이 가장 처음 만들어지고 군대, 국가 순으로 만들어져 공산당-군대-국가라는 개념을 유지하고 있으며 실질적으로 공산당이 이끄는 국가이다.

11) 공산당 인터내셔널(Communist international)의 약칭이다.

12) 쑨원〈孫文〉이 일본 유학생 중심으로 1915년 조직한 중국 동맹회를 모태로 1918년 창당되어, 도시지역의 지식인, 상인, 기업가 그리고 개명된 지주들을 지지기반으로 하여 1924년 국공합작을 통해 공산당을 당내로 흡수·통합하면서 중국의 국민혁명의 주도세력이 됨. 중일전쟁을 주도하였으나 중국 공산당의 대결에서 패배하여 1949년 대만으로 퇴각. 국민당의 대만정권시대가 전개된다.

그러나 1927년 장제스(蔣介石)가 이끄는 국민당 정부의 상해 쿠데타로 국공합작이 결렬되어 공산당은 국민당의 탄압을 피해 농촌, 산간지역으로 도피하였다가 중일전쟁이 본격화되면서 1937년 국민당과 2차 국공합작에 합의하였고, 이 시기 공산당 세력이 국민당보다 커지면서 국민당 정부를 중국 본토에서 대만으로 몰아내는 데 성공하여 1949년 10월 1일 중국공산당 정권이 수립하게 되면서 중국은 공산당 독재체제로 변모하게 되었다.

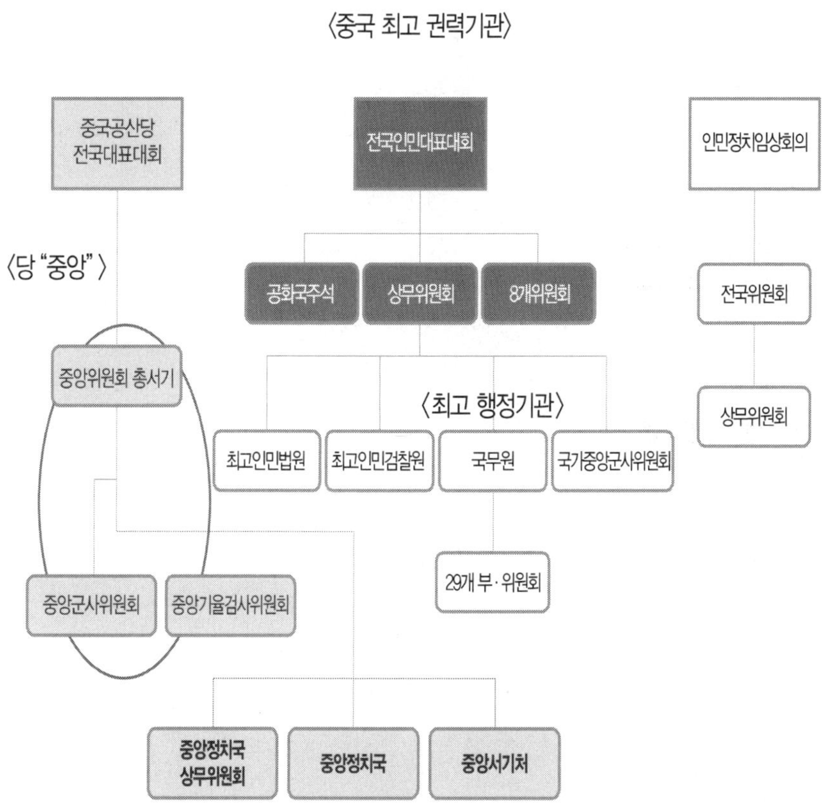

【그림 2-1】 중국의 당-국가 체제

중국 공산당의 창당 목적은 공산주의 실현을 목표로 중국에 사회주의 제도를 실시하여 중국의 노동자 계급과 전 인민의 본질적인 이익을 최우선으로 하는 것으로 공산주의 복지사회를 실현하는 것이다.

〈그림 2-1〉에서 보는 것과 같이 중국의 당-국가제도의 구조는 당-군부-국가(행정 · 의회 · 사법)기관이 중앙과 지방에서 계층적 질서를 형성하고 있으며[13], 각 계층에서 당의 원칙이 중심이며 당 조직을 통하여 군부와 국기기관을 통제하는 상하관계를 유지하고 있다.

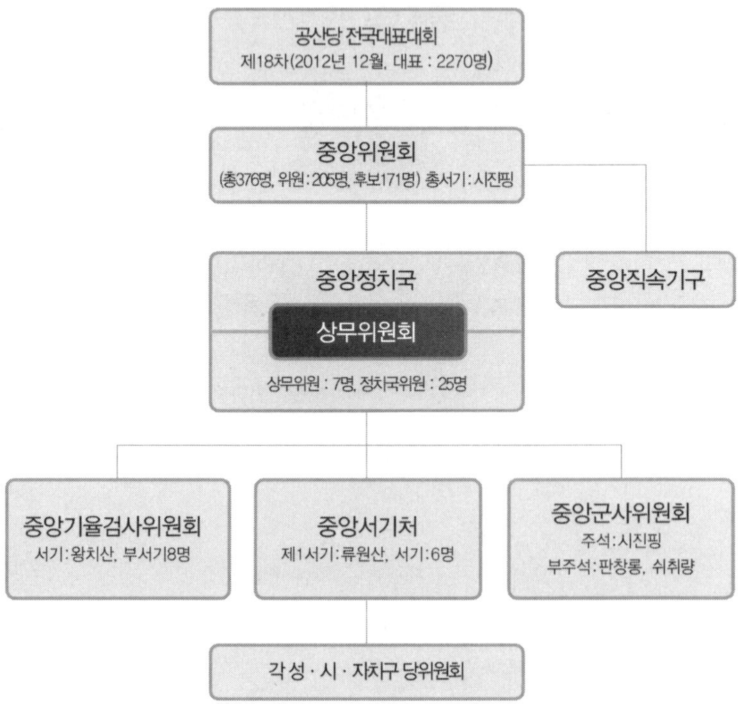

【그림 2-2】 중국 공산당 조직도

13) 서진영(2006), 21세기 중국의 외교정책: 부강한 중국과 한반도, 서울: 폴리테이아, p.140.

중국 공산당의 최고기관은 **전국대표대회**(全国代表大会, 전대)이다. 2012년 말 현재 8,260만 명이 공산당원으로 활동하고 있으며, 이들 중 선별된 약 2,000여 명의 대표들의 모임이 전국대표대회이다. 전국대표대회는 5년에 한 번씩 중앙위원회에 의해 소집되어 중앙위원회, 중앙기율검사위원회의 보고 청취 및 심의, 당장(党章) 개정 등 당의 중요한 문제를 토의 및 결정하는 의결기관이고, 중앙위원회 · 중앙고문위원회 · 중앙기율검사위원회 위원을 선출하며, 중국의 지도부 결정 역시 전국대표대회 시기에 결정된다. 대표의 정수와 선출방법은 중앙위원회에서 결정하며, 제18기 전국대표대회에서는 2,270명이 선출되었다.

중앙위원회(中央委员会)는 전국대표대회와 더불어 당의 최고기관으로 전국대표대회 2,000여 명 중에서 다시 선별된 300여 명으로 구성된다. 전국대표대회의 규모가 커지면서 실질적으로 전국대표대회의 권한을 위임받아 당의 주요정책을 결정한다.

중앙정치국(中央政治局)과 **중앙정치국 상무위원회**(中央政治局商务委员会)는 중국 공산당의 최고 권력기관이라고 할 수 있는 중앙위원회의 권한을 위임받아 실질적으로 당의 주요정책을 결정하는 최고 정책결정기구인 중앙정치국의 위원과 후보위원, 정치국 상무위원, 총서기 등을 선출한다. 300여 명의 중앙위원회 위원 중에서 선출된 20여 명의 정치국 위원은 중국 정치의 핵심그룹이 되며, 이들 중 7명이 최고 핵심지도층인 정치국 상무위원[14]이 된다.

정치국 상무위원은 당과 정부의 주요직위를 겸직하고 있기 때문에 상당한 영향력을 행사하고 있는데, 정치국 상무위원은 여러 당파 및

14) 정치국 상무위원 7명 중 국가주석 및 총리는 상무위원 7명에 포함된다.

파벌의 이해관계로 인해 보통 수개월에서 수년에 걸쳐 임명된다. 1997년 제15차 당 대회에서 임명된 상무위원은 7명이었으나, 2002년 제16차 당 대회에서 9명으로 늘어났다가 2012년 제18차 당 대회에서 다시 7명으로 변경되었다.

중앙위원회 총서기(中央委员会总书记)는 중앙정치국 상무위원 중에서 선출되며, 중앙서기처 총서기인 동시에 중앙위원회를 대표하는 당의 핵심적인 역할을 한다.

중앙서기처(中央书记处)는 중앙정치국과 정치국 상무위원회의 활동을 지원하는 사무기구로서 그 장을 총서기라 하는데, 우리가 일반적으로 말하는 중국 공산당 총서기가 바로 중국 공산당 중앙위원회 중앙서기처 총서기를 말하는 것이다. 중앙서기처는 문화대혁명 시기에 폐지되었다가 1980년 제11기 5중 전회에서 다시 부활되었다. 1987년 11월부터 중국 공산당 중앙서기처가 정치국과 정치국 상무위원의 사무기관이 되면서 중앙위원회에 직권을 행사하는 일은 할 수 없게 되었다. 2012년 11월 현재 중앙서기처 서기는 류윈산(刘云山), 류치바오(刘奇葆), 자오러지(赵乐际), 리잔수(栗战书), 두칭린(杜青林), 자오훙주(赵洪祝), 양징(杨晶) 등 6명이 총서기인 시진핑(习近平)의 지휘를 받아 실무적인 업무를 처리하고 있다.

중앙군사위원회(中央军事委员会)는 당 중앙의 군사기구로 최고 통수권을 보유하고 있기 때문에 군사위주석이 되어야만 중국 군대의 총통솔권자가 되는 것으로 과거 후진타오(胡锦涛)의 경우 장쩌민(江泽民)에게 2년이나 늦게 물려받아 실권을 잡기까지 오랜 시간이 걸렸으나 시진핑(习近平)은 지난 2012년 11월 15일 열린 중앙위원회 전체회의에서 중국 공산당 총서기에 임명된 동시에 군사위주석 자리도 함께 승계받아 명실상부한 중국의 새로운 지도자가 되었다.

중앙기율검사위원회(中央纪律检查委员会)는 당의 기강과 당품을 관리하고 당의 노선 · 방침 · 정책 등을 유지 집행하는 기구로서 문화대혁명 기간 폐기되었던 중앙감찰위원회를 대신하는 중앙기구이다.

2 국가조직

전국인민대표대회(全国人民代表大会, 전인대)는 중국 국가조직의 최고 권력기관으로 입법 · 사법 · 행정권을 모두 가지고 있으며, 전국인민대표대회의 대표는 5년마다 선거에 의해 선출[15]된다. 헌법 개정, 국가기구와 기타 기본 법률에 대한 개정, 국가주석 및 부주석, 국무원총리, 부총리, 국무위원, 각 부서의 장 등 국가의 주요 공무원에 대한 임명 및 파면, 국가의 정치 · 경제 · 사회발전에 관한 사항 심의 및 비준 등에 대한 문제를 결정한다.

그러나 1년에 1번씩 개최되는 전체회의는 3,000여 명에 달하는 대규모 인원이 참석하기 때문에 구체적인 사무는 전국인민대표대회 상무위원회를 통해 추진된다.[16]

---

15) 전국 각 지방에서 대표를 선출, 그 중 각 성(省), 직할시(直辖市), 자치구(自治区) 대표들 가운데 인민대표회의의 간접선거를 통해 선출하고 홍콩과 마카오 대표는 각각 홍콩과 마카오에 거주하는 중국 국민 중에서 선출, 대만의 대표는 대만을 본적으로 하는 중국대륙에 거주하는 동포 가운데 선출된다.

16) 2013년 3월 5일 개최된 제12기 전국인민대표대회 대표는 2,987명으로 35개 선거단위에서 선출되었다.

국무원(国务院)은 중국 국가 최고 권력기관인 전국인민대표대회의 결정을 집행하는 국가 최고의 행정기관으로 국무원 임기는 5년이며, 총리·부총리·국무원은 1회에 한하여 연임이 가능하다. 국무원의 주요업무는 전인대에 업무를 보고하고 전인대 폐회시기에 전인대 상무위원회에 업무를 보고한다. 또한 국가의 헌법·법률에 의거한 행정시책을 마련하여 행정법규 제정 및 결정과 명령사항을 공포하며, 전국 각 지방의 행정기관에 대한 전체적인 행정업무를 지도한다. 국무원 총리는 1990년대 이후 일반적으로 부총리를 수행했던 사람이 총리로 승격됨에 따라 원자바오(温家宝)에 이어 2013년부터 리커창(李克强) 체제로 전환되었다.

중국인민정치협상회의(中国人民政治协商会议, 정협)는 1949년 9월 공산당의 제의에 의해 성립되어 중국공산당, 각 민주당파, 무당파 민주인사, 인민단체, 소수민족 및 각계 총 34개 단체의 위원들로 구성된다. 임기는 5년이며 매년 한 번의 전체회의를 개최하여 정치적 중대사안과 주요 법률 초안, 중국공산당중앙위원회에서 제시한 지도자 선출에 관한 협의, 국가의 헌법, 법률, 법규 실시 및 국가정책과 방침에 관한 건의와 시찰·고발 등에 대한 감독활동을 한다.

국가중앙군사위원회(国家中央军事委员会)는 1982년 헌법에 의해 신설되었으며 주석과 부주석, 위원으로 구성되는데, 주석[17]은 전인대에서 선출되며 전인대와 마찬가지로 임기는 5년이나 연임에 대한 규정은 없다. 모든 군사력의 총괄적 지휘, 헌법과 법률에 의거한 군사법규 제정, 결정된 사항과 명령의 공포 등의 업무를 맡으며 필요에 따라 군사전략

17) 일반적으로 당과 국가의 중앙군사위원회 주석은 총서기나 국가주석이 겸직하고 있다.

과 군사력 참전지침을 만들고 국무원과 공동으로 국방과학기술의 연구 및 생산을 관리 · 지도하기도 한다.

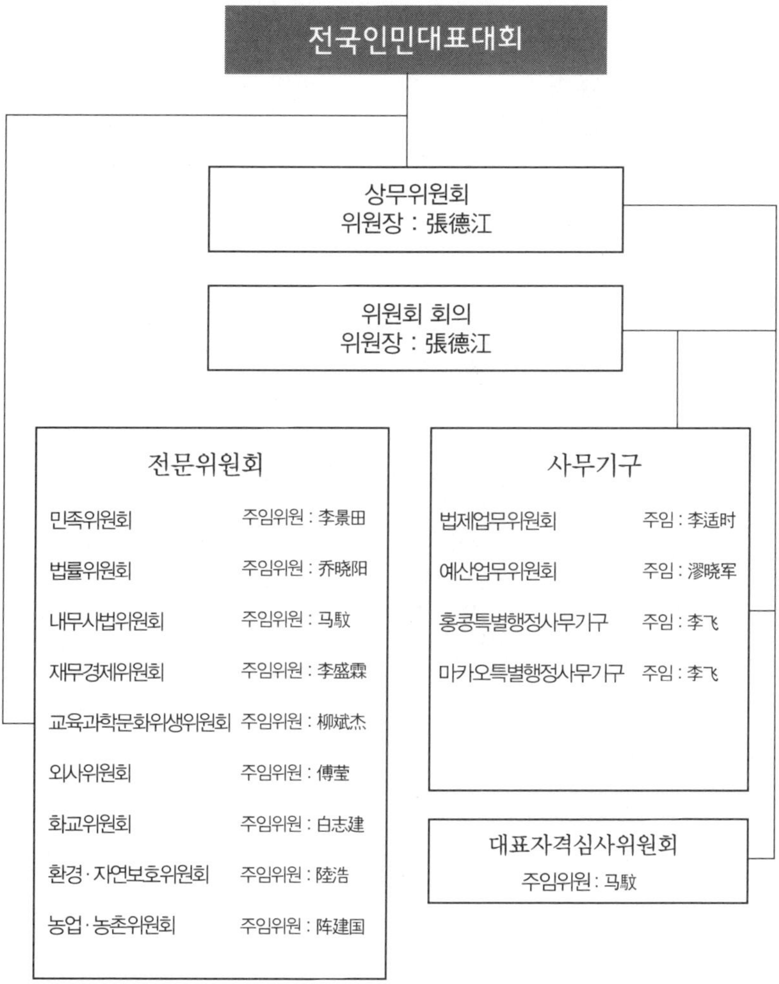

【그림 2-3】 12기 전국인민대표대회 조직도

3
중국 공산당 新지도부

중국의 지도부 선출방식은 민주주의 국가와 같이 선거방식이 아닌 집단지도부 사이의 협상을 통해 후계자를 내정하고 선발하는 것이다. 보통 중국의 지도부를 세대별로 구분하는 것이 보편적인데 세대구분은 대체적으로 입당시기, 연령, 집단적 경험 등이 중요한 변수가 된다.

〈표 2-1〉 중국 공산당 지도부 세대별 구분

세대	사건	기간	핵심인물	대표인물	특 징
1	대장정	1934 ~ 1935	마오쩌둥	저우언라이, 류샤오치, 린바오, 덩샤오핑	•대장정 시기 공산당에 투신한 중국 공산당 초기 멤버 •2008년을 전후로 대부분 사망
2	항일전쟁	1937 ~ 1945	덩샤오핑	후야오방, 쟈오쯔양, 화궈펑,챠오스	•항일전쟁 시기 공산당의 일원으로 정치, 군사활동을 전개 •문화대혁명 이후 개혁 개방시기에 덩샤오핑에 의해 발탁
3	사회주의 개조	1949 ~ 1958	장쩌민	리펑, 주룽지, 리란칭, 리루이환	•사회주의 개조 시기에 정치 활동 시작 •소련 및 동유렵으로 유학 경험 •2007년 이후 대부분 은퇴
4	문화대혁명	1966 ~ 1976	후진타오	원자바오, 쩡칭홍, 우방궈, 리창춘	•문혁때 성장기를 보내고 정치 활동 시작 •문혁에 대한 반작용으로 환멸을 느낌 •이후 개혁 개방을 적극적으로 지지 •자연과학 및 실용과학 전공 기술관료 다수
5	개혁개방	1978 ~	시진핑, 리커챵	왕치샨, 위쩡셩, 리우원샨, 쟝더쟝, 쟝까오리	•개혁 개방으로 인해 인생의 전환점 마련 •개혁 개방에 절대적 지지 •노동, 환경 문재 등의 해결이라는 시대적 요구에 적응

참고자료 : KB daily, 중국 공산당 지도부 교체와 향후 정책 전망, 2012-154호.

제 1세대는 공산당 초기의 지도자들로 1920년대에 공산당에 가입하여 마오쩌둥(毛泽东) 시기에 활약한 지도자를 일컫는다.

제 2세대는 대장정 시기 이전에 공산당에 가입하여 항일전쟁 및 중국 내전(1945~1949년)을 겪은 세대로 이들이 1980년대 중국의 개혁 · 개방을 주도하였다.

제 3세대는 1940년 이후 공산당에 가입한 인물들로 구성되어 있으며, 이들은 사회주의 체제의 혜택을 받으며 성장한 전문기술자 출신들로 1989~2002년 시기에 중국을 통치하였다.

제 4세대는 중화인민공화국이 수립되기 전에 출생하였지만, 대약진 운동, 문화대혁명 등 정치적 격변을 겪으며 성장한 세대로 1980년대 초 유능한 간부를 충원하는 과정에서 발탁되어 오랜 기간 동안 공산당에 의해 관리[18]되었으며, 2002년 제16차 전국대표대회 이후 집권한 세대이다.

제 5세대는 1949년 이후 태어난 세대로, 문화대혁명을 경험한 동시에 개혁 · 개방정책의 수혜자로서 기존 지도부보다 새로운 제도 변화에 대해 관대한 시각을 지닌 것으로 평가되는 세대이다.

제18차 중국공산당대표대회 폐막 다음날인 2012년 11월 15일 제18기 1중 전회에서 시진핑 국가부주석이 당 총서기와 당 중앙군사위주석직을 이양받음으로써 시진핑 시대가 개막되었는데, 이번 당 대회에서는 전임 후진타오와는 달리 당 중앙군사위주석직까지 함께 물려받음으로써 실질적인 최고지도자가 되었다. 앞서 말한 바와 같이 중앙위원

18) 후진타오(胡锦涛)는 제2세대 지도부에 따라 1992년 제14차 전국대표대회에서 이미 제4세대 지도자로 지목되어 2002년 제16차 전국대표대회에서 당 총서기로 임명될 때까지 10년간 지도자 수업을 받았다.

회에서 선출된 정치국 위원 25명과 상무위원 7명이 중국 지도부의 핵심이며, 이들의 구성을 보면 시진핑 지도부의 특징을 알 수 있다.

〈표 2-2〉 중국 공산당 정치국 상무위원회

17기	18기
후진타오(胡锦涛), 당 총서기, 국가주석, 공청당	시진핑(习近平), 당 총서기, 국가주석, 타이즈당
우방궈(吴邦国), 전인대 상무위원장	장더지앙(张德江), 전인대 상무위원장, 상하이방
원자바오(温家宝), 국무원 총리	리커창(李克强), 국무원 총리, 공청단
지창린(贾庆林), 정협 전국위 주석	위정성(俞正声), 정협 전국위 주석, 타이즈당
리창춘(李长春), 상무위원, 상하이방	류원산(刘云山), 정치국 상무위원, 공천당
시진핑(习近平), 상무위원, 중앙서기처 서기, 타이즈방	왕치산(王岐山), 정치국 상무위원, 중앙기율검사위 서기, 타이즈당
리커창(李克强), 상무위원, 공청당	장까오리(张高丽), 정치국 상무위원, 국무원 부총리, 상하이방
허궈창(贺国强), 중앙기율위 서기, 상무위원, 타이즈당	
저우융캉(周永康), 상무위원, 중앙정법위 부서기, 상하이방	

〈표 2-3〉 중국 공산당 내 3개 파벌의 주요내용

	타이즈당	공청단	상하이방
주요 인물	• 시진핑 (당 총서기, 중앙군사위 주석) • 왕치샨 (국무원 부총리) • 위쩡셩 (상하이 당서기)	• 리커챵 (국무원 총리) • 류원샨 (당 선전부장)	• 쟝더쟝 (충칭시 당서기) • 장까오리 (텐진시 당서기)
후견인	쩡칭홍 (前 국가 부주석)	후진타오 (前 국가 주석)	쟝쩌민 (前 국가 주석)
출신 배경	혁명원로의 2세 • 시진핑 : 혁명원로 시중쉰 아들 • 왕치샨 : 前 부총리 야오이린 사위 • 위쩡셩 : 초대 텐진시장 위치하이 아들	중국공산주의 청년단원 출신	상하이 출생 및 상하이 고위 관료 출신
정치 경력	혁명원로인 부친의 혁명동지의 비서로 재직하면서 정치 경력을 쌓음	주로 내륙지역의 성급 행정단위에서 정치경력을 쌓음	쟝쩌민의 정치적 기반인 상하이 출신 및 상하이에서 고위관직을 지낸 후 중앙정계에 진출
정책 목표	민영부문 발전, 시장 자유화 강조	실업, 주택보급, 사회안전망 마련 등 경제효율보다는 사회경제적 격차 해소 강조	정치이념보다 경제성장에 중점

참고자료 : KB daily, 중국 공산당 지도부 교체와 향후 정책 전망, 2012-154호 .

우선, 시진핑 체제에는 시진핑의 권력기반이라고 할 수 있는 타이즈당(太子黨)[19]과 상하이방(上海幇)[20]이 후진타오의 공청단파(共産主義靑年團)[21]보다 다수로 강력한 리더십을 행사할 수 있을 것으로 보인다. 또한 장쩌민과 상하이방의 혁명 원로들이 타이즈당을 후원하여 시진핑을 최고지도자로 자리잡게 하는데 결정적인 영향력을 행사한 만큼 시진핑의 권력기반은 견고하다고 할 수 있다.

둘째, 후진타오와 달리 당 총서기와 동시에 중앙군사위주석직을 물려받음으로써 군부에 대한 영향력이 클 것이다. 이는 시진핑이 2012년 11월 16일 첫 번째로 주재한 당 중앙군사위원회 회의에서 "당의 절대적 지도 보장은 사회주의의 운명과 국가의 장기적 안정에 직결된 것이며, 어떤 상황에서도 군대가 당 중앙과 중앙군사위에 복종해야 한다"고 했던 발언에서 잘 알 수 있다. 또한 시진핑은 젊은 시절 군대에서 일정기간 일을 하였고, 지방지도자로 일할 때도 군대작업에 참여하였는데, 이는 군부의 절대적인 지지를 얻는 밑바탕이 된다.

셋째, 국내 정치, 경제, 사회 정책은 정권교체기 안정 유지 등을 위하여 당분간 이전 후진타오 노선의 연속이 될 것으로 예상하고 있다. 즉 정치는 법치 강화와 공산당 영도력 강화, 경제는 균형발전과 성장방식의 전환, 사회는 민생안정 및 조화사회 건설에 지속적으로 주력하

19) 과거 혁명지도자나 국가원로의 자녀로서, 부모의 후광을 바탕으로 교육·정치·경제적 혜택을 받으며 성장하여 고위직에 이른 인물들을 지칭한다.

20) 상하이는 장쩌민이 정치기반을 다진 곳으로, 장쩌민의 후원에 힘입어 중국 실세를 차지하고 있는 상하이 출신의 인물들을 지칭. 타이즈당 자체가 리틀 상하이방, 親상하이방으로 불리는 등 정치성향이 비슷해 하나의 세력으로 간주한다.

21) 공산당 영도 아래 청년 군중조직을 공청단으로 줄여 말하며, 대체로 자수성가형으로 가난한 가정의 내륙지역의 출신으로 농촌 행정, 당 조직, 선전, 법률분야에서 두각을 나타내고 있다. 후진타오의 권력기반으로 세력을 키웠으며 투안파이(團派)라고도 불린다.

는 것이다.[22] 또한 국제적인 이슈에 있어 중국의 영향력이 확대될 가능성이 있는데 한 예로, 후진타오가 제18차 당 대회에서 "해양권익을 단호하게 지키며 해양강국을 건설하겠다"는 방침을 천명하였고, 이는 시진핑 시대가 해양강국을 지향하고 있음을 나타낸다. 이를 뒷받침하듯 제12기 전인대 회의에서 국가해양국 기능을 강화하기로 결정하였다. 이는 일본 정부의 조어도(일본명 센카쿠 제도, 중국명 댜오위다오) 국유화와 남중국해 문제, 필리핀과 분쟁에 있는 황옌다오(스카보로 섬, Scarborough) 등을 염두에 두어 둔 것으로 풀이된다. 또한 2011년 11월 20일 제6회 동아시아 정상회의 비공개회담에서 원자바오 총리는 남중국해 문제가 국제화되는 것에 반대하면서 남중국해에 주권분쟁이 존재하지 않음을 단호히 표명한 것으로 보아 시진핑 지도부도 강경한 자세를 유지할 것으로 보인다. 실제로 중국은 2009년 11월 버락 오바마(Barack Obama) 미 대통령의 중국 방문시 남중국해 영해문제가 중국의 '핵심 이익'(Core Interest)이라는 표현을 공식적으로 사용한 이후, 2011년 6월 5일 싱가포르에서 열린 아시아 안보회의 연설에서 중국 국방장관 량광례(梁光烈)가 다시 남중국해 문제는 중국의 '핵심 이익'이므로 양보할 수 없다는 입장을 강조했다.[23] 주목할 만한 현상은 중국과 관련된 주요 국제회의 등에서 중국 측 학자들 역시 민감한 중국의 국익관련 문제를 설명할 경우, '중국의 핵심 이익'이므로 양보할 수 없다는 논리를 자주 피력한다는 사실이다.[24] 이는 중국이 '힘의 논리'를 적극 활용하기 시작했다는 점을 시사한다.

22) KB daily : 중국 공산당 지도부 교체와 향후 정책 전망, 2012-154호, p.3.
23) 오승렬(2011), 중국 제12차 5년계획의 대외전략적 함의: '중국위협론'의 재평가, 중국연구, 제52권, p.446.
24) 오승렬(2011), p.446.

살펴보기

빼야 산다 … 공룡 된 중국 공산당, 몸집 줄이기 고심 1921년 57명서 2012년 8,260만 명 … 당원 145만 배 불어 부패 등 중병

중국 공산당은 덩치의 나라 정당답게 어마어마한 당원 수를 자랑한다. 2012년 말 현재 8,260만 명, 세계 16위의 인구대국인 독일(8,115만)보다 많다.

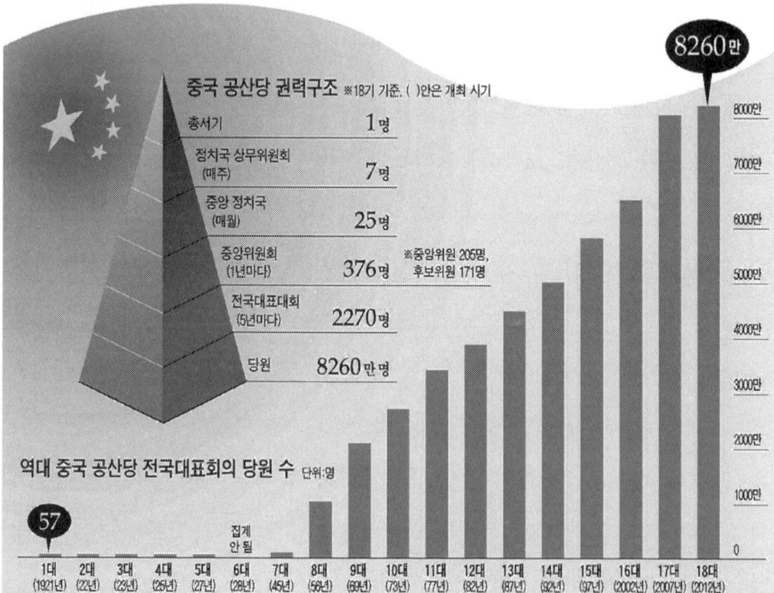

지난 1월 28일 시진핑은 '당원의 관리 업무를 강화하자'는 주제로 당 중앙정치국 회의를 개최했다. 회의에서 시진핑은 당원 수를 적정 규모로 유지해야 하며 불합격 당원은 제때 처리해야 한다고 말했다. 공산당원의 군살을 빼지 않고선 중국 공산당의 발전도, 중국의 번영도 없다는 이야기다.

1921년 중국 공산당이 창당됐을 때 당원은 57명에 불과했다. 91년이 흐른 2012년 말엔 그 수가 145만 배로 몸집이 불었다. 당원이 많은 게 좋을 때가 있었다. 장제스(蔣介石)의 국민당과 대륙의 패권을 놓고 다툴 때가 그랬다.

그러나 49년 중화인민공화국을 세워 혁명당에서 집권당으로 변신한 이후엔 늘기만 하고 줄지는 않는 당원 수가 골칫거리다. 해마다 2,000만 명 정도가 입당 신청을 하고 이 중 10분의 1인 200만 명 정도가 신규 당원으로 받아들여진다. 그러나 퇴출은 신입의 1~2%에 불과하다. 2010년의 경우 출당 처분을 받은 당원은 3만 2,000명 정도다.

이대로 당도 나라도 망해 … 시진핑이 경종

건국 당시 전체 인구에서 차지하는 당원의 비율이 0.85%였던 것이 이제는 6.12%를 헤아린다. 문제는 이 비율이 계속 커지며 중국 사회에 각종 부작용을 낳고 있다는 점이다.

우선 숫자가 지나치게 많다 보니 관리가 안 된다. 조직이 방대해져 구성원에 돌아가는 혜택도 적다. 그래서 단결력도 약해졌다. 이와 관련해 디성광(邸乘光) 안후이(安徽)성 사회과학원 마르크스주의연구소 소장은 옛 소련의 예를 든다.

그에 따르면 소련 공산당은 35만 명의 당원일 때 '10월 혁명'에 성공했고, 554만의 당원 숫자로는 독일의 나치를 격파했다. 그러나 당원이

살펴보기

2,000만 명이 된 91년에는 맥없이 무너지며 창당 93년의 역사에 종지부를 찍었다.

시진핑 총서기는 이 같은 소련 해체를 두고 "어느 당원 하나 소련 공산당을 구하려고 나선 이가 없었다"며 개탄한다. 장쩌민(江澤民) 전 국가주석의 말처럼 "공산당의 힘은 당원의 수가 아니라 당원의 질에서 나온다"는 이야기다.

중국 공산당의 가장 큰 문제는 부패에 있다. 2001년 장쩌민 주석은 중국 공산당이 선진 생산력과 선진 문화, 광대 인민의 근본이익을 대표한다는 삼개대표론(三個代表論)을 제기했다.

광대 인민엔 노동자와 농민뿐 아니라 한때 공산당의 타도 대상이었던 사영 기업가도 포함된다. 중국이 시장경제를 추진하면서 경제발전의 주요세력이 된 사영 기업가를 보호해야 할 필요성이 생겼고, 이들을 공산당의 품으로 끌어안자고 판단했던 것이다.

이에 따라 입당의 문호는 대폭 확대됐고 '인민을 위해 복무한다(爲人民服務)'와 같은 고상한 가치는 뒷전으로 밀렸다. 대신 당원이 돼 신분 안전을 보장받으며 마음껏 돈벌이에 나서자는 풍조가 팽배했다.

2010년의 경우 새로 입당한 당원의 40%는 대학생이다. 당원 자격증이 노동시장에서 유리하게 작용하기 때문이다. 권력과 자원을 얻기 위한 첩경으로 이용된다. 그러다 보니 부패 혐의로 적발돼 출당되는 수가 해마다 3만~4만 명을 헤아리게 됐다.

특히 당국가 체제하에선 공산당을 감시할 기구가 없다. 당 기율검사위원회가 있기는 하지만 이는 당내 기구로 한계가 있다. 제 스스로 제 머리 깎기는 어려운 것 아닌가.

2001년부터 기업가 입당 … 축재·취업 이용

그저 좋은 일자리를 찾으려는 것과 같이 입당 동기가 불순한 사람들이 부패의 유혹에 쉽게 빠진다. 문제는 부패가 개인 차원이 아닌 현재 중국 공산당의 집권 정당성을 위협하는 가장 큰 요인이 됐다는 점이다.

장시언(張錫恩) 산둥(山東)대 교수는 중국 공산당이 아직 갖고 있지 못한 당원 '퇴출 시스템'을 확립해야 한다고 주장한다. 중국 공산당은 82년 12차 당 대회 이전엔 불합격 당원에 대해 탈당을 권유하는 규정만 두었다. 그러다 12차 당 대회를 통해 탈당 권유, 제명 등의 조치를 추가했다. 그러나 느슨하기는 마찬가지다.

리타이(李拓亦) 국가행정학원 교수는 중국 공산당 조직이 비만증에 걸려 활력을 상실했다고 꼬집으며 당원의 비율을 통제할 것을 주장한다.

결국 중국 공산당원 수는 창당 이래 무한 성장을 거듭하다가 90여년 만에 제동이 걸리게 됐다. 일각에선 시진핑이 이를 빌미로 정풍(整風) 운동을 벌이는 게 아니냐는 우려도 한다. 그러나 그보다는 중국도 이젠 양보다 질을 추구하는 시대로 접어들었음을 보여주는 하나의 증표다.

http://joongang.joinsmsn.com/article/913/11753913.html?ctg=1300&cloc=joongang|home|newslist1 (2013.06.10 검색)

제3장

정치개혁과 민주화

1 중국 특색 사회주의 민주주의

중국 공산당이 지난 40여년간 경제개혁을 통해 눈부신 경제성장을 이룩하였지만 정치적 민주화를 추진하지 않는다면 혁명의 대상이 될 수 있다는 위기론이 사회에 확산되고 있다. 1989년 천안문 사태 이후 정치적 민주화에 알레르기 반응을 보여 왔던 중국 공산당도 이제 더 이상 정치민주화 문제를 회피할 수 없다는 점을 인식하기 시작했다.

공산당 창당 90년(2011년) 기념식에서 후진타오(胡锦涛) 중국 국가주석 겸 공산당 총서기는 "부정부패 척결과 예방은 민심의 지지를 잃거나 얻고, 당이 살고 죽는 핵심"이라며, "반부패 투쟁이 여전히 어려운 상황에 처해 있으며, 부정부패를 제대로 척결하지 않으면 당이 인민의 신뢰와 지지를 잃을 수 있다"고 경고했다. 1시간 넘게 계속된 연설 곳곳에선 빈부격차와 부정부패, 부동산·물가 급등 등으로 민심의 불만이 쌓여가는 데 대한 위기감이 배어 있었다. 그는 "중국 공산당이 전례없이 많은 도전을 맞이하고 있다"며 집정·개혁개방·시장경제·외부환경의 4대 시험과 정신 해이, 능력 부족, 대중과의 유리, 부정부패 등 4대 위기가 전당 앞에 놓여 있다고 지적했다.

그는 "공산당이 적극적이면서도 신중하게 정치체제 개혁을 추진해야 한다"고 강조했지만, 정치개혁의 내용은 '중국 특색 사회주의'와 법치를 강조하는 당 주류의 입장을 반복하면서 "무엇보다 중요한 것은 공산당의 지도와 국가의 주인으로서 인민의 위상, 법치제도가 잘 통합돼야 하는 것"이라고 역설했다. 아울러 "민주주의를 실행할 제도를 개선하고, 민주선거의 인민 참여를 보장하고 법에 따른 감시가 이뤄져야 한다"고 강조했다.[25)]

이미 후진타오는 2005년에 사회주의 민주주의 체제건설의 10대 과제 가운데 '조화사회'(和谐社会) 건설의 중요성을 지목하면서 특히 중국 특색의 민주주의는 당의 영도, 인민주권, 법치실현이 유기적으로 통합되어야 함을 역설하기도 했다. 이어 2006년 4월 방미했을 때도 두 차례에 걸쳐 "민주가 없으면 현대화도 없다"(没有民主就没有现代化)라고 말할 정도로 중국의 민주 확대에 대단히 적극적인 의지를 보여주기도 했다. 후 총서기는 2007년 제17차 중국 공산당 전국대표대회 정치보고에서도 중국 특색의 사회주의 민주를 위해, 공산당의 영도, 인민주권, 법치실현이 유기적으로 통합할 뿐만 아니라 나아가 중국의 기본적인 정치제도인 인민대표대회제도, 다당합작 및 정치협상제도, 민족구역자치제도, 기층군중자치제도를 계속 발전시켜야 한다고 역설했다.

2007년 전국인민대표대회에서 원자바오 총리는 "민주주의를 보편적 가치로 인정하며, 민주주의, 법, 자유, 인권 등은 자본주의에만 고유한 것이 아니라 장구한 인류의 역사 속에서 공동으로 추구하고 창조한 가치이자 성과"라고 주장하기도 했다. 아울러 최근 2012년 3월 14일 중국의 양회 폐막 연설에서 원자바오 총리는 비장한 어조로 정치개혁의 불가피성을 다음과 같이 역설했다.

---

25) 한겨레, "지도부 총 출동 … 인민은 '돈 낭비' 큰 관심 없어 빈부격차·부정부패·물가급등 … 민심 불만 누적 중국식 사회주의·법치 강조 속 당 고민 깊어져", 2011.07.01.

"경제가 고성장하면서 불평등한 소득 분배, 신뢰 저하, 부패 등 문제들이 발생했다. 이러한 문제는 경제개혁 뿐만 아니라 정치개혁을 통해 해결해야 한다. 특히 정당과 국가의 리더십 시스템의 개혁이 필요하다. … 성공적인 정치개혁 없이는 경제개혁도 이룰 수 없다. 우리가 지금껏 이룬 것들을 잃을 수도 있고 문화대혁명과 같은 비극적인 일이 다시 일어날 수도 있다. 모든 정당 위원들이 개혁의 긴박성을 인식해야 한다."

이처럼 중국 지도부의 발언에서 보듯 정치개혁과 중국 특색의 민주주의 건설은 결국 현대화 과정에서 출현한 각종 사회적 문제들을 해결하기 위한 적극적인 일련의 대안적 조치들이라 할 수 있다. 그럼 이런 중국 특색의 민주주의는 구체적으로 어떤 내용과 특징을 담고 있는지를 살펴보자.[26)]

2005년에 발표된 『중국의 민주정치건설(中国的民主政治建设)』(이하 '백서')이란 백서에서는 민주주의는 인류 정치문명의 발전의 성과로서 세계 각국 인민의 보편적 요구이지만, 각국의 민주는 자국의 특수한 역사적 조건과 현재 실정에 맞게 발전되어야 한다고 보고, 다른 나라의 정치제도를 모방해서는 안 된다는 일종의 민주주의의 특수성을 강조하기도 했다. 이 『백서』는 중국 특색의 민주주의를 4가지로 집약해서 그 특징을 설명하고 있다.

첫째, 공산당 영도 하의 인민민주주의이다.

둘째, 광범위한 인민이 주인이 되는 민주주의(当家作主, 인민주권)야말로 중국 민주주의의 본질이다.

셋째, 인민민주독재(人民民主专政)이다.

26) 이 부분에 대해서는 김재관(2012), "현대화 과정의 중국 특색적 민주주의에 대한 비판", 민주주의와 인권(제12권 3호), pp.91~96 참조.

넷째, 민주집중제(民主集中制)를 근본적인 조직원칙과 활동방식으로 하는 민주주의이다.

이와 동시에 백서는 중국 특색의 민주주의가 발전하기 위해서는 4가지 원칙을 제시하기도 했다.

첫째, 중국 공산당의 영도 원칙, 인민주권, 법치 원칙의 유기적 통일을 견지할 것.

둘째, 사회주의 제도의 특징과 우세를 발휘할 것.

셋째, 사회안정과 경제발전, 인민생활의 부단한 제고에 유리한 영향을 미칠 것.

넷째, 국가주권, 영토보전, 존엄을 지키는데 유리한 영향을 미칠 것 등이다.[27)]

이 백서에서 피력된 중국 특색의 민주주의에 관한 발표내용에서 발견할 수 있는 정치적 시사점은,

우선, 중국 특색의 민주주의가 기본적으로 마오쩌둥 시기의 사회주의 민주주의에 관한 설명과 차이가 없으며,

다음으로, 덩샤오핑 시기에 강조한 법치주의나 제도화 건설에 관한 내용이 첨가되었으며,

세 번째로, 장쩌민 시기의 '삼개 대표론'의 주요내용 중 하나인 '광범위한 인민대중의 이익을 대표한다'는 내용이 가미되어 더 이상 중국 공산당은 노동자 농민 중심의 계급정당이 아니라 전민정당 혹은 국민정당으로 전환되었다는 점에서 민주주의 성격

---

27) 中华人民共和国 国务院新闻办公室. 2005.
『中国的民主政治建设』(白皮書)(2005.10.19). http://news.xinhuanet.com/ziliao/2005-10/26/content_3685106.htm. 이정남(2012), p.51에서 재인용.

역시 특정 계급의 이해를 대변하는 민주주의가 아니라 보편적 성격의 민주주의로 발전해야 한다는 점이 부각되었다는 점이다.[28]

2007년 11월에 나온 『중국의 정당제도(中国的政党制度)』에서는 앞의 『백서』에서 제시된 내용에서 진일보해 중국의 독특한 정치제도를 보다 분명히 보여준다. 즉, 중국 특색의 사회주의 민주의 가장 중요한 특징을 "선거민주와 협상민주의 결합"이라고 규정한다. 이런 입장은 공산당 영도 하의 다당합작제도의 특성뿐만 아니라 기층단위의 경쟁선거의 민주주의의 중요성을 고려하여 이 양자를 결합시킨 결과이다.

2007년 제17대 보고서에서 발표된 내용은 중국 특색의 민주주의 발전에 있어 중요한 하나의 전환점이라 할 수 있는 내용들이 가미되었다고 볼 수 있다. 『백서』의 내용을 뛰어넘은 진전된 내용들이 등장했다. 보다 구체적으로 주목할 만한 사항들을 거론해 보면, 아래와 같다.[29]

첫째, 기존의 민주주의 실현의 형식적 틀인 인대, 공산당 영도 하의 다당합작제도, 민족구역자치제도 등을 유지한다는 전제 하에 이 보고서에서 처음으로 기층군중자치제도를 중국 특색의 민주주의 실현의 주요한 형식 중의 하나로 언급했다는 점이다.

둘째, 인민의 정치참여의 제도화와 감독·견제 기능을 강화하기 위하여, 구체적으로 인민주권과 법치의 원칙에 기초하여 광범위한 군중의 평등한 정치참여보장, 시민의 민주적 제 권리보장, 경쟁적인 기층민주와 인대(人大)의 강화, 권력 및 공공업무에

28) 이정남(2009). "최근 중국의 민주화 담론에 대한 비판적 고찰: 당내 민주화론을 중심으로," 『현대중국연구』 제10집 2호, p.51.

29) 이정남(2009).

대한 인민의 감독과 견제의 강화를 제시했다는 점이다.

셋째, 중국 특색의 민주주의를 발전시키기 위해 민주적인 시민의식의 성장이 필요하다는 점을 역설했는바, 민주발전을 위한 전제는 제도의 건설과 완비만으로는 불충분하고 법치, 자유와 평등, 정의 등에 대한 시민의식의 제고가 필수적이라는 점을 확인했다는 점이다.

다당제와 삼권분립를 배제하고 있기 때문에, 중국 공산당의 대대적인 선전에도 불구하고 기존 입장과 큰 차이를 보이고 있지는 않은 것 같다. 서구 정치체제에 대한 반감이 여전하고, 중국의 실정에 입각한 중국 특색의 민주제도를 뿌리내리겠다는 확고한 의지를 확인할 수 있다. 따라서 중국 특색의 사회주의 민주주의는 공산당의 일당독재를 정당화하기 위한 하나의 '정치적 수사'로서 기능하는 일종의 '의사민주주의'(pseudo-democracy)에 불과하다는 비판이 불가피하다.

2 잠재적 반정부 정치집단

이처럼 중국 공산당이 중국 특색 사회주의식 민주주의 실천을 강조하였지만 복잡한 정치·사회적 과제를 풀어야 할 공산당의 고민은 깊어지고 있다. 민중의 정치참여 개방, 독립적 언론, 사법 독립, 관료 재산 공개, 집권당 내부의 선거제도 확대, 인민대표대회의 견제 기능 강화, 경제영역에서 민간기업 역할 강화 등이 중국 모델이 가야 할 길로 거론되고 있지만 그렇다면 공산당 일당집권체제는 어떻게 되어야 하는가에 고민이 있다.

그러나 더 큰 문제는 중국 대다수 민중들이 공산당의 중국식 민주주의 개혁과정을 언제까지 인내심 있게 기다리고만 있을 것인가에 있다. 사회적 불평등의 확대와 공산당의 부패 등으로 개혁개방 이후 중국 사회의 불만은 계속 고조되어 왔다. 1989년 천안문 민주화 시위 당시 농민들이 거의 동조하지 않던 것과 비교하면, 지금은 농민, 농민공, 지식인들 모두 매우 분명하게 문제를 인식하고 공평과 공정, 변화를 요구하고 있다는 점이다. 현재는 중국 각 지역, 각 계층에서 정치적 민주화의 목소리가 높아지고 있다.

"지난 100년 역사 특히 문화대혁명의 쓰디쓴 교훈은 중국이 민주주의와 법치, 인권을 중시하는 역사의 흐름과 거꾸로 갈 때마다 인민들이 고통 받고 국가가 혼란에 빠지게 된다는 것을 일깨워준다." 2012년 12월 26일 인터넷에 진보적 지식인 71명이 공동 서명한 '개혁공동인식제안서'라는 공개서한이 발표됐다. 이 서한은 2008년 류샤오보 등이 발표한 '08헌장'을 연상시키지만, 헌장이 요구했던 일당통치 폐지, 연방제, 3권 분립 등 민감한 내용은 건드리지 않고 공산당 통치 하에서의 개혁을 요구했다. 서명을 주도한 장첸판 교수는『사우스차이나모닝포스트』에 "사회 불평등, 정부 권력 남용, 부정부패 등의 문제들을 긴급히 해결하지 못하면 중국은 혁명과 혼란의 위기에 빠지게 될 것"이라고 강조했다.

정치적으로 공산당 일당독재체제를 불안하게 만들고 있는 주요 사회집단들을 간단히 정리해 보면 다음과 같다.

첫째, 정치적 변화를 가장 강력하게 주장하면서도 변화를 추동시킬 가장 주요한 집단으로는 정치체제 개혁과 정치다원화를 주장하는 지식인 집단이다.

1989년 천안문 사태 이후 결집된 지식인 중심의 재야 정치세력은 꾸준히 공산당의 정치개혁을 주장하는 세력으로 나름대로의 정치적 지평을 확보해 가고 있다. 비록 권력으로부터 감시와 탄압을 받고 있지만 인터넷을 통해 자신들의 입장과 정치 상황을 꾸준히 해외에 알림으로써 중국 정부에 외교적 압박을 가하도록 한다. 아직까지 이들이 정치세력화하기에는 역부족이지만 사회적 불만이 커져가고 있는 상황에서 이들의 영향력을 점점 확대될 것이다.

둘째, 정치적 변화를 가져올 수 있는 가장 강력한 잠재력을 지닌 집단은 빈민이다.[30)]

이들은 약 5,500만 명에서 1억 5천만 명으로 추산되는데 이들의 생계비는 하루 1달러 미만이다. 이들은 대부분 도시의 빈민지역에 밀접해서 살고 있으며, 열악한 교육 및 주거시설에서 생활하고 있고, 자녀들은 높은 교육비 때문에 교육기회를 얻을 수 없고 가난은 대물림으로 이루어진다. 이들은 더 이상 잃을 것도 없고 정치에 정치인에 대한 극도의 증오감을 보인다.

2006년 중국의 농촌에서는 8만 건이 넘는 항의시위가 일어났고 도시에서도 이제 불법시위가 낯설지 않다. 최하층 빈민들이 자신들을 불행의 구렁텅이로 몰아넣는 당의 통치를 전복할 수 있겠다고 각성하는 순간 온 중국은 삽시간에 항의시위로 뒤덮일 것이다. 2010년에는 18만 건의 시위가 발생하여 2006년에 두 배 이상 증가한 것으로 나타났다.[31)]

---

30) 이 집단에서 마지막 집단까지는 칼 라크라와, 데이빗 메리어트 지음, 김승완, 황미영 옮김(2011), 「왜 중국은 세계의 패권을 쥘 수 없는가」, 평사리, pp.23~34 참조.

31) 조선일보, 빈부격차·물가苦 … 中 시위 작년 18만 건, 2011.08.17. http://news.chosun.com/site/data/html_dir/2011/08/17/2011081700123.html.

셋째 집단은 독생자(独生子) 집단이다.

이 두 번째 집단은 결국 신개념의 중국적 자유를 정치 목표로 할 것이다. 자산만 놓고 보면 이들은 중국의 상층부에 속한다. 따라서 이들의 목표는 정부가 허용하는 이상의 정신적 자유가 될 것이다. 이 집단은 조금 독특한 문제가 있는데, 부모들이 응석받이로 키운 탓에 심리적 편향이 심하다는 것이다. 이기적 세계관을 가지고 있으며 형제자매 없이 홀로 자라서 사회적으로 대인관계를 풀어가는 기술도 부족하다.

또한 정서적으로 이 집단은 어마어마한 예비군을 보유하고 있다. 1억에서 최대 4억 명에 달할 것으로 추산되는 형제자매들(존재 자체가 부인되는 아동)이 실제로 존재하고 있으나 한 자녀 갖기 정책에 따라 그들의 출생 자체가 부인되고 있다(중국에서는 이런 미등록 자녀를 헤이하이즈(黑孩子)로 부른다). 이 구성원들은 본성이 고립주의자라 서로 어울리는 것을 꺼린다. 그리고 높은 교육에 서구적 사고방식 등으로 당과 정부에서 주입한 안정된 삶과 행복한 가정 구성에 관한 갖은 논리들을 거부하기만 한다면 정치적 변혁의 주체로 등장할 수 있다.

네 번째 집단은 농민공(农民工)이다.

중국 경제의 고속성장은 농민공들의 피와 땀에 의해 이루어졌다. 이들은 더 높은 임금을 찾아 가난한 농촌에서 도회지로 이주한 남성들이 대부분이다. 비숙련 노동자의 수요는 무한하지만 반면에 농민공들은 비양심적인 관리자, 과도한 노동시간, 열악한 근무환경, 저급한 주거시설, 제한적 복지혜택에 노출되어 있다. 그 밖에 농촌 출신자들이 자신들보다 열등한 족속이라고 생각하는 도시인들로부터 상당한 수준의 차별을 받고 있다. 이들은 농촌 출신이지만 빈민집단과는 성격이 다르다. 이들은 경제적으로 번영하는 도시에서 일했다. 이 집단은 중국의 경제적 성공기반을 닦은 사람들이지만 지금껏 성공의 열매를 맛보지 못했다. 이미 이들은 자신들의 권리를 위해 지방정부나 기업들과 맞서기 시작했다.

다섯 번째 집단은 부패한 범죄자들이다.

현재 중국에는 돌이킬 수 없을 만큼 범죄가 만연한 상태이다. 중국 정부는 '조화'와 '안정'을 장려하기 위해 이 문제를 축소하려 하기 때문에 그 정확한 규모나 정도를 알기 어렵다. 매년 공산당 내에서는 대략 4만 건의 부패사건이 발생하였고, 2010년만 하더라도 14만 명이 넘은 당원이 이러저러한 비행으로 근신처분을 받았다. 비록 당내에 부패가 만연한 상황이지만 고위당원들은 일반적으로 처벌을 받지 않으며, 근신 처분을 받은 이들 대부분은 하급당원이었다.

금융 부패사건에 연루된 인원도 명확하지 않으나 2005년 은행사기 총 금액이 1,000억 달러에 이르렀다는 사실로 미루어 문제의 심각성이 어느 정도인지 짐작할 수 있다. 이런 분야의 범죄뿐 아니라 사회 하류층이 저지르는 각종 폭력이나 소소한 범죄들도 점차 증가하는 추세이다. 이들은 중국 경제의 성공으로부터 소외된 채 다른 계층이 그 혜택을 누리는 현실을 지켜보기만 해 온 사람들이다.

물론 범죄는 사람 사는 곳이면 늘 존재하기 마련이다. 그러나 중국 사회의 범죄는 그 규모나 정도에서 새로운 단계로 접어들었다. 정부 내 조직화된 부패 규모는 지구상 그 어느 곳과 비교해도 마땅한 경쟁자가 없을 정도이다. 이들은 지극히 폐쇄적이다. 당내에 부패고리가 만연해 있다고 해도 보통 이들은 가족이나 친구 단위 또는 소그룹으로 활동한다. 그럼에도 이 사람들이 중국에 끼치는 영향력이란 측면에서 보자면 하나의 집단으로 취급할 수 있을 정도로 강력하다. 국고에서 직접적으로 빼낸 것이건 힘없는 인민들에게서 갈취하건 정부 관리들이 횡령하는 어마어마한 돈은 국가적 성취를 끌어내리고 일반대중들의 분노를 불러일으킨다.

마지막 집단은 독신남들이다.

중국의 전통적 남아선호사상은 한 자녀 갖기 정책, 그리고 태아 성별 감식에 따른 낙태수술과 맞물려 성비 불균형을 심화시키고 있다. 도회지는 그 차이가 작지만 농촌은 남아선호가 절대적이라 차이가 크고 급속히 확대되고 있다. 현재 여아보다 남아의 출생비율이 높아서 앞으로 남아 10명 중 1명꼴로 결혼을 할 수 없을 것으로 추정된다. 이들은 가공할 파괴력을 가진 침묵하는 소수자들이다. 사회적 불만의 1차 대상은 자신들이 갖지 못한 여성이고, 두 번째는 자신들의 움직임을 제지하는 정부 당국자가 될 것이기 때문에 당의 위험이 될 수 있다.

이 집단들은 정부 당국의 통제영역을 벗어난 집단이다. 그러나 이들이 점점 그 정체를 드러내고 있는 마당에 당국은 닥쳐올 재앙에 대해 무관심으로 일관하고 있다. 당은 '조화'와 '안정'이라는 미망에 사로잡혀서 이러한 문제들의 뚜껑을 틀어막고 폄하하거나 부인하기 바쁜 상황이다. 이로 인해 문제의 폭발력은 한층 심화되었다. 인민해방군과 인민무장경찰의 지원을 받는 강력한 당력(黨力)으로 단단히 그 뚜껑을 닫고 있는 형국이지만, 무한정 그럴 수는 없다. 마침내 그 압력이 출구를 찾게 되는 때가 오면 폭발력은 가히 상상을 초월할 것이다.

살펴보기

둘째 아이 가진 임신부 강제 낙태 사건 실상 알려져 충격 / 벌금제는 서민에게 큰 고통 … 부자들에겐 통제 수단 못 돼

지난 6월 2일 새벽 중국 내륙 산시(陝西)성 안캉(安康)시 쩡자(曾家)진의 한 마을. 임신부 펑젠메이(馮建梅 · 23) 씨가 사는 집에 공무원 10여 명이 들이닥쳤다. 공무원들은 눈에 확 띌 정도로 몸이 무거운 펑씨의 머리에 옷을 뒤집어씌운 뒤 '계획생육(計劃生育)' 병원으로 끌고 갔다. 서슬 퍼런 공무원의 협박과 강요에 펑씨는 어쩔 수 없이 수술대에 누워야 했다. 이미 7개월 반이 된 태아는 의료진에 의해 강제로 꺼내어져 사산되었다. 출산을 불과 두 달여 앞두고 당한 만행이었다.

뒤늦게 비보를 접한 남편 덩지위안(鄧吉元 · 29) 씨는 격노했다. 그는 당시 돈을 벌기 위해 네이멍구(內蒙古)에 나가 있었다. 덩씨는 외지로 떠나기 전 펑씨의 친정 가족에게 출산 허가 서류 수속을 부탁해 놓았었다. 덩씨와 가족들은 안캉시 정부를 찾아가 자신들의 억울함을 호소했으나 소용없었다. 이에 6월 11일 숨이 끊어진 핏덩어리 태아와 넋을 놓고 누워 있는 펑씨의 사진과 사연을 인터넷에 올렸다. 펑씨 부부의 딱한 사정은 중국인들을 분노케 했다. 들끓어오르는 민심에 놀란 지방정부는 안캉 시 부시장을 보내 입원 중인 펑씨를 위로하며 사과했다.

펑젠메이 부부가 당한 고통과 비극은 지난 32년간 중국에서 다반사처럼 벌어져 온 사건 가운데 하나이다. 그 근원은 중국 정부의 '한 가정 한 자녀(獨生子女)' 정책이었다.

1980년 9월 중국 공산당은 소수 민족과 일부 예외를 제외하고 중국의 모든 가정에서 자녀를 한 명밖에 낳지 못하게 하는 산아제한정책을 공식 실시했다. 정책 목표는 선명했다. 농업 생산력이 감당하기 힘들

만큼 폭발적으로 늘어나는 인구를 억제해 보자는 것이었다.

| 중국 연령별 인구 구조 변화 | (단위 : %)

	1953년	1964년	1982년	1990년	2000년	2010년
0~14세	36.3	40.7	33.6	27.7	22.9	16.6
15~64세	59.3	55.7	61.5	66.7	70.1	74.5
65세 이상	4.4	3.6	4.9	5.6	7.0	8.9

둘째 아이 낳기는 부자들에게 '부의 상징'

실제 중국 농민과 빈민 사이에는 벌금을 내지 못해 호적에 오르지 못한 '헤이하이즈(黑孩子)'가 무려 1천 3백만 명이나 된다. 지난해 5월 마젠탕(馬建堂) 중국 국가통계국장은 "제6차 인구 통계조사 결과 무호적자가 약 1천 3백만 명이었고 그 대다수는 정부의 한 자녀 정책을 어기고 태어난 경우이다"라고 밝혔다. 중국에서 호적이 없으면 학교에 가지 못하고 기초적인 사회보장 혜택도 받기 어렵다. 정상적으로 자라나지 못한 이들은 장기적으로 사회불안 세력이 될 수 있다.

강압적인 한 자녀 정책은 이미 여러 차례의 집단적 반발을 불러일으켰다. 2007년 5월 광시(廣西) 장족자치구 위린(玉林)시 보바이(博白)현에서 일어난 유혈 시위가 대표적이다.

당시에 현지 주민 4만여 명은 현정부가 두 자녀 이상을 둔 가정에게 2만 6천 위안(한화 약 4백 75만 원)의 벌금과 사회부양비를 부과하고 강제로 집행하자 관공서로 몰려가 시위를 벌였다.

주민 연평균 소득은 3천 위안(약 55만 원)에 불과한데, 정부가 벌금 납부 기한을 지키지 못한 가정의 재산을 몰수하고 가재도구마저 빼앗아 가자 민심이 폭발한 것이었다.

한 자녀 정책이 낳는 또 다른 어두운 그림자는 인구 구조의 불균형에 따른 미래의 불확실성이다. 다른 나라와 마찬가지로 중국도 고령화 사회에 접어들었다.

지난해 5월 양옌쑤이 칭화(淸華)대학 교수는 "2015년부터 중국의 노동 인구는 해마다 8백만 명씩 감소하는 반면 65세 이상 노령 인구는 연간 8백만 명씩 증가한다. 2035년에는 납세자 0.9명이 노인 1명을 부양해야 한다"라고 전망했다.

선진국이 40~100년간 고령화된 데 반해, 중국은 '가난한데도 먼저 늙어버리는(未富先老)' 셈이다. 사회안전망이 턱없이 부족한 중국의 현실에서 사회적 부담이 너무 크다.

노동 생산 인구가 줄어들면 경제 발전의 원동력을 상실할 수 있다. 이로 인해 세계의 공장이라는 지위를 잃게 되고 경제 성장률은 떨어지게 된다.

물론 하루에 돼지 100만 마리, 계란 3억 개를 먹어치우는 13억 중국인들의 출산율을 높이게 놓아둘 수는 없다. 그렇다고 출산을 무작정 제한할 경우 펑씨와 같은 피해자는 계속해서 나타나게 된다. 중국의 앞날도 어두워질 수밖에 없다. '세상에서 가장 어려운 일(天下第一難事)'이라는 중국의 가족계획정책, 중국 정부는 이러지도 저러지도 못하고 있다.

http://www.sisapress.com/news/articleView.html?idxno=58220
(2013.06.17 검색)

제2부

시 장

사회주의 시장경제 메커니즘의 이해

제 4 장. 중국 경제 현황

제 5 장. 중국 경제의 개혁과 개방

제 6 장. 경제 성장의 딜레마

제2부 시장

사회주의 시장경제 메커니즘의 이해

중국은 1978년 12월 중국 공산당 제11기 3중 전회(3차 중앙위원회 전체회의)에서 '경제원칙에 입각한 개혁추진'을 결정하면서 기존의 폐쇄적 체제에서 개혁 · 개방이라는 새로운 길을 걷기 시작한다.

개혁 · 개방정책을 전개한 이후, 1982년 제12차 당대회에서 '计划经济为主,市场经济为从'(계획경제를 주(主)로 하고 시장의 조절을 부수적으로 한다)고 하면서 처음으로 '시장' 개념이 사용되었고, 1984년 제12기 3중 전회에서 '社会主义商品经济论'(사회주의 상품경제론)를 제기하여 사회주의 상품경제개념을 도입하는 등 개혁개방이론의 탐색과 실천과정을 통하여 1993년 3월 전국인민대표대회에서 사회주의 시장경제라는 용어를 헌법에 명시함으로써 중국식 사회주의 시장경제체제를 확립하였다.[1]

시장경제체제가 본격적으로 추진되면서 기존 계획경제체제와의 이질성으로 인하여 중국 정부는 정책 수립과 시행과정에 있어 적지 않은 혼란이 존재하였지만 중국은 1978년 개혁 · 개방 이후 약 35년 동안 연평

1) 이에 대한 자세한 내용은 제5장 2. 중국 경제의 개혁·개방: 내용과 과정 참조.

균 9.8%의 경이적인 경제성장을 기록[2)]하며 1978년 세계 10위였던 경제총량은 2008년 독일을 넘어 3위로 부상하더니 2010년 일본을 넘어 미국 다음의 세계 2위 경제대국으로 성장하였다.

2013년 9월말 현재 중국의 외환보유고는 이미 3조 6,600억 달러를 초과하는 성과도 달성하였다. 또한 세계은행(World Bank)이 발표한 〈2012년 세계 GDP순위〉에 따르면, 중국의 국내총생산은 2012년 8조 3,583억 달러로 1위 미국의 15조 6,848억 달러에 이어 2위를 차지하였다.(한국 1조 1,296억)

그러나 국제통화기금(IMF : International Monetary Fund)이 발표한 〈2012년 1인당 GDP〉에서 미국은 4만 9,922달러인데 반해 중국은 6,075달러에 불과하여 8배 이상의 차이가 났다.(한국은 2만 3,112달러) 다시 말해, 아직도 중국은 가난한 경제대국인 셈이다. 그럼에도 불구하고 중국은 현재 세계 생산의 중심지로서 세계 경제성장의 중요한 동력원 역할을 하고 있을 뿐만 아니라 아시아 경제의 뉴 리더로 위상을 구축하고 있다. 따라서 중국 경제의 변화와 발전에 대한 이해는 현대 중국 사회의 변화를 추적하는 출발점이다.

2) 중국의 지속적인 경제 성장기간과 성장속도는 과거 빠른 경제성장을 이룩한 일본 및 아시아 4마리 용(한국, 싱가포르, 대만, 홍콩)보다 길고 빠르다고 할 수 있다.

제4장

중국 경제 현황 : 세계공장에서 세계시장으로[2)]

11차 5개년 규획[4)](2006~2010) 기간 동안, 중국 사회와 경제는 새로운 발전단계에 진입하여, 국제지위가 향상되었을 뿐만 아니라 국제영향력도 지속적으로 확대되었다.

세계금융위기의 거대한 충격 속에서도 중국 정부의 효율적인 대응으로 경제는 비교적 안정적인 발전을 유지하였는데, 그 결과 지난 5년간 중국 경제는 세계 5위에서 세계 2위로, 상품수출액은 세계 3위에서 1위로, 외국인직접투자는 세계 4위에서 2위로 향상되는 등 경제지표가 향상되었다. 또한 세계경제의 위기 속에서 적극적인 국제협력을 통해 세계경제 회복에 거대한 공헌을 하는 등 중국의 영향력은 빠른 속도로 확대되었다.

---

3) 현재 중국은 '12차 5개년' 규획(2011~2015년)을 실시하고 있기 때문에 이 부분에 관한 자료는 과거 5년간의 자료인 11차 5개년 계획에 대한 자료와 수치를 넣었다. 이 부분에 대한 자료는 中国统计信息网, 十一五经济社会发展成就系列报告之十七, 2011.3.24. 참고. 또한 내용에 있어 부연설명이 필요한 경우에는 최신자료를 업데이트 하였다.

4) 중국은 11차 5년 계획안부터 계획대신 '규획'이라는 어휘를 쓰는데, 이는 중국 경제에 대한 계획경제의 이미지를 불식시키고, 그 내용에 있어서 좀 더 포괄적인 전략방향 제시의 측면을 강조하기 위한 시도로 이해된다. 오승렬(2011), p.432.

1

경제의 빠른 성장 유지, 경제규모 세계 2위

'11.5' 기간 중국의 연평균 경제성장은 세계의 평균수준인 3.5%보다 훨씬 높은 11.2%였다. 〈표 4-1〉를 살펴보면, 금융위기의 여파로 2008년과 2009년 선진국 경제는 쇠퇴한 결과를 나타내고 있지만 중국 경제는 여전히 9% 이상의 성장률을 유지하였고, 2010년 중국 경제성장률은 10.3%에 달하였다.

〈표 4-1〉 2006~2010년 세계 주요국가의 경제성장률

(단위 : %)

국가와 지역	2006	2007	2008	2009	2010	2006~2010년 평균성장률
세계 합계	5.2	5.3	2.8	−0.6	5.0	3.5
미국	2.7	2.0	0.0	−2.6	2.8	0.9
유럽지역	3.0	2.9	0.5	−4.1	1.8	0.8
일본	2.0	2.4	−1.2	−5.2	4.3	0.4
중국	12.7	14.2	9.6	9.2	10.3	11.2
홍콩	7.0	6.4	2.2	−2.8	6.0	3.7
한국	5.2	5.1	2.3	0.2	6.1	3.7
싱가포르	8.6	8.5	1.8	−1.3	15.0	6.4
남아프리카	5.6	5.5	3.7	−1.8	2.8	3.1
인도	9.7	9.9	6.4	5.7	9.7	8.2
러시아	8.2	8.5	5.2	−7.9	3.7	3.4
브라질	4.0	6.1	5.1	−0.2	7.5	4.5

참고자료 : IMF-WEO 참고. 중국 자료는 중국 《중국통계연감》과 《2010년 통계공보》 참고, 기타 국가의 2010년 수치는 IMF 참고.

이러한 중국의 안정적인 경제성장 유지는 세계경제의 빠른 회복을 이끄는 원동력이 되었다. 11.5 기간, 중국 경제규모는 빠르게 성장하여 2005년 5위였던 국내총생산(GDP)이 2006년 4위, 2007년 3위로 성장세를 유지하다가 2010년 처음으로 일본을 넘어서 세계 제2위의 경제대국으로 우뚝 솟았다.

중국 GDP가 세계에서 차지하는 비중도 상승하여 2005년 5%였던 비중은 2010년 9.5%로 증가한 동시에 미국과의 격차도 좁혀져 2005년 GDP가 미국의 17.9%를 차지하던 비율이 2010년 40.2%가 되었다〈표 4-2 참조〉.

〈표 4-2〉 2005~2010년
중국 국내총생산(GDP)의 세계 순위 변화

연도	순위	국내총생산 (억 달러)	세계 비중 (%)	미국 대비 비율 (%)
2005	5	22,569	5.0	17.9
2006	4	27,129	5.5	20.3
2007	3	34,942	6.3	24.9
2008	3	45,200	7.4	31.5
2009	3	49,847	8.6	35.3
2010	2	58,791	9.5	40.2

참고자료 : IMF-WEO 참고. 2010년 중국 수치는 〈2010년 통계공보〉 수치 참고. 기타 국가의 수치는 IMF 참고.

UNDP가 2013년 발표한 〈2013 인간개발보고서〉에 따르면 중국·인도·브라질이 전세계 GDP에서 차지하는 비중이 2010년대 중반에는 30%, 2050년에는 50%까지 확대될 것으로 전망했다.

2
일인당 국민총소득 향상

중국의 일인당 국민총소득(GNI)도 대폭 향상된 것으로 나타났는데, 〈표 4-3〉의 세계은행 자료에 따르면, 2009년 중국 일인당 국민총소득은 3,650달러로 2005년보다 1.1배 증가하였고, 2005년 125위에서 2009년 128위로 3단계 향상된 것으로 나타났다.

〈표 4-3〉 2005과 2009년 세계 GNI와 중국 비교

(단위 : 달러)

순위	2005년		2009년	
	국가와 지역	GNI	국가와 지역	GNI
	세계	7,011	세계	8,728
1	룩셈부르크	58,050	모나코공국	203,900
2	노르웨이	60,890	리히텐스타인	113,210
3	스위스	55,320	노르웨이	84,640
4	버뮤다	n.a	룩셈부르크	76,710
5	아이슬란드	48,570	채널 아일랜드	68,610
6	덴마크	48,330	카타르	n.a
7	미국	43,560	버뮤다	n.a
8	리히텐스타인	n.a	스위스	65,430
9	아일랜드	41,140	덴마크	59,060
10	스웨덴	40,910	쿠웨이트	43,930
	중국	1,740(128)	중국	3,650(125)

참고자료 : 세계은행.

11.5 기간, 중국의 일인당 GNI와 세계 평균수준과의 격차는 감소하여, 〈그림 4-1〉에서 알 수 있듯이 2005년 세계 평균수준의 24.8%였던 중국의 일인당 GNI는 2009년 41.9%로 상승하였다.

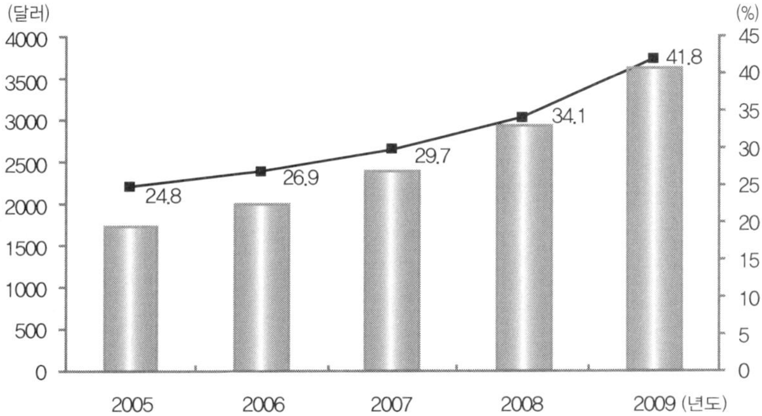

참고자료 : 세계은행

【그림 4-1】 2005~2009년 중국 일인당 GNI 및 세계에서 차지하는 비율

그러나 2012년 2월 세계은행과 중국 국무부 산하 발전연구센터(Development Research Center)가 함께 발표한 ≪China 2030 : Building a Modern, Harmonious, and Creative High-Income Society≫에 따르면 중국은 2010년 중진국 대열[5]에 진입하였으나 기존 성장방식의 한계를 극복하지 못할 경우 중진국 함정(middle income trap)[6]에 빠져 고소득 국가로 성장하지 못할 것이라고 지적하였다.

5) 2010년 일인당 GNI 4,270억 달러로 세계은행 기준 중진국(upper middle income group)으로 분류.

6) 중진국 함정은 2006년 국제통화기금(IMF)이 제시한 개념으로 개도국이 경제발전 초기에는 순조로운 성장세를 나타나다가 중진국에 진입한 이후 성장이 장기간 둔화되어 정체되는 현상을 의미한다. 중진국 함정에 빠질 경우 고속 성장으로 인한 국가 내부의

3
화물수출입 총액은 세계 2위, 서비스무역 총액은 세계 4위

국제금융위기의 여파로 중국의 화물수출입 총액도 어느 정도 영향을 받았지만 여전히 국제시장에서 막대한 규모를 차지하고 있다.

〈표 4-4〉 2005년과 2009년
화물수출입 총액이 세계에서 차지하는 비율 (단위 : 억 달러)

순위	2005			2009		
	국가	화물 수출입총액	세계시장 점유율(%)	국가	화물 수출입총액	세계시장 점유율(%)
	세계	213,420		세계	251,720	
1	미국	26,338	12.3	미국	26,613	10.6
2	독일	17,480	8.2	중국	22,075	8.8
3	중국	14,219	6.7	독일	20,647	8.2
4	일본	11,108	5.2	일본	11,327	4.5
5	프랑스	9,676	4.5	프랑스	10,445	4.1
6	영국	8,981	4.2	네덜란드	9,438	3.7
7	네덜란드	7,702	3.6	영국	8,342	3.3
8	이탈리아	7,579	3.6	이탈리아	8,185	3.3
9	캐나다	6,829	3.2	벨기에	7,218	2.9
10	벨기에	6,531	3.1	한국	6,866	2.7

참고자료 : 세계무역기구 참조, 중국 수치 《중국 통계연감》.

도시화, 빈부격차 확대 등의 각종 사회 문제점이 집중적으로 폭발해 고소득 국가로 진입하지 못하게 된다.

2010년 중국 화물수출입 총액은 2조 9,728억 달러로 2005년보다 1.1배 증가하였고, 2009년 화물수출입 총액은 독일을 넘어 세계 2위가 되었으며, 세계에서 차지하는 비중도 2005년 6.7%에서 8.8%로 상승하였다.

구체적으로 살펴보면, 화물수출액은 세계 3위에서 세계 1위로 상승하였으며, 세계에서 차지하는 비중은 2005년 7.3%에서 2009년 9.6%로 상승, 화물수입액은 세계 3위에서 2위로 상승하여, 세계에서 차지하는 비중은 2005년 6.1%에서 2009년 7.9%로 수출입 모두 상승세를 유지하였다.

11.5 기간, 중국 서비스무역도 빠르게 발전하여 세계에서 차지하는 순위가 향상되었다. 금융위기의 영향을 받아 2009년 중국의 서비스무역 증가속도는 다소 감소했지만 서비스무역 총액은 2,868억 달러로 2005년보다 82.6% 증가하였고, 2005년 8위에서 2009년 4위로 상승하였다.

〈표 4-5〉 2005년과 2009년 중국과 세계의 서비스무역 비교 (단위 : 억 달러)

순위	2005			2009		
	국가	서비스 무역총액	세계시장 점유율(%)	국가	서비스 무역총액	세계시장 점유율(%)
	세계	48,519	100	세계	64,928	100
1	미국	6,422	13.2	미국	8,045	12.4
2	독일	3,700	7.6	독일	4,797	7.4
4	프랑스	2,273	4.7	중국	2,868	4.4
5	일본	2,244	4.6	일본	2,728	4.2
8	중국	1,571	3.2	스페인	2,086	3.2
9	네덜란드	1506	3.1	아일랜드	2002	3.1
10	아일랜드	1308	2.7	네덜란드	1756	2.7

참고자료 : 세계무역기구.

4
외국인직접투자 세계 2위, 해외직접투자 세계 5위

2010년, 중국의 외국인직접투자(FDI : Foreign Direct Investment) 규모는 1,057억 달러로 2005년 세계 5위에서 2위로 상승하였으며, 세계에서 차지하는 비중은 2005년 7.3%에서 9.4%로 증가하여 중국은 이미 세계에서 거대한 흡입력을 지닌 외국인직접투자국 중 하나로 성장하였다.

〈표 4-6〉 2005~2010년 외국인직접투자 세계 순위 (단위 : 억 달러)

순위	2005		2006		2009		2010	
	국가	FDI	국가	FDI	국가	FDI	국가	FDI
	세계	9,858	세계	14,591	세계	11,142	세계	11,220
1	영국	1,760	미국	2,371	미국	1,299	미국	1,961
2	미국	1,048	영국	1,562	중국	900	중국	1,057
3	프랑스	850	프랑스	719	프랑스	596	홍콩	626
4	중국	603	중국	630	홍콩	484	프랑스	574
5	네덜란드	478	캐나다	598	영국	457	벨기에	505
6	독일	474	벨기에	589	러시아	387	영국	462
7	벨기에	344	독일	556	독일	356	러시아	397
8	홍콩	336	홍콩	451	인도	346	독일	374
9	캐나다	257	이탈리아	392	벨기에	338	싱가포르	344
10	스페인	250	룩셈부르크	318	이탈리아	305	브라질	302

참고자료 : UNCTAD, 중국 자료 《중국 통계연감》과 《2010년 통계공보》 참조.

11.5 기간, 중국의 해외직접투자(ODI : Oversea Direct Investme nt)도 빠르게 성장하여, 2010년 중국의 비금융부문 해외직접투자는 590억 달러로 2005년보다 3.8배 증가하였으며, 2005년 세계 순위 18위를 차지하는 것에서 2009년 5위로 상승하여 세계에서 차지하는 비중도 2005년 1.4%에서 2009년 5.1%로 약 5배 증가하였다.

〈표 4-7〉 2005~2009년 해외직접투자 세계 순위 (단위 : 억 달러)

순위	2005		2006		2008		2009	
	국가	해외직접투자	국가	해외직접투자	국가	해외직접투자	국가	해외직접투자
	세계	8,931	세계	14,106	세계	19,288	세계	11,010
1	네덜란드	1,318	미국	2,242	미국	3,305	미국	2,481
2	프랑스	1,150	독일	1,187	프랑스	1,611	프랑스	1,472
3	영국	808	프랑스	1,107	영국	1,611	일본	747
4	독일	759	스페인	1,042	독일	1,346	독일	627
5	스위스	511	영국	863	벨기에	1,300	중국	565
6	일본	458	스위스	758	일본	1,280	홍콩	523
7	스페인	418	네덜란드	650	캐나다	808	러시아	461
8	이탈리아	418	벨기에	507	스페인	749	이탈리아	439
9	벨기에	327	일본	503	헝가리	598	캐나다	388
10	캐나다	275	홍콩	450	러시아	561	노르웨이	342
	중국	123 (18)	중국	176 (20)	중국	559 (11)		

참고자료 : UNCTAD, 중국 수치 《중국 통계연감》 참고. 괄호 안에 있는 수치는 세계 순위.

5
국제경쟁력 강화

세계경제포럼 ≪2010~2011년 전 지구촌 경쟁력 보고≫에서 발표한 자료에 따르면, 중국 국제경쟁력은 139개 국가 및 지역 중에서 27위를 차지하여 2005년 117개 국가 및 지역에서 49위를 차지했을 때보다 중국의 국가경쟁력이 강화된 것으로 나타났다.

〈표 4-8〉 세계 500대 기업의 순위

순위	2005				2009			
	국가	기업수	영업액 (억달러)	이윤총액 (억달러)	국가	기업수	영업액 (억달러)	이윤총액 (억달러)
	세계	498	188,244	12,087	세계	500	230,851	9,605
1	미국	170	68,169	4,561	미국	140	69,945	2723
2	일본	70	23,284	1,074	일본	71	29,416	576
3	프랑스	38	16,150	977	중국②	54	21,548	1,297
4	영국	38	15,553	848	프랑스	39	20,859	644
5	독일	35	16,500	671	독일	37	18,803	299
6	중국①	23	6,802	448	영국	29	15,562	993
7	캐나다	14	2,685	198	네덜란드	12	2,834	167
8	네덜란드	14	8,217	589	스위스	12	4,983	382
9	한국	12	4,024	227	캐나다	11	2,730	136
10	스위스	12	4,814	413	이탈리아	11	6,467	250

참고자료 : 미국 포춘지

주 : ① 그 중 3개는 대만기업, ② 그 중 8개 대만기업

미국 포춘지(Fortune)의 통계에 따르면 세계 500대 기업에 진입한 중국 기업의 수는 2009년 54개로 증가하였고, 그 중 중국 석유화공공사(中国石化集团公司, "SINOPEC"), 국가전력공사(国家电网公司, "State Grid")과 중국석유천연가스공사(中国石油天然气集团公司, "CNPC") 등 국유기업이 세계 10대 그룹 안에 포함되었다. 500개 순위에 진입한 중국 기업의 이윤 총액은 500대 기업 안에서 2009년 13.5%를 차지하여 2005년 3.7%보다 10% 이상 증가한 것으로 나타났다.

2013년 7월 포춘지가 발표한 세계 500대 기업 순위에서도 중국 기업은 89개가 포함되었고 2012년 73개가 포함되었던 것에 비해 16개 증가하여 132개 기업이 포함된 미국에 이어 2위를 차지하고 있다. 여전히 SINOPEC(4위), CNPC(5위), State Grid(7위) 등의 기업은 모두 상위권에 랭크되어 있다. 또한 중국 4대 국유은행인 공상은행(工商银行, 29위), 건설은행(建设银行, 50위), 농업은행(农业银行, 64위), 중국은행(中国银行, 70위) 모두 100위권 내에 진입하였다. 그러나 포춘지는 500대 기업에 포함된 중국기업들은 철강, 자동차, 화학공업, 금융 등 대부분 국유기업으로 이들은 상당수가 완전 경쟁이 제한된 업종이라고 지적하는 한편 순위권 내에 진입한 민영기업의 수는 극히 소수에 불과하다고 하였다.

2013년 6월 블룸버그(BloomBerg)가 시가총액 기준으로 발표한 세계 500대 기업 순위에 따르면, 애플(Apple), 엑손 모바일(Exxon Mobil) 등 1위부터 10위까지 미국의 기업이 독식하고 있으며 연초 10위권 안에 있던 중국석유천연가스공사, 중국공상은행, 차이나모바일(中国移动通信, China Mobil)은 중국의 증시 부진으로 인해 시가 총액이 크게 줄어들면서 모두 10위권 밖으로 밀려난 것으로 나타났다.

이러한 결과는 미국발 에너지 혁명이라 불리는 셰일가스[7] 개발과 제조업 부활에 기인한 미국 경제의 화려한 부상과 함께 저임금 과잉생산에 기초한 중국 경제의 쇠퇴를 보여주는 것이라 할 수 있다.

6 인구개발지수 향상

〈표 4-9〉 인구개발지수 순위

국 가	2005		2010	
	순위	HDI	순위	HDI
노르웨이	1	0.932	1	0.938
이탈리아	2	0.925	2	0.937
뉴질랜드	3	0.896	3	0.907
미 국	4	0.895	4	0.902
아일랜드	5	0.886	5	0.895
룩셈부르크	11	0.875	6	0.891
네덜란드	10	0.877	7	0.890
캐 나 다	8	0.880	8	0.888
스 위 스	6	0.883	9	0.885
독 일	9	0.878	10	0.885
중 국	97	0.616	89	0.663

참고자료 : UNDP, ≪인구개발보고≫ 2010년.

7) 셰일가스(Shale gas)의 성분은 발전용으로 쓰이는 메탄 70~90%, 석유화학의 원료인 에탄 5%, LPG제조에 쓰이는 콘덴세이트 5~25%로 구성되어 천연가스와 성분이 거의 유사하다는 특징을 지니고 있으며, 풍부한 매장량으로 새로운 대체 에너지로 부상되고 있다. 확인된 매장량은 187조 5,000억㎥으로 이는 전 세계가 60년간 사용할 수 있는 규모이다. 2011년 미국에너지정보청(EIA)이 발표한 셰일가스 매장량 규모는 중국 36.10조㎥로 세계 1위, 미국 24.41조㎥로 2위, 캐나다 10.99조㎥로 7위이다. 그러나 셰일가스 상용기술을 보유하고 있는 국가는 현재 미국과 캐나다가 유일하다.

국제연합개발계획(UNDP : United Nations Development Programme)에 따르면, 2010년 중국의 인구개발지수(HDI : Human Development Index)는 0.663으로, 세계평균 0.624와 중등국가 수준인 0.592를 넘어섰으며, 169개 국가 중에서 89위를 차지하였다.

〈표 4-10〉 중국의 인구개발지수, 기대수명, 교육, GDP(1950~2020)

연도	인구개발지수	기대수명지수	교육지수	GDP지수
1950	0.225	n.a	n.a	n.a
1975	0.523	n.a	n.a	n.a
1980	0.559	0.674	0.641	0.361
1985	0.595	0.686	0.663	0.435
1990	0.634	0.712	0.711	0.481
1995	0.691	0.742	0.758	0.571
2000	0.732	0.771	0.791	0.633
2005	0.777	0.792	0.837	0.703
2008	0.793	0.799	0.851	0.665
2010	0.800	n.a	n.a	n.a
2020	0.878	n.a	n.a	n.a

참고자료 : 후안강(2011), 2020년 중국, 21세기 북스, p.181.

UNDP는 1990년부터 인구개발 지수를 발표하고 있는데 HDI 지수는 인간의 수명과 건강, 교육수준, GDP 지수 등을 종합하여 산출하는 지수로서 최대값인 1.00에 가까워질수록 삶의 질이 높음을 의미한다.

중국의 HDI 지수는 〈표 4-10〉에서 알 수 있듯이 개혁·개방 이후 지난 30여년간 크게 상승하여 2020년이 되면 선진국 수준(0.80~1.00)인 0.878 수준으로 상승할 것으로 예측된다.

그러나 광활한 중국은 HDI 지수에 있어 지역마다 편차가 존재하는데 2013년 UNDP가 발표한 자료[8]에 따르면 (2010년 지수) 중국은 각 성과 지역에 따라 HDI가 4단계로 나뉘는데, 상위그룹에 속하는 지역은 동남부 연해지역 홍콩(0.862), 마카오(0.847), 베이징(0.821), 상하이(0.814)로 이들 지역은 이미 HDI 선진국 수준인(0.800)에 도달하였고, 중부 내륙지역과 동부 연해, 동북 3성 및 내몽고 지역은 HDI 0.700~0.799를 나타냈다.[9] 중서부 내륙지역에서 상대적으로 낙후된 지역은 HDI 0.600~0.699 수준에 있었으며, 이 밖에 경제, 교육, 의료 발전 수준이 미약한 남서쪽에 위치한 귀주성(贵州)과 시장(西藏)자치구는 HDI가 0.6보다 낮은 것으로 나타났다.[10]

이러한 지역적 편차가 존재함에도 불구하고 후안강(胡鞍鋼)은 2020년이 되면 중국의 대다수 성(省)과 인구의 80%가 HDI 선진국 수준에 진입할 것이고, 동시에 이 시점이 되면 중국은 자국민에게 부유한 생활수준을 영위하게 한다는 목표를 달성할 수 있을 것이라고 예측하였다.[11]

---

8) UNDP, "China National Human Development Report 2013".

9) 톈진시(0.795), 장쑤성(0.748), 저장성(0.744), 랴오닝성(0.740), 광동성(0.730), 내몽고자치구(0.722), 산둥성(0.721), 지린성(0.715), 푸지엔성(0.714), 헤이룽장성(0.704).

10) 이에 대한 보다 자세한 내용은 UNDP(2013) 참조.

11) 후안강(2011), 2020년 중국, 21세기 북스, p.182.

세계의 공장 중국 갈수록 위상 흔들

'세계의 공장'으로서 중국의 위상이 흔들거리고 있다.

과거 다국적기업들의 공장을 대거 유치해 전 세계시장에 '메이드 인 차이나' 제품 홍수를 일으켰지만 인도네시아 · 베트남 · 태국 등 동남아의 후발 주자나 멕시코에 점차 글로벌 생산기지 역할을 빼앗기고 있다. 무엇보다 임금이 크게 오른 가운데 ▦센카쿠(중국명 댜오위다오) 열도를 둘러싼 중 · 일 갈등으로 인한 일본 기업들의 탈출 행렬 ▦경제의 질적 전환을 시도하고 있는 중국 정부의 단순 임가공 산업에 규제 강화 ▦동남아 시장의 성장 등이 이 같은 흐름을 부추기고 있다.

지난 16일 중국 상무부 발표에 따르면 지난해 외국인직접투자(FDI) 규모는 1,116억 달러로 전년보다 3.7% 줄었다. 이 같은 중국 FDI 감소는 글로벌 금융위기의 여진이 한창이던 지난 2009년 이후 처음이다.

중국 FDI규모
(단위 : 억달러)

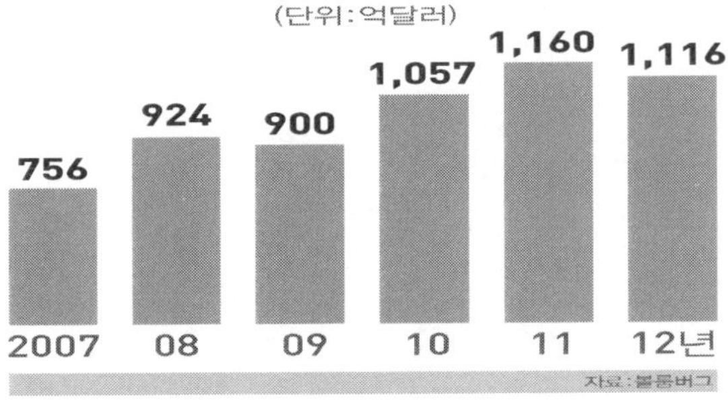

미국 상공회의소 중국 지사가 지난해 300개 기업들을 대상으로 실시한 설문조사에서도 투자처로 중국을 제일 선호한다는 응답자는 20%로 1년 전의 31%에 비해 크게 줄었다.

살펴보기

중국 내 반일 감정이 고조되는 것도 주요원인 가운데 하나다. 최근 니혼게이자이신문과 미 전략국제문제연구소(CSIS)의 기업가 대상 설문조사에 따르면 이들은 앞으로 유망 투자처로 동남아(48%), 인도(42%)를 꼽았다. 중국을 꼽은 응답자는 3.6%에 그쳤다. 실제 지난해 베트남의 FDI 규모는 전년 대비 15% 줄었지만 일본 기업들은 오히려 투자를 두 배로 늘렸다. 일본은 지난해 태국과 베트남에서 최대 FDI 국가다.

다만 동남아 등 다른 신흥시장의 위협에도 '세계의 공장'으로서 중국의 지위가 단기간에 사라지지는 않을 것으로 예상되고 있다. 마이에 요이치 일본무역진흥회 중국·북아시아 담당자도 "미국을 제외하고는 중국의 큰 시장과 고도로 숙련된 생산 라인을 대체할 나라가 없다"고 말했다.

http://finance.daum.net/news/finance/photo/MD20130117174147401.daum (2013.06.11 검색)

제5장

중국 경제의 개혁과 개방 [12)]

1 사회주의 공업화 전략

사회주의 신중국을 건설한 중국 정부는 1952년말 "과도기(过渡期)에 있어서 총노선(总路线)에 대한 강화(强化)"라는 지침에서, 중국의 기본 과제가 국민경제의 사회주의적 개조임을 천명하고 그 이행을 위해서 중공업우선전략의 실시가 중요하다고 강조하였다. 중공업은 자본집약도가 높고 투자자본의 회임기간이 길기 때문에 막대한 투자자본을 필요로 한다. 따라서 국내산업의 미숙과 저발전으로 자본축적이 낮은 단계에서의 중공업 위주의 투자를 추진하기 위해서는 국내 부존자원의 강제적 배분에 의존할 수밖에 없다. 그러므로 중앙집권적 계획경제체제 하에서의 중공업우선전략은 사회주의적 본원적 축적을 위한 농업부문으로부터의 잉여착취와 상품 및 요소가격의 왜곡화가 구조적으로 정착될 수밖에 없었다.

그러나 중국은 소련과 달리 농민과의 계급연대라는 이데올로기 때문에 공업화 초기부터 직접적인 잉여착취를 취할 수 없었기 때문에 간접적인 방식에 의한 자본축적을 시도하였다. 자본 축적률은 이윤율 수준에 의해 결정되고 이윤율은 다시 총 산출과 총 투입의 차이에 의해 결

12) 이 부분은 정명기(2010), 중국경제입문, 신론사, 참조.

정되므로, 노동투입비용과 에너지비용 및 원재료비용을 낮추는 것이 중공업부문의 높은 자본축적을 실현하는 중요한 방법이었다.

중공업은 자본회임기간이 길고 자본집약도가 높기 때문에 자본비용을 낮추기 위해서는 저렴한 자본요소 가격이 전제되어야 한다. 건국 이후 악성인플레이션을 제거한 중국 정부는 1950년 이후 공업대출 이자율을 여러 차례 조정하여 대폭 하락하였다. 저이자율은 기업의 투자자금 수요를 증가시키는 한편 국민들의 저축인센티브를 감소시킨다. 따라서 정부는 기업의 투자자원을 마련하기 위한 수단으로 재정지출을 늘리거나 금융시장에서 자금을 조달할 수밖에 없었다. 이를 위해 정부는 금융부문을 통제함으로써 제한적인 자금을 국가전략목표에 부합될 수 있도록 효과적이고 집중적인 자금배분제도를 마련했다.

중앙은행인 중국인민은행을 중심으로 모든 금융체계와 은행업이 국유화되고 고도로 집중된 금융체계와 단일 융자경로를 통해 유한한 자금이 중점계획산업과 항목에 저이자율정책을 통해 배분되었다. 에너지와 원재료에 대한 저가격정책도 요소가격의 저렴화로 공업부문의 고(高)축적을 가능케 하는 주요요소로 작용하였으나 원료 공급부족과 과잉수요를 유발함으로써 자원의 합리적 이용을 어렵게 만들었다.

중앙집중적 계획경제에 의한 자원의 인위적 배분과 요소가격의 자의적 결정과 지령에 의해 계획량 달성만을 목표로 움직이는 미시적 경영메커니즘에 의한 중국 공업화 모델은 단시일 내에 공업화를 이룩하는 데 성공하였지만 산업구조의 균형 상실과 미시적 차원에서의 노동인센티브 부족 및 기술적 효율 저하로 외연적 성장에서 내포적 성장으로의 전환을 어렵게 만들었다. 〈그림 5-1〉은 이상의 관계를 개괄하고 있다.

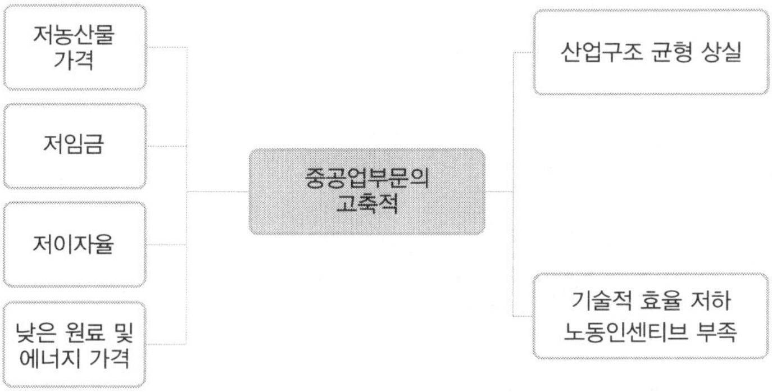

【그림 5-1】 중국 공업화의 축적구조

중국은 이 같은 공업화 전략을 통하여 낙후된 경제를 빠르게 성장시키는 데 성공하였다. 1952년에서 1976년 사이에 국민소득은 연평균 5.6%의 성장률 기록하였고 농업소득과 공업생산액 등에서도 괄목할 만한 성장을 가져왔다.

그러나 중국의 사회주의 개발전략은 중앙집중적 계획제도, 스탈린식 공업화 정책과 교조주의적 모택동주의가 혼합되어 주도되어졌고, 이 개발전략은 중국 경제의 낙후성을 근본적으로 해결하지 못한 채 경제적 혼란을 더욱 가중시켰다. 이를 구체적으로 살펴보면 다음과 같다.[13]

(1) 중공업 일변도의 개발전략으로 인하여 경공업발전이 부진하였고, 중국 경제의 주요부분인 농업은 희생을 강요당했다. 결국 국민경제구조에 커다란 불균형이 일어났다.

1952~1977년 사이에 농업생산물 가치는 연평균 4%의 증가율을 기

13) Robert F. Dernberger (1988), ≪China>s New Economic Development: Problemes and Prospects≫, Norton Ginsberg and Bernard A Lalor eds., China. The 80s Era, Westview Press, Boulder, pp.102~103.

록하였으나 식량생산은 2.2%에 불과하였고 1977년 농업의 총 요소생산성은 1952년의 수준보다 19%가 낮고 1957년 수준보다는 21%가 낮은 실정이었다. 또한 1976년 식량과 면화의 생산비용이 정부수매가격보다 각각 10.6%, 2%씩 높아 농가소득에 불이익을 받았다.

(2) 공업생산의 증대와 자본재 생산을 위한 투자가 급증하였으나 노동자들의 생활수준은 개선되지 못한 채 축적과 소비의 불균형이 구조화되었다. 1957년에서 1978년 사이에 도시에서 자본 한 단위당 평균 식량공급이 3.2% 감소하였고 油菜油와 면직의류 공급은 각각 33.3%, 2%가 줄어들었다.

(3) 양적인 경제성장의 강조는 경제발전의 질적인 면을 경시함으로써 경제 효율성을 저하시켰다. 1952~1975년 사이에 국영기업에 있어서 고정자본과 노동의 생산성이 각기 연평균 12.4%, 7.5%의 성장률을 기록하였다. 반면에 1976~1979년 사이에는 100元의 고정자산 투자가 연평균 34元의 국민소득 증대효과를 가져와 1953~1957년 사이의 원료소비를 보면 1953~1957년에는 44.3%인데 비해 1979년에는 56%였고, 산출액 1억元당 소비하였으나, 1979년에는 95,000t를 소비했다. 이처럼 투자의 효율성이 크게 정체되어졌음을 알 수 있다.

(4) 자력갱생의 원칙 때문에 해외무역이 크게 제한되어져 국민 분업을 통한 경제적 기회 획득을 상실하였다.

마오쩌둥주의자(毛泽东主义者)에 의한 이 같은 경제개발 오류는 마오저둥의 사망(1976년), 덩샤오핑(邓小平)의 등장(1977년)과 사인방(四人幇)의 추방 그리고 문화대혁명의 종결선언 등을 거쳐 경제체제의 개혁은 필연화되어졌다. 1979년 6월에 열린 제5기 전인대 2차 회의에서 '调整, 改革, 整顿, 提高(조정, 개혁, 정돈, 제고)'의 8자 방침(八字方

針)을 주요내용으로 하는 개혁정책이 공식적으로 채택되었다.

이런 개혁정책은 과감한 시장메커니즘의 도입으로 국유기업의 개혁과 농업부문에서의 인민공사의 폐지 등으로 생산자의 자율성을 보장하고 가격통제정책을 폐지하였으며, 대외개방에 의한 후발성의 이익을 극대화하기 위해 해외자본의 직접투자 유치를 적극적으로 추진하게 된다. 해외자본에 의한 선진경영기법과 생산기술의 도입으로 중국은 본격적으로 세계공장으로 탈바꿈하게 된다.

2
중국 경제의 개혁·개방 : 내용과 과정

현재 중국 경제는 계획경제에서 시장경제로의 이행하는 이행경제로 특징지어진다. 그러나 이행기 경제의 이데올로기와 구조는 개혁과 개방의 정도와 속도에 따라 변화되어졌다. 중국의 이행기 경제는 동구유럽과 구소련이 경험했던 방식과는 큰 차이를 보이고 있다. 개혁·개방 초기 중국의 개혁이데올로기는 계획경제의 경직성을 극복하고 관리체제를 활성화하여 경제의 효율성을 높이기 위해 시장기능을 보조적으로 활용한다는 점이 강조되었다. 이러한 개혁논리는 조롱경제론(鳥籠經濟論)[14)]에 기초한 것이었다.

시장에 대한 인식의 변화는 1984년 중국 공산당 12기 3중 전회에서 「경제체제개혁에 관한 결정」을 채택하여 계획적 상품경제라는 개념을 도입하면서 시작되었다. 지령성 계획을 축소하고 지도(guide)성 계

14) 경제개혁(鳥)은 계획경제의 틀(鳥籠) 속에서 실시되어야 한다는 논리를 말한다.

획을 확대하여 시장조절 기능을 강화할 것을 제안한 이 결정은 시장의 기능을 보다 적극적으로 활용하겠다는 의지를 반영한 것이다. 1987년 중국 공산당 13차 전대에서 정부가 시장을 조절하고 기업에 시장 도입을 강조하면서 국민경제에서 시장의 지위와 역할에 대한 해석을 분명히 하였다.

이러한 경제개혁은 1988년 봄 경제 과열과 혼란을 극복하기 위한 '치리정돈(治理整顿)'이라고 불리는 강력한 긴축정책의 도입과 1989년 천안문 사태를 계기로 크게 후퇴하게 된다. 정치적 불안과 경제적 혼란 속에서 1992년 덩샤오핑은 남순강화(南巡讲话)[15]를 감행함으로써 경제개혁의 의지를 재차 강조하였다. 1993년 중국 공산당은 14전대에서 「사회주의 시장경제체제 구축에 관한 몇 가지 문제에 관한 결정」(이후부터 1993년의 결정)을 채택하면서 중국은 시장경제로의 이행을 보다 분명히 실천한다.

이러한 정치적 토양 속에서 점진적인 경제개혁은 경제환경을 변화시키고, 변화된 경제환경은 다시 새로운 경제개혁을 필요로 하면서 실험과 검증 그리고 재교정이라는 조심스럽고 완만한 경제개혁을 추진하였다. 그럼에도 불구하고 계획경제에서 시장경제의 부분적이고 점진적인 도입은 많은 시행착오를 범하지 않을 수 없었다.

개혁 초기의 부족경제(不足经济)는 해외자본과 기술의 도입으로 생산력이 향상되고 소득이 늘어나면서 빠르게 극복되어졌다. 부족경제를

15) 1992년 1월말부터 2월초까지 등소평이 상하이(上海), 선전(深圳), 주하이(珠海) 등 남방의 경제특구를 순찰하면서 개혁과 개방을 더욱 확대해야 한다고 주장한 담화로 초기에는 보수적인 북경의 지지를 얻지 못했으나 지방으로부터 호응을 받아 1992년 10월에 개최된 제14차 중국 공산당 전국대표회의의 보고서에 전문이 수록되었고, 사회주의 시장경제론을 천명하는 기초가 된다.

극복하기 위한 양적 성장주의는 공급능력과 국제수지의 제약을 무시한 경제과열로 치달았지만 고용을 보호하고 생활수준을 개선하기 위해 일정한 수준의 경제성장을 유지해야 한다는 논리 때문에 인플레이션 발생을 용인하였다. 그러나 이러한 인플레이션에 의한 성장은 결국 거품경제를 낳게 되고 소득분배를 악화시키는 등 정부의 거시경제 조절능력을 크게 약화시켰다.

이러한 경제적 혼란은 정치적 혼란을 유발시켜 천안문 사태를 가져오게 하고 이를 계기로 수요억제, 내핍생활 장려, 산업구조 조정, 가격개혁의 잠정적 중단 등으로 인플레이션을 억제해 경제적 혼란을 진정시키고 생산성 향상을 위한 정책을 실시한 치리정돈을 강력하게 추진한다.[16] 서방세계는 인권탄압을 이유로 중국에 대한 무역금수, 차관금지, 기술협력 제휴중단 등의 경제적인 제재조치를 취했다.

1990년 1월 중국 정부는 계엄령 중단을 발표하고 반체제인사를 석방하기 시작했으며, 12월 7일 공산당 중앙위원회는 개혁 · 개방을 계속한다는 것을 천명하였고 덩샤오핑은 남순강화로 이를 뒷받침했다. 중국이 개혁 · 개방을 다시 강조하기 위해 「1993 결정」을 채택한다.

치리정돈에서 벗어나 시장경제 요소가 보다 강화된 경제개혁을 다시 추진함으로써 경제가 안정되고 새로운 체제 속에서 경제성장이 가속화되었다. 과거의 철저하지 않은 경제운영방식을 교훈으로 성장의 상한선과 하한선 간의 폭을 조절하여 고용, 분배 그리고 성장 간의 모순을

16) 천안문 사건 이후, 중국 공산당은 대내적으로는 시위세력을 탄압하고 개혁의 속도와 범위를 축소 조정했으며, 대외적으로는 서방세계의 정치·경제적 제재와 비난에 직면하게 되었다. 정치적으로는 안정에 최우선을 두어 학생 및 지식인 등 민주화 세력에 대한 통제를 강화하는 한편, 부르주아 자유주의자들을 소탕하기 위하여 대대적인 숙청을 개시했다. 이 과정에서 7만 2천여 명의 당원이 제명되었고, 25만 6천여 명은 경고 및 징계처분을 받았다.

해결하는 엄격한 경제운영과 대담한 경제개혁을 동시에 추구하기 시작하였다.

1990년 중반의 안정적 성장기를 지나 90년대 후반에 접어들면서 중국은 거시경제 환경에 새로운 변화를 맞게 된다. 지속적인 경제성장에 힘입어 국민들의 생활수준이 대폭적으로 개선되었을 뿐만 아니라 국제수지의 흑자가 계속되면서 국제수지 문제도 해소되었다. 그리고 꾸준히 유입되는 해외자본과 높은 국내저축률로 인하여 저축초과의 시대로 진입하게 된다.

또한 90년대 후반에 중국 경제는 90년대 전반에 있었던 과잉투자로 인해 과잉공급이라는 새로운 환경에 직면하게 된다. 여전히 빈곤인구가 많은 비중을 차지하고 있음에도 불구하고 90년대 후반 중국 경제는 이제 '공급자 시장'에서 '구매자 시장'으로 급속히 개편되어졌다. 2004년 2월 현재 주요상품 600여 품목 중에 수급균형을 이룬 품목은 전체의 23%인 138개 품목이었고, 전체의 77%에 해당하는 462개 품목이 공급과잉 상태에 있는 것으로 나타났다.[17] 내구재 소비재 가격의 하락과 생산과잉에 따른 재고누적은 시장수요가 생산능력의 성장을 따라가지 못했기 때문이다.

도시가계의 소득은 꾸준히 증가하여 내구재 소비재에 대한 수요가 꾸준히 증가하였지만 농촌가계의 소득이 정체되거나 하락함으로써 내수확대가 일정한 제약을 받게 된 점도 과잉생산에 의한 경기침체의 한 원인이었다. 농가소득이 하락하거나 정체된 원인으로는,

첫째, 농산물 공급과잉으로 인한 가격 하락,

둘째, 주요 농업자재 가격의 인상,

17) 大橋英夫小(2005), 現代中國經濟論, 岩波書店, p.64.

셋째, 조세부담의 증가,

넷째, 시장경쟁의 격화에 따른 향진기업의 경영부진,

다섯째, 도시의 경기침체로 인한 농외소득 기회의 축소 등을 꼽을 수 있다.

이외에도 국유기업의 구조조정으로 임시휴직자 혹은 실업자가 증가한 점, 사회보장의 수혜자 원칙에 따른 자기부담의 증대 등으로 도시 가계의 가처분 소득이 축소되고 미래에 대한 불확실성 때문에 소비를 억제하고 저축이 늘어나게 된 점을 원인으로 볼 수 있다.[18)]

90년대 말 디플레이션에 의한 경기침체는 이처럼 공급과잉의 문제로부터 출발하였다고는 하지만 경제성장의 혜택이 특정지역과 계층에 집중되어 짐으로써 안정적 경제성장 동력을 확보하는 데 실패하였음을 반증하여 준다. 따라서 중국 공산당은 「1993년 결정」 후 10년이 지난 2003년 10월 14일 중국 공산당 16기 3중 전회는 「사회주의 시장경제체제 정비에 관한 몇 가지 문제에 대한 당 중앙위원회 결정」(이후부터는 2003년 결정)을 채택한다. 「1993년의 결정」이 사회주의 시장경제체제의 구축을 강조하였다면 「2003년의 결정」은 사회주의 시장경제체제 정비를 주요과제로 하고 있다.

이처럼 중국 경제의 개혁과 개방노선은 경제성장 및 구조변화에 조응하여 정책의 우선순위와 방법론을 개발하여 개혁을 심화 발전시켰다. 「93년의 결정」 개혁노선의 변화과정을 살펴보면 다음과 같다.[19)]

첫째, 개혁의 중점이 변화했다. 개혁 초기는 부족경제를 극복하기 위해 생산력 증가를 강조하였다. 민생안정을 목적으로 경제개혁은 농업

---

18) 大橋英夫小(2005), 現代中國經濟論, 岩波書店, p.65.

19) 大橋英夫小(2005), 現代中國經濟論, 岩波書店, pp.68~70 참조.

부문의 개혁으로 출발하였다. 농가생산청부제(联产承包责任制)로 대표되는 농업개혁은 단기간에 효과를 발휘해 1980년대 중반에 식량의 자급자족을 달성하는 데 성공하였다. 따라서 80년대 중반 이후에는 개혁의 중심이 공업부문으로 이동하게 된다.

공업부문의 개혁은 농업부문의 개혁에 비해 대단히 복잡하다. 개혁 초기에 이 부문에 대한 개혁은 매우 완만하게 진행되었다. 그러나 중국 국내수요를 배경으로 공업부문의 생산력을 급속히 발전시키고 수입대체형공업화(輸入代替型工業化)를 꾸준히 추진하였다. 이미 지적한 것처럼 1990년 후반에 이미 중국은 세계의 공장으로 자리매김하게 된다. 제조업의 생산능력은 해외기업의 중국 진출과 국내기업의 투자확대에 힘입어 국내수요를 크게 상회함으로써 재고가 쌓여갔다. 1998년 말 전국의 재고규모는 약 3조 위안으로 이 중 1조 3천억 위안이 비정상적 재고로 추산되었다. 또한 지속적인 외자유입의 증가와 국제수지 흑자로 해외부문에서의 통화팽창이 불가피해지고 이를 억제하기 위한 대출금리 인상은 기업의 금융비용을 인상시켜 수익성을 악화시켰다. 기업의 수익성 악화는 기업내부 이익유보 감소에 따른 임금 동결이 이루어지고 기업의 구매력과 유효수요가 감퇴하면서 상품가격의 하락을 부추겼다. 가계소비 역시 임금 상승세의 정체로 인하여 원자재 가격이 소비자물가보다 선행하여 하락하는 디플레이션 경기침체 징후가 나타나기 시작한다.

따라서 1990년대 후반에는 경제개혁의 중심이 생산력 증가에 있는 것이 아니라 경기과열을 진정시키기 위한 거시경제의 안정화에 개혁의 초점이 맞추어졌다. 경제 안정화를 위해서는 총수요 관리를 제도화해야 하고 생산부문의 과잉생산능력 문제를 해결해야만 한다. 따라서 경제개혁은 거시경제 관리에 필요한 재정·금융부문으로 이동하게 된다. 생산부문에서는 국유기업의 부진이 심각해지면서 소유제 개혁을 중심으로 한 기업개혁을 모색하게 된다. 아울러 지역간·계층간 소득격차 문제와 실업문제, 사회안전망 구축 등과 같은 주제가 개혁의 새로운 과제로 떠올랐다.

둘째, 경제개혁의 방법론이 변화되었다. 개혁 초기에는 농업청부제의 도입 및 기업자 주권 확대, 분권화와 인센티브 부여 등이 주요한 개혁 방법이었다. 계획경제 시기의 집권적 의사결정 과정에는 생산의 주체인 농민, 노동자 그리고 기업경영자는 배제되었다. 하향 평균주의는 노동의욕을 불러오지 못했지만 농업청부제 도입과 기업가 주권 확대가 생산력 증가를 가져왔다. 분산적 의사결정의 도입은 경제질서의 규범화를 필요로 한다. 기업의 자주권 확대는 생산력을 빠르게 신장시켰지만 설비투자를 확대시켜 중복투자, 과잉투자에 의한 경기과열을 가져오게 한다. 또한 지역의 기업, 시장, 고용 등을 확보하기 위해 지방보호주의적 조치 등으로 지역은 제후경제로 발전하게 된다. 중앙정부는 경기과열과 제후경제의 부작용을 해소하기 위해 행정조치에 의한 경제운영을 추구하였지만 오히려 경제과열의 유발시키고 거품을 확대시켰다.

1980년대 경제운영 방식에 대한 반성으로 1990년대 경제개혁은 총수요 관리를 위한 금융과 재정정책 개발에 초점을 두었다. 「93년 결정」이나 「03년 결정」이 시장경제시스템 구축을 강조하고 있는 것도 이 때문이다. 시장 우호적 제도개혁이 효과를 발휘하기 위해서는 성숙한 시장경제와 이에 뿌리를 두고 있는 관습이나 규범의 형성이 불가피하다. 기업개혁의 일환으로 도입된 주식제도, 자본시장의 정비 및 감독체제의 강화, 외자기업에 대한 각종 우대조치의 시장과 경쟁정책의 도입,

구조조정을 통한 기업의 퇴출메커니즘 확립 등은 중국 경제의 시장경제로의 이행에 불가결한 정책들이다.

셋째, 경제성장의 결과 수혜자와 비수혜자 간의 간극이 커졌다. 경제성장에 의해 절대빈곤은 감소하고 온바오(温饱)가 실현되고 부분적으로 샤오캉(小康) 수준이 달성되었지만 경제성장의 수혜자들은 일부 지역과 일부 계층의 사람들로 국한되어져 있다. 계획경제 시기의 평균주의가 가져 온 악폐를 제거하기 위해 불균등발전에 의한 경제격차를 인정하였다. 그러나 경제성장이 지속되면서 이러한 불균등발전은 더욱 심화되어졌고 성장의 과실은 소수의 사람과 특정지역에 집중되었다. 특히 기업구조조정이 심화, 확대되고, 과잉생산과 시장경제의 격화로 기업 채산성 악화 등이 실업자와 일시휴업자를 양산하게 된다. 이처럼 1990년대 후반 경제성장의 혜택을 받지 못한 계층들이 대량으로 출현하면서 이들을 위한 사회안전망 구축이 경제개혁의 새로운 과제로 부각되었다.

이처럼 중국의 경제개혁은 시장경제를 도입하여 사회주의적 시장경제체제를 구축하는 데 목표를 두고 있다. 1978년 중국 공산당 11기 3중 전회에서 결정한 개혁과 개방정책은 많은 우여곡절 끝에 1992년 중국 공산당 14전대에서 사회주의 시장경제로 집약되는 개혁노선을 결정하면서 시장경제로의 이행에 관한 구체적인 청사진이 나타나기 시작하였다.

1993년에 결정된 「사회주의 시장경제체제 구축에 관한 몇 가지 문제에 관한 결정 내용」은 경제개혁의 획기적인 문건으로 매우 파격적인 내용을 담고 있다. 특히 이 결정은 그동안 개혁노선에서 추구했던 점진적이고 보수적인 방향에서 크게 벗어난 매우 진보적인 내용을 담고 있다는 특징을 가지고 있다.

「93년 결정」 이후 10년 만에 결정된 「사회주의 시장경제체제 정비에 관한 몇 가지 문제에 대한 당 중앙위원회 결정」은 「93년 결정」에서 천명한 시장경제체제의 구축을 정비하고 완성하는 데 목표를 두고 있으며, 동시에 「93년 결정」 이후 중국 경제에서 나타난 새로운 문제들을 포괄적으로 인식하고 이를 해결하기 위한 정책을 담고 있다.

1993년 사회주의 시장경제를 본격적으로 도입함으로써 경제성장에 탄력을 받게 된 중국 경제는 세계무역기구(WTO : World Trade Organization) 가입을 계기로 경제체제의 개방화 속도가 빨라지게 되었을 뿐만 아니라 경제운영 방식에도 변화가 불가피해졌다. 따라서 그동안 관세 및 비관세장벽으로 국내시장에서 독점적 지위를 보장받아 왔던 중국 국유기업의 체질개선이 중요한 정책목표로 대두되었고 이는 2003년 결정으로 표출되었다.

「03년 결정」을 중심으로 개혁노선의 변화를 구체적으로 살펴보자.[20)]

첫째, 「03년 결정」에서는 공유제 경제와 동시에 비공유제 경제의 발전을 전면적으로 장려한다는 점을 분명히 함으로써 경제개혁의 핵심 쟁점인 소유제에 관한 논의를 본격화하였음을 의미한다.

이 결정은 공유제를 국민경제의 안전과 국민경제의 근간을 이루는 중요한 업종에 한정하고 독점과 과점업종에 경쟁원리를 도입하도록 하였다. 아울러 공유제의 주요형태로 주식제를 지목하고 공평한 시장경쟁을 통한 시장규범의 확립과 현대기업제도의 확립을 위한 기업지배(corporate governance)제도 도입을 중시하였다. 이를 위해 중국 정부는 국유자산감독위원회를 설치하고 기업개혁의 핵심과제로 재산권 제

20) 大橋英夫小(2005), 現代中國經濟論, 岩波書店, pp.72~80 참조.

도의 확립을 본격적으로 추진하게 된다.

둘째, 「03년 결정」은 농업개혁을 중시하여 기업개혁 다음으로 언급하고 있다. 이는 농민, 농업, 농촌 문제 즉, 삼농문제(三农问题)의 심각성을 인식하고 있음을 보여준다.

이 결정에서는 농촌지역의 부담한 조세 부담을 비판하고 농민의 부담을 경감하기 위한 세제와 비용개혁을 주장하고 있다. 또한 농촌 잉여노동력의 도시부문으로의 이동과 농촌 간 이동을 장려하고 이를 방해하는 장애요인을 제거하는 데 중점을 두고 있다. 이를 위해 「03년 결정」에서는 호구제도(戶口制度)의 개정을 제안하였다. 농촌 잉여노동력에 대한 두 가지 결정 간의 차이는 도시화에 따른 집적효과, 규모의 경제, 사회적 이동의 자유 등에 대한 인식의 변화 때문으로 풀이된다. 이런 변화는 과거 10여년간의 경제성장으로 농촌의 빈곤지역 문제가 해결되었다는 것을 현실적으로 반영한 것으로도 이해된다.

셋째, 「03년 결정」은 전국적으로 통일된 시장형성을 가속화하고 행정규제 개혁, 업종독점, 시장분할, 제후경제 등의 철폐를 통해 공정한 경쟁원리를 촉진하여 시장규범을 확립하는 데 목표를 두고 있다. 따라서 자본시장의 정비와 기업개혁의 추진은 중요한 정책과제로서 주식시장에서의 혼란과 부패를 방지하고 시장관리감독 메커니즘을 건전화하고 법제화하는 데 주력하게 된다.

거시경제 관리측면에서 보면 「03년 결정」은 재정과 금융부문의 개혁에 초점을 두어 정부의 경제운영 능력을 높이는 데 주력하였다. 재정부문에서는 징세기반을 확대하고 공정한 조세체계와 지방재정 보조제도를 정비하고 금융부문에서는 금융기관의 불량채권 문제, 주식상장, 기업지배구조의 개선, 농촌금융의 개선, 자본이동의 단계적 완화, 금리 및 환율 통제의 부분적 완화, 금융 감독 · 관리체제의 정비 등을 강조하였다.

마지막으로 소득분배와 사회보장정책에서의 변화를 볼 수 있다. 「03년 결정」은 실업과 임시휴직자 문제가 시급한 사회문제로 대두되었음을 인식하고 계층 간의 소득격차 문제를 해소하기 위해 개인소득세제도의 관리 강화, 각종 사회보장제도의 운용과 이를 위한 국유자산의 활용, 각종 보험 및 연금제도의 정비와 활성화에 대한 구체적인 정책들을 제안하고 있다. 과학기술 · 교육의 역할, 행정관리의 정비, 법체계의 정비, 당의 역할 등에서도 두 결정 간에는 많은 차이를 보여주고 있다. 이런 차이는 중국의 WTO 가입으로 불가피한 일이었다. 즉, 중국은 WTO 가입으로 시장경제로의 이행을 더욱 가속화할 수밖에 없었고 시장규범을 글로벌 스탠더드에 맞도록 개혁을 심화시켜야 했다.

살펴보기

중국 '1호 문건', 올해도 초점은 '삼농문제'

중국 공산당 중앙위원회와 국무원이 매년 연초 발표하는 정책문건 '1호 문건'이 올해도 역시 농업발전 문제를 주요 의제로 설정했다고 19일(현지시간) 신화통신이 보도했다.

'1호 문건'은 당 중앙위와 국무원이 연초 첫 번째로 전국 기관에 하달하는 중요 정책문건이다. 중국정부는 지난 10년간 한 해도 거르지 않고 1호 문건에서 '삼농(三農: 농민 · 농촌 · 농업)문제'에 초점을 맞췄다. 올해 '1호 문건'은 7,900자 분량으로 33개 항목에 대한 지시사항이 담겨 있다.

신화통신에 따르면 당 중앙위 등은 '전면심화농촌개혁과 농업현대화 추진 가속화에 관한 일부 의견'을 발표하고 '사상해방 가속', '온중구진(穩中求進, 안정 속 발전)', '개혁창신(혁신)' 등을 주요 화두로 제시했다. 또 "지속적으로 (농업)체제의 폐단을 제거하고 농업의 기초적 지위를 흔들림 없이 지키며 농업현대화를 가속한다"고 강조했다.

특히 ▲국가 식량안전 보장체계 완성 ▲농업보호제도 강화 ▲농업의 지속가능한 발전을 위한 기제 건설 ▲농촌 토지제도 개혁 심화 ▲신형 농업경영체계 구성 ▲농촌금융제도 혁신 가속 ▲도농발전 일체화체제 건설 ▲농촌통치기제 개선 등 이른바 '삼농문제'와 밀접한 관련이 있는 8개 항목을 중점 추진할 것을 주문했다.

당국은 "농촌 토지제도 개혁과 관련해 농촌집체경영 건설용지의 시장진입을 허용하고 농민이 '청바오 경영권'(承包, 장기임대 형식의 토지 경작권)을 금융기관에 저당잡히고 융자를 받을 수 있도록 허용한다"고 밝혔다.

시진핑 지도부는 지난달 열린 당 제18기 중앙위원회 제3차 전체회의(18기 3중전회) 결정문과 중국 중앙농촌공작회의 등을 통해 식량 자급률 확대를 통한 식량안보 확보와 먹거리 안전 등을 올해 농업정책의 주요목표로 제시했다. 이에 곡물증산과 식품안전 정책 등이 더욱 강화될 것으로 전망된다.

http://www.etoday.co.kr/news/section/newsview.php?idxno=855444
(2014.01.21. 자료검색)

中, 호구제도 개선... 전국거주증제도 도입으로 도시화 급물살

지난 1958년에 제정된 현행 중국의 호구(戶口, 호적)제도가 개혁된다. 공공서비스 제공에 차별을 두지 않는 전국거주증 제도가 빠르면 올 상반기 중 도입, 현행 호구제도를 대체할 것으로 보인다. 호구제 개혁으로 새 지도부가 역점을 두고 있는 도시화가 급물살을 탈 것으로 전망된다.

▶ 공공서비스 제공하는 거주증 제도 도입

중국정부 관계자는 7일 로이터통신에서 "새 지도부가 현행 호구제도를 대체하는 새로운 거주허가제도를 검토하고 있다"고 말했다.

그는 "전인대 폐막 후 '도시화 10개년 계획'이 공표되는데 그 계획 속에 '전국 통일형 거주허가제도'가 담길 것이다"면서 "새 제도 하에 사회보장혜택은 기본적으로 동일하게 제공된다."고 말했다. 그러나 도입

시기 등 구체적인 것은 밝히지 않았다.

앞서 지난 5일 개막한 전국인민대표대회(전인대)에서도 호구제도 개혁촉진이 제기되고 있다. 전인대 정부업무보고는 '자유 이주'를 처음으로 언급하면서 "질서 있는 도시화를 위해 호구제도 개선을 신속히 추진하겠다"고 약속했다.

시대에 뒤떨어지고 인권을 침해한다는 비판을 받고 있는 호구제도의 개혁이 지금까지 지지부진했던 가장 큰 원인은 돈이 많이 들기 때문이다.

국무원 발전연구센터에 따르면 1명의 농민공을 도시주민으로 전환하는 데 드는 원가는 약 8만 위안이다. 만약 2억 명의 농민공 중 10%에게만 교육, 의료, 양로서비스를 제공한다고 해도 무려 1조 6,000억 위안이 필요하다. 이는 지난해 국내총생산(GDP)의 3%에 달하는 규모다.

▶ 도시화 급물살

호구제도 개혁이 가시화되면서 중국의 도시화가 한층 빨라질 것으로 전망된다.

전문가들은 호구제도가 개선되면 농민공이 자연스럽게 도시민으로 편입되고 농촌인구의 도시전입이 늘면서 현재 매년 1% 포인트 정도 높아지는 도시화율 증가속도가 가속될 것으로 보고 있다. 현재 도시에 거주하며 일하는 농민공 수는 약 2억 6,000만 명에 달한다.

이와 관련, 중국 국가발전개혁위원회(NDRC)의 장핑(張平) 주임은 6일 전인대 기자회견에서 "도시화가 앞으로 경제성장의 주요 견인차가 될 것이다"면서 "향후 10년간 40조 위안을 투입해 4억의 인구를 도시로 이주시킬 계획이다"고 말했다. 중국은 이를 통해 오는 2020년까지 14억 인구의 60%를 도시민으로 만들 방침이다.

이미 일부 도시에선 호구제도를 개선, 농민공들의 도시 장기거주를 지원하고 있다. 광둥(廣東)성 중산(中山)시의 경우 점수제를 도입해 140점이 넘으면 농민공들에게 도시호적을 준다. 예를 들어, 4년제 대학 졸업자는 80점, 집을 사면 50점을 주는 반면 자녀가 있으면 60점을 감한다.

워싱턴대학의 천진용(陳金永) 교수는 영국 BBC에서 "호구제도가 개혁되지 않으면 중국의 도시에는 거대한 빈민층이 형성될 수밖에 없다"면서 "호구제도 개혁은 농민공들이 도시에 뿌리내리는 동력이 될 것이다"고 강조했다.

http://news.heraldcorp.com/view.php?ud=20130307000334&md=20130310004113_AT (2014.01.22. 자료검색)

제6장

경제성장의 딜레마

신중국 건국 이후, 중국은 高저축–低소비의 발전 전략을 시행하였다. 소비와 저축에 있어, 저축을 늘리고 소비를 줄이게 되면 국민들의 소비는 최소한의 기본생활을 유지하는 수준으로 축소된다. 소비품이 심각하게 부족한 상황에서 주민들의 소비는 중국 정부의 계획분배제도에 의해 엄격히 관리되었고, 도·농간 주민의 소비는 의식주를 만족시키는 수준으로 제한되었을 뿐만 아니라 대부분의 농민은 의식주조차도 어렵게 해결하였다.

개혁개방 이후, 경제가 빠르게 발전하고 분배방식이 다양화됨에 따라 국민들의 소비수준도 빠르게 향상되어 의식주만 해결하던 温饱소비에서 의식주 걱정을 하지 않는 물질적으로 안락한 小康소비로, 그리고 풍요로운 富裕소비로 발전하고 있는 추세이다.

중국은 2001년 WTO 가입과 2003년 GDP 성장률 10% 이상으로 새로운 성장단계에 진입하였지만 수출무역에 의존하고 외자의존도가 70%에 달하는 중국의 경제구조는 외부경제의 영향에 쉽게 동요될 수 있는 위험이 잠재하였다. 사실 소비를 증대시키고 수출의존도를 줄이기 위하여 2003년 이래 중국 정부는 주민 소비장려정책을 추진하였지만 가계의 소비는 크게 늘지 않았다. 이러한 상황에서 중국은 2008년 세계금융위기를 계기로 경제발전 방식을 내수경제 발전으로 변화시켜 중국 국내소비를 기반으로 민생이 부유해야지만 강국이 될 수 있다고 생각하기 시작하였다.

1 소비경제로의 전환과 문제점

1-1. 소비경제로의 전환

중국 주민 소비구조의 변화는 중국 정부의 개혁정책, 사회구조 분화와 밀접하게 관련되어 있다. 중국의 개혁과정에 따라, 주민의 소비구조 변화는 네 단계로 나눠진다.[21]

첫번째 단계는, 개혁개방 이후 짧은 기간(1978~1984년)에 도·농주민은 빈곤상태에서 벗어나 기본적인 의식주 문제를 해결하였던 시기로, 의식주 문제를 해결한 이후 내구용품의 소비가 시작되었는데, 당시 도시주민의 '三大件'(자전거, 시계, 재봉틀)이 농촌가구에 진입하기 시작하였으며, 보급속도가 빨라 1985년 농촌주민 백 가구당 자전거 소유는 80.6대였다. 부유해지기 시작한 농민들은 자신의 집을 짓기 시작하면서, 집짓기 열풍으로 농촌주민 일인당 가구 면적은 1978년 8.1평방미터에서 1985년 14.7평방미터로 증가하였다.

이 시기 도시가구 소득과 소비수준은 향상되었지만 그 변화속도는 농촌보다 느렸다. 1978년 도시가구 일인당 생활소비 지출은 405위안이었고, 1985년 802위안으로 증가하였으며, 1985년까지 도시가구의 60%는 흑백텔레비전을 보유하고 있었고, 컬러텔레비전의 보유율도 17.2%였다.

이 시기는 중국의 도·농간 소득격차와 소비격차가 낮았던 시기로, 개혁 초기의 시장경제 유입은 경제·사회적 지위가 비교적 낮았던 농민

21) 陆学艺(2010), 《当代中国社会结构》, pp.220~234 참고.

과 도시의 외곽지역에 거주하던 집단의 생활수준을 대폭 향상시켜 중국 사회에 일정한 평등을 가져왔다. 또한 개혁개방 이후 최종 소비율(소비재 매출총액이 GDP에서 차지하는 비중)과 주민 소비율이 최고에 달했던 시기로, 1981년 최종 소비율은 67.5%, 주민 소비율은 53.1%이었다.

두 번째 단계는 개혁의 중심이 농촌에서 도시로 옮겨졌던 시기(1985~1991년)로, 이 시기는 주민소득 증가와 높은 복지로 인해 도시주민의 소비수준이 빠르게 향상되었으나 소비구조는 크게 변화하지 않았다. 일반적으로 소득수준과 소비수준에 따라 소비구조가 변화하는데 이 시기에 의복과 음식에 대한 소비비중이 감소하고, 생활용품·주택 및 서비스지출 비중이 상승하였다.

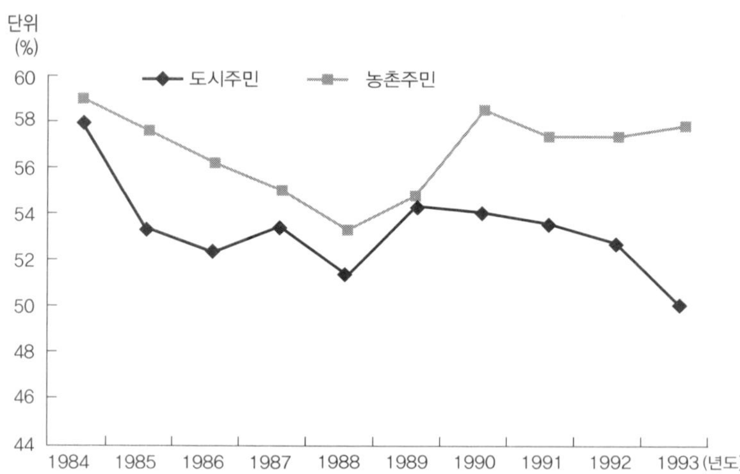

참고자료 : 陆学艺(2010), 《当代中国社会结构》, p.222

【그림 6-1】 1984~1993년 도·농주민 엥겔지수 변화

도시가구의 가정용 전기용품 소비는 빠르게 성장단계에 진입하여 컬러텔레비전, 냉장고, 세탁기 등 주요 가전제품은 보편화되었으며 기존 三大件 제품이었던 자전거, 시계, 재봉틀은 컬러텔레비전, 냉장고, 세탁기로 구성된 "新三大件"로 대체되어 가정소비의 상징이 되었다. 1981년 도시주민 백 가구당 0.6대이던 컬러텔레비전은 1984년 5.4대, 1985년 17.2, 1992년 74.9대로 빠르게 성장하여 이들 제품은 이미 도시가정에 보편화되기 시작하였다.

이 시기 농촌가구의 소득증가는 비교적 완만하였고 생활수준도 느리게 개선되었다. 농민 일인당 생활비 지출은 1985년 347위안에서 1991년 621위안으로 증가하였고, 엥겔지수는 57.8%에서 57.6%로 감소하였다. 개혁개방 이후 농촌주민의 엥겔지수 변화를 살펴보면, 기본적으로 엥겔지수에 거의 변화가 없어 여전히 식품이 생활소비 지출에서 차지하는 비중이 가장 높았다. 이 시기는 농민이 의복과 음식에 대한 문제를 기본적으로 해결한 후 주거환경에 대해 관심을 갖던 시기로 주민의 주택지출 비중이 빠르게 증가한 시기이다.

농촌주민의 내구용품 소비도 완만히 증가하여 1985~1990년 농촌주민 백 가구당 흑백텔레비전 보유량은 10.9대에서 39.7대로 상승하였고, 컬러텔레비전은 4.7대였다. 1985년은 컬러텔레비전이 농촌가정에 보급되기 시작하여, 농민이 집을 짓고, 집을 사고, 가전제품을 구매하는 등 이들에 대한 소비는 富를 먼저 이룬 농촌가정의 상징이 되었다.

이 시기의 특징적인 점은 개혁개방이 진행됨에 따라 고소득과 고소비 계층이 나타나기 시작하였다는 것이다. 기존의 사회변방에 있던 집단이 개체경영을 통해 소득과 소비수준이 향상되자 그들은 빠르게 부유해지기 시작한 반면 국유기업의 개혁속도가 완만하여 이들 기업에 속해있던 간부와 지식인들의 소득과 소비수준은 상대적으로 낙후되었다. 1980년대 말, 개체호(个体户) 계층과 기타 계층 간의 소득격차는 확대되어, 1980년대 후기 조사에 따르면, 개체노동자, 개인 사업가, 호텔서비스직원, 배우, 자동차기사 등의 순으로 소득이 높았으며, 1990년대 초기 연수입이 3만 위안 이상의 고소득가구는 대략 430만 가구였으며, 전체가구에서 2%를 차지하였다.

고소득층이 생기나면서 사람들은 과시성 소비를 하기 시작하였는데 고급 가구, 가전제품을 구매하고 주택을 사치스럽게 장식하거나 심지어 묘지까지도 사치스럽게 장식하였다. 당시 중국 전체가 부유하지 않았기 때문에 이러한 집단의 소비는 사회에 매우 강하게 작용하여 사회불만을 야기한 반면 사치성 소비에 대한 동경심도 강하게 나타났다.

세 번째 단계는 1992~1996년으로 이후로 이 시기에 중국의 개혁개방은 새로운 단계에 진입하였다.

이 시기는 국유기업의 개혁 심화, 시장경제체제 확립, 사회보장제도 개혁, 의료시장화, 주택체계 개혁, 재정체제 개혁 등 개혁대책이 연이어 나왔고, 이는 도·농주민의 생활에 막대한 영향을 미쳐 도시주민 소비수준 및 소비구조를 빠르게 변화시키는 결과를 가져왔다. 도시주민 일인당 평균지출은 2,356위안에서 5,620위안으로 증가하였고, 정부의 사회보장, 교육, 의료, 주택 등의 개혁은 도시주민의 지출을 증가시켰을 뿐만 아니라 非상품성 지출도 대폭 증가하여 이 부분에 대한 소비는 1992년 23%이었다. 또한 소비구조도 변화하여 의복과 음식, 가정설비용품에 대한 지출은 감소하였지만 의료보건, 교육, 교통, 통신 및 주택에 대한 지출은 빠르게 상승하였다.

新三大件은 이미 도시주민 가정에 보급화되어, 1996년 도시주민 백

가구당 컬러텔레비전, 세탁기, 냉장고는 각각 93.5대, 90.6대, 70대였다. 또한 비디오, 에어컨 등이 도시주민의 새로운 소비품으로 등장하였고 피아노, 컴퓨터, 휴대전화 등은 도시의 부유한 가정에 새롭게 등장하기 시작하였다. 이밖에 거주환경에도 관심을 갖기 시작하여 집을 리모델링하는 것이 도시주민 가정의 새로운 소비풍조가 되었다.

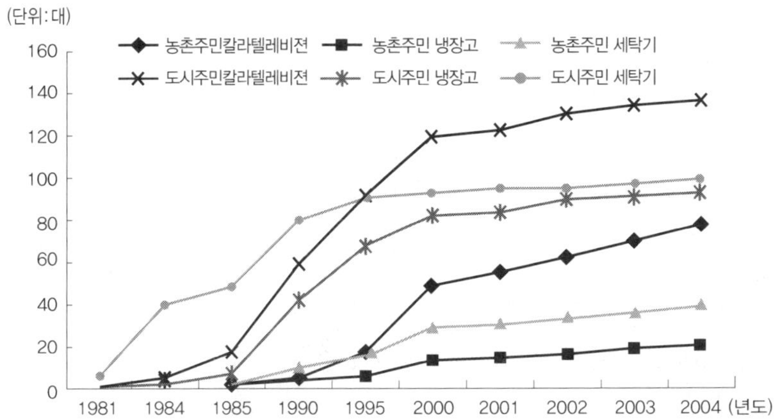

참고자료 : 陆学艺(2010), 《当代中国社会结构》, p.225

【그림 6-2】 개혁개방 이후 중국의 도·농주민의 내구용품 변화 상황

이 시기에는 농민소득의 증가속도가 완만했을 뿐만 아니라 농촌세수의 부담도 증가하여 도·농간의 소득격차가 더욱 확대되었다. 농촌주민 일인당 소비는 1992년 718위안에서 1996년 1,572.08위안으로 증가하였지만 증가속도가 도시보다 완만하였고 소비구조 변화 또한 더디게 진행되었다. 또한 중국 정부의 교육, 의료 등의 개혁으로 인하여 농촌주민의 소비구조에서 의료, 교육 항목의 지출은 빠르게 증가했을 뿐만 아니라 세수부담과 인플레이션 등의 원인은 농촌주민의 생활

을 더욱 고달프게 하였다.

국유 및 집체기업과 향진기업이 개혁을 진행함에 따라 사영기업주, 당과 정부의 간부, 국유기업과 집체기업의 관리자, 삼자(三资)기업의 경영자 등이 고소득과 고소비를 하는 하나의 새로운 계층으로 형성되면서 자가용, 휴대전화 등 고급 내구용품이 고소득층의 신분을 상징하는 소비품이 되었다.

이들에 대한 소비증가로 인해 기존 주택, 내구용품 소비구조는 서비스 소비구조로 전환되기 시작하였다. 각종 가라오케와 고급 클럽이 당시 이들의 고급 소비방식이었는데, 1992년 광저우에서 처음으로 클럽이 생기기 시작하여 선전, 하이난, 베이징, 상하이에도 사격클럽, 요트클럽, 자동차클럽, 골프클럽 등 각종 클럽 등이 생겨나기 시작하였고, 당시 베이징골프클럽의 회원증은 8만 달러, 상하이 10만 달러였으며, 클럽은 정부의 주요 인사와 재계 주요 인사들이 모이는 장소가 되었다.

마지막 단계는 1997년부터 현재까지로 중국은 이미 대중소비시대에 진입[22]하였다.

2012년 도시주민 일인당 가처분소득은 24,565위안으로 1978년 보다 71배 증가하였고, 엥겔지수 또한 2011년 36.3%로 도시주민의 소비는 이미 富裕수준에 도달하였다. 그 중 베이징, 상하이, 광조우 등의 주민 엥겔지수는 이미 35%로 낮아졌다.

소득증가는 소비구조에도 영향을 주었는데 주택, 자동차, 교육이

---

22) 대중소비시대로 판단할 수 있는 기준 : 소비품 시장이 판매자 시장에서 구매자 시장으로 변화, 소비주의 만연, 고가 내구용품의 소비의 빠른 증가속도, 사회에 존재하는 대규모 사치품 소비집단, 주민소비가 생존형 소비구조에서 심리적 만족, 과시성 소비구조로 변화.

도시주민 소비의 새로운 '三大件'이 되었을 뿐만 아니라 주택, 자동차, 여행, 교육, 의료 등이 새로운 소비의 열풍과 중국의 경제성장점이 되었다.

2012년 도시주민 1인당 가처분소득 지역별 분포

지역	1인당 가처분 소득 (단위: 위안)
상해	40,188.3
북경	36,468.8
절강	34,550.3
광동	30,226.7
강소	29,677.0
천진	29,626.4
복건	28,055.2
요녕	23,222.7
내몽고	23,150.3
중경	22,968.1
호남	21,318.8
광서	21,242.8
운남	21,074.5
안휘	21,024.2
해남	20,917.7
호북	20,839.6
섬서	20,733.9
하북	20,543.4
하남	20,442.6
산서	20,411.7
사천	20,307.0
길림	20,208.0
강서	19,860.4
영하	19,831.4
귀주	18,700.5
서장	18,028.3
신강	17,920.7
흑룡강	17,759.8
청해	17,566.3
감숙	17,156.9

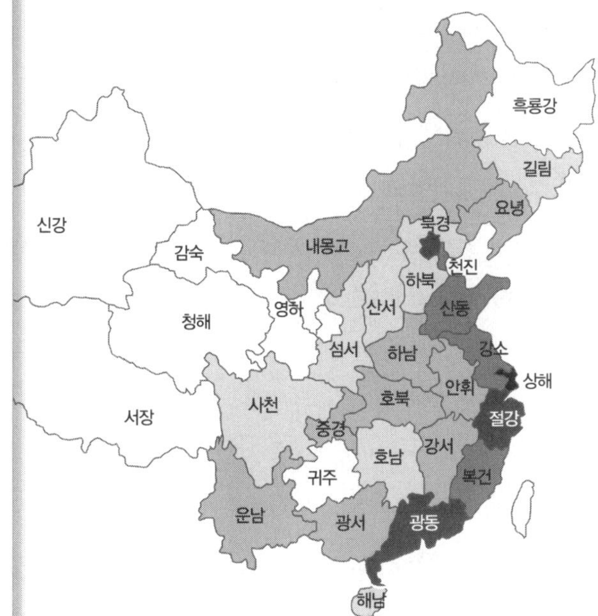

참고자료 : CIRC, (2013).

【그림 6-3】 2012년 도시주민 1인당 가처분소득 지역별 분포도

농촌주민의 소비수준도 끊임없이 향상되어 2012년 농촌주민 일인당 가처분소득은 7,917위안에 도달하였고 엥겔지수도 43.1%[23]로 낮아져 小康수준에 진입했지만 농촌주민 소비 증가속도는 도시주민 소비 증가속도보다 여전히 느린 상태이다.

이 단계는 도시주민 소비가 점차 계층화되면서 각 계층의 소비격차가 확대된 시기이다. 직업을 기초로 하는 사회구성원의 계층구조는 각 계층마다 자원의 점유도에 차이가 발생하며 소비방식에 있어서도 확실한 차이가 존재하는데, 이는 계층별로 각기 다른 소비구조를 형성시킨다.

우선 소비 상류층은 비교적 풍부한 경제자원 및 문화자원을 지닌 계층으로, 대기업의 책임자, 사영기업주, 비교적 높은 지위를 지닌 국가와 사회 관리자 계층을 포함한다. 이들 집단의 소비는 향유형과 발전형 소비가 주를 이뤄 고급 클럽, 고급 골프장, 고급 호텔이 이 계층들의 주요한 소비장소이다. 이 계층의 소비는 시대의 흐름을 이끌 뿐만 아니라, 이들 계층에서 유행하는 제품들은 중산계층으로 확산되는 결과를 가져온다.

1990년대 이후 중국 사회계층 최대의 변화는 중산계층의 확대였다. 대부분의 국가와 사회 관리자, 중소형 기업주, 경영자 계층, 전문기술자 등이 중국의 중산계층을 구성하며 이 비중은 대략 23%를 차지한다. 이 집단은 많은 계층들의 조합으로 그들 내부에 비교적 강한 이질성이 존재하여 체제 내에서도 체제內 중산계층과 체제外 중산계층으로 분류된다. 이 두 종류의 집단은 소비관념과 소비방식에서도 다소 차이

23) 중국사회과학원(中国社会科学院)이 최근 발표한 자료에 따르면 중국 31개 성(省)·시(市)·자치구의 7만 4천여 농촌가정을 대상으로 조사한 결과 중국 농촌가정의 엥겔지수가 39.3%로 나타났다. 中国社会科学院农村发展研究所, 农村绿皮书: 中国农村经济形势分析与预测, 2013. 北京:社会科学文献出版社, 2013.

를 보이는데 체제內 중산계층의 소비관념은 비교적 전통적인 반면 체제外 중산계층의 소비관념은 비교적 혁신적이고 개방적이다.

중산계층들은 소비에 있어 서비스형 소비와 발전형 소비의 비중이 비교적 높게 나타났으며, 몇 년간 주택, 자동차, 여행은 이미 중산계층 소비의 중요한 상징이 되었다.

도시의 저소득계층은 일반적으로 직업의 안정성이 떨어지며, 소득이 낮고 도시의 주택 및 기타 생활물가가 높아 기본적으로 생존형 소비에 의존할 수밖에 없으며, 직업의 불안정성으로 실업상태에 처하게 되면 기본 생존마저도 위협받게 된다.

농촌의 경우 농업의 소득이 매년 감소하여 非농업소득이 농민소득의 중요한 버팀대 역할을 하고 있지만 농업과 非농업소득은 모두 불확실성을 지니고 있어 농민의 소득예측도 불안정하기 때문에 이들의 소비는 제한적일 수밖에 없다.

또한 불안정한 사회보장제도로 인하여 의료, 교육, 주택에 있어 큰 금액을 부담해야 하는 문제는 이들의 정상적인 생활에 영향을 미치고 이로 인해 이들 계층은 자신의 운명을 변화시킬 능력이 현저히 부족한 상태에 처해있다.

중국 주민의 소비구조 변화는 경제사회 발전의 결과이며 소비정책의 조정, 주민의 소비관념의 변화와 밀접하게 관계가 있다. 개혁개방 30여 년 동안 중국 경제는 빠르게 발전하여, 1979~2012년 동안 중국 국민경제는 매년 9.8%로 성장하였고 이러한 증가속도는 선진국이나 개도국에서 보기 힘든 상황이다.[24)]

---

24) 일본 경제 19년 동안 9.2%, 싱가포르 20여년간 연평균 9.9%, 홍콩 21년간 연평균 8.7%, 대만 26년간 9.5%, 한국 30년간 8.5%.

경제의 고속성장은 경제총량을 끊임없이 확대시키고 이는 도·농주민 소비수준을 향상시키는 물질적 기초가 된다. 일인당 GDP가 증가함에 따라 도·농주민의 소비도 증가하였을 뿐만 아니라 도시주민의 소비수준을 향상시켜, 중국의 GDP 성장속도와 소비수준의 향상은 비교적 강한 동질성을 지닌다고 할 수 있다. 농촌주민의 소비수준도 GDP 성장과 함께 증가하긴 하였으나 GDP 성장속도보다 낮은 상태를 유지했다.

중국 도·농주민의 소득수준의 향상은 현실적인 구매력을 갖추게 하였을 뿐만 아니라 소비에 대한 수요를 확대시키는 결과를 가져왔다. 개혁개방 초기 빠른 소득증가는 도·농주민이 오랜 기간 눌러왔던 소비욕구를 폭발시켜 1988년 사재기 열풍을 불러왔으며, 소득의 증가는 사람들의 소비심리에 변화를 가져와 과거 자신의 소득에서 필요한 것만 구입하던 절약형 소비에서 자신의 소득수준을 뛰어넘는 과소비로 변화, 심지어 빚을 지면서까지 원하는 것을 사는 소비로 변화시켰다.

소비를 사치와 자신의 과시욕을 나타내는 풍조가 확산되어 2009년 중국의 사치품 소비 총액은 94억 달러(약 1조 800억 원)로 세계시장의 25%를 차지해, 처음으로 미국을 초월하고 세계 제2대 사치품 소비대국이 되었다.

중국 소비구조의 변화는 경제성장이 계기가 되었지만 다른 면에서는 정책이 만든 결과물이기도 하다. 개혁개방 이후, 중국 정부는 소비를 엄격히 제한하던 기존의 정책에서 주민소비를 장려하는 정책으로 변화하였고, 이러한 정책의 변화는 중국 주민의 소비를 더욱 더 확대시키고 소비의 자주성을 향상시켰다. 농촌에서는 가정승포책임제를 통해 소득이 증가하였고, 도시에서는 기업의 임금제도가 노동자의 생산량에 따라 계산되어 노동자들의 소득이 증가하였다.

또한 중국 정부의 도시지역에 대한 전면적인 복지제도 개선정책으로 교육, 의료, 주택분야에서 시장화가 빠르게 진행됨에 따라 도시주민의 소비구조도 빠른 속도로 향상되었으며, 서비스 소비비중도 빠르게 증가하였다. 현재 도·농주민 소비구조는 매우 다양화되었고, 이러한 다양화는 사회계층의 분화에 기초하며 계층 간의 소비격차를 더욱 확대시켰다. 더불어 소비의 기능도 변화하기 시작하여, 과거 생존에 필요한 가장 최소한의 소비에서 벗어나 자신의 공동체 의식과 신분을 나타낸 것과 연결되기 시작하였다.

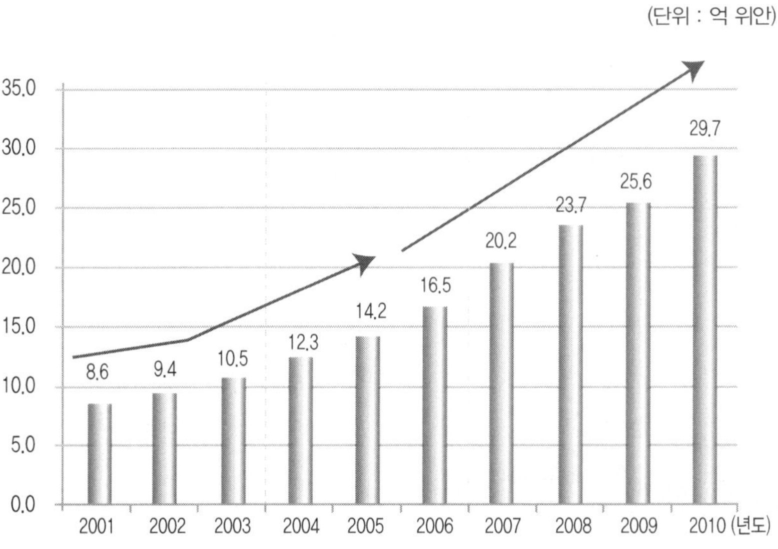

참고자료 : 国家统计局.

【그림 6-4】 최고급 소비품 증가 추이

1-2. 중국 소비구조의 문제점

현재, 중국 주민의 소비구조는 温饱-小康-富裕의 소비구조로 변화하여 내구용품, 서비스품에 대한 소비가 주민소비에서 차지하는 비중이 확대되고 있지만 주민소비발전구조에 상응하는 각종 사회시스템이 아직 완전히 개선되지 않아 주민 소비수준의 정상적인 발전을 제한시키고 있다.

선진국의 경우, 공업화가 진행됨에 따라 내구용품의 소비가 증가하는 것은 중요한 사회적 구조변화이다. 여기에는 생활환경설비의 완벽한 개선, 전체 임금수준의 향상, 인구의 도시화, 사회보장제도의 건립 등이 포함된다.

일본의 경우 1970년대 이후 자동차, 컬러텔레비전, 에어컨 등이 보급화되기 시작하였으며, 임금수준도 전반적으로 향상되어 1965년 미국의 임금은 일본의 5배였지만 1970년 3.6배로 감소하였고, 일본의 임금수준은 프랑스의 임금수준을 뛰어넘었다. 동시에 내구소비품에 상응하는 상수도, 쓰레기 처리설비, 전력 및 연료설비 등을 포함하는 공공생활설비와 유치원, 학교, 도서관 등을 포함하는 교육설비 및 병원 등의 의료설비의 건설 및 발전은 모두 경제발전에 영향을 주었다.

중국은 30여년의 개혁개방을 통해 경제는 이미 농업사회에서 공업화사회로 변화하였지만 사회설비는 여전히 낙후되어 있는 실정이다. 우선, 도시와 농촌을 나눠서 관리하는 이원화 제도는 근본적으로 개선되지 않았으며, 재정, 금융, 교육, 의료위생, 공공건설, 토지정책 등의 방면에서 여전히 도·농간의 불평등이 존재하고 있어 농촌은 기초건설과 사회복지 등의 모든 방면에서 낙후될 수밖에 없었다. 과장을 조금 보

태어 현재 중국의 도시가 유럽과 같다고 가정하면 농촌은 아프리카와 같은 상황에 처해있다고 할 수 있다. 또한 의료, 교육, 문화 등 각종 사회 공공물품 및 서비스 공급이 도·농주민의 수요를 만족시키지 못하고 있는데 이러한 불안정한 사회구조는 일반 주민들이 미래의 위험을 대비하기 위해 저축에 끊임없이 의지하게 하는 결과를 초래하였다.

한 기관의 조사에 따르면 농촌가정은 소비에 대한 욕구가 도시보다 높게 나타났지만 농촌소비는 소득과 사회보장 수준이 낮은 구조적 원인으로 실제 경제력은 도시보다 낮은 것으로 나타났다. 이는 정부보조금[25)]이 농촌가정 소비를 자극하는 작용을 하지만, 농촌가정의 소비능력은 낮은 소득수준으로 여전히 제한적이라는 것을 나타낸다.

2008년 사회상황종합보고 분석에 따르면, 소비촉진과 내수확대를 위해 민생분야에 대한 투자에 중점을 두어야 한다고 하였다. 취업, 교육, 의료, 주택, 사회보장 등 분야에 대한 투자를 확대하고 이러한 분야의 공공·재정제도를 완벽히 갖춰 이들 분야에서의 공공상품과 공공서비스 공급을 확대시켜 가정의 정상적인 소비에 도움을 주고 대중소비를 격려하는 적극적인 대책을 세워야 한다.

---

25) 家电下乡(가전하향) 농촌지방의 소비 진작을 통한 경기부양을 목적으로, 해당지역 농민(농민증 보유자)들이 가전제품(TV, 냉장고, 세탁기, 에어컨, PC, 핸드폰, 온수기, 전자레인지, 인덕션쿠커) 등 9개 전자제품 구입 시 제품가격의 일정비율(구매금액의 13%, 환급 상한 455위안)을 환급하는 제도로, 2008년부터 시행하여 2013년 1월 만료되었다. 2010년 6월부터 以旧换新(이구환신)이라는 제도를 시행, 28개 도시지역 거주자가 보유한 가전제품을 신제품으로 교환 시 보조금을 지급하는 제도로 가전제품(TV, 냉장고, 세탁기, 에어컨, PC 등 5개 제품) 구입 시 판매금액의 10%를 보조해서 도시주민들의 소비를 활성화시키고자 하였다.

살펴보기

중국 내 사치, 문화, 편리, 건강을 추구하는 다양한 형태의 소비족(族)들 등장

지난 8년간(2005~2012년) 중국의 1인당 도시가처분소득은 연평균 약 13% 증가하여 소비시장 확대, 중국은 2020년까지 모든 국민들이 의식주 걱정 없는 샤오캉사회 구현을 목표로 하고 있다. 중국의 소득 수준 향상으로 사치, 문화, 편리, 건강 등을 추구하는 다양한 소비족들이 생겨나고 있다.

〈중국 소비시장의 신 소비족 유형〉

<table>
<tr><th colspan="3">소비유형</th><th>특징</th></tr>
<tr><td rowspan="3">화 (華)</td><td rowspan="3">사치형</td><td>고소득</td><td>라셔족(辣奢族) 등 고소득을 바탕으로 럭셔리 소비를 즐기는 소비족</td></tr>
<tr><td>중·저소득</td><td>처누(车奴), 카누(卡奴) 등 소득 수준에 비해 과도한 소비로 자신을 과시하는 소비족</td></tr>
<tr><td>여성</td><td>타징지() 등 럭셔리제품에 대한 소비욕구가 높은 여성 소비족</td></tr>
<tr><td>유 (游)</td><td colspan="2">문화 향유형</td><td>CC족(Culture Creative族), 라테족(LATTE族) 등 여행, 스포츠, 헬스 등 다양한 문화적 호기심을 충족하고 싶어 하는 소비족</td></tr>
<tr><td>편 (便)</td><td colspan="2">스마트형</td><td>타오바오족(淘宝族), QQ족(QQ族) 등 온라인 쇼핑몰을 통해 생활에 필요한 제품 정보를 검색 및 구입하는 소비족, 2000년대 초반부터 유행</td></tr>
<tr><td>강 (康)</td><td colspan="2">웰빙형</td><td>러훠족(樂活族), 뤼커족(綠客族) 등 2008년 이후 웰빙에 대한 수요가 증가함에 따라 건강·친환경적 소비를 중시하는 소비족</td></tr>
</table>

중국 소비의 새로운 트렌드 : 화유편강(華游便康)

화(華) : 사치형	중국 사치품 시장규모 추이
럭셔리한 생활을 즐기는 중산층 이상의 라셔족(辣奢族, 럭셔리 추구 소비족) 신흥 소비계층이 증가하여 2005년~2011년 사이 연소득 7만~10만 위안인 중산층과 10만 위안 이상인 상류층의 비중이 중국 전체 가구의 30% 이상 차지. 세계 사치품 총 소비에서 중국이 차지하는 비중은 2008년 14%에서 2012년 27%, 2015년 34%로 지속 증가 전망.	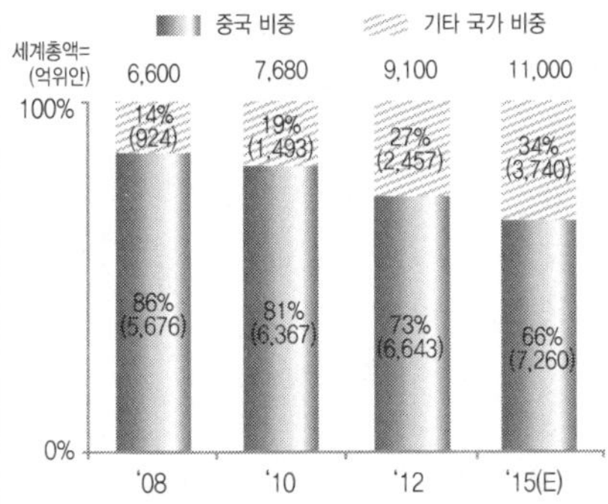 참고자료 : 奢侈品市场无便邊界. (2012) * 괄호 안의 숫자는 시장규모 의미.

유(游) : 문화 향유형	중국 문화소비 추이
CC족(Culture Creative), 라테족(LATTE, 여유추구소비) 등은 다양한 문화를 쉽게 받아들이며 여가에 대한 욕망이 강한 부류의 소비자들. CC족이 증가하면서 중국 문화소비가 확대. 2010년 중국 문화소비 규모는 약 8,778억 위안으로 2000년부터 연평균 14%씩 성장. 2010년 문화소비 지출액은 2000년보다 약 3배 증가.	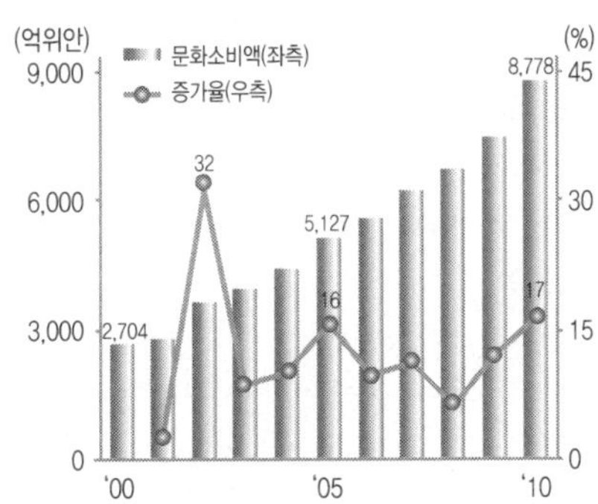 참고자료 : 中国文化消费需求景气评价报告. (2012)

살펴보기

iResearch(2012)는 중국 전자상거래 규모는 2012년 1조 3,040억 위안으로 2008년 보다 10배 이상 확대되었다고 발표.

편(便) : 스마트형	중국 인터넷 쇼핑 시장규모 추이
타오바오족(淘宝, 인터넷 쇼핑몰), QQ족(MSN과 같은 중국 메신저) 등 인터넷의 편리한 기능을 이용해 쇼핑을 즐기는 스마트 소비계층 증가. 중국 인터넷 쇼핑시장의 규모(C2C와 B2C 소비품 거래시장의 합)는 2007년 520억 위안에서 2012년 1조 3,205억 위안으로 약 25배 급증. 2015년 2조 5,680억 위안 규모에 이를 것으로 예상.	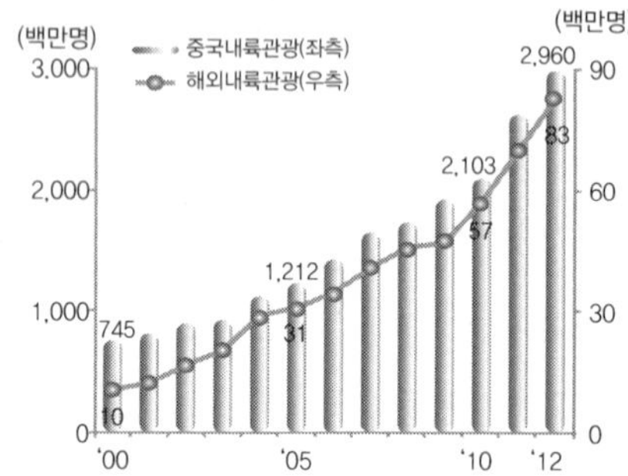 참고자료 : CEIC.

중국 정부는 2015년까지 건강 및 보건산업의 시장규모를 1조 위안으로 확대할 계획 발표.

강(康) : 웰빙형	중국 건강·보조식품 시장규모 추이
러휘족(乐活)은 Life styles of Health and Substantiality (LOHAS)의 중국식 표현으로, 2008년부터 중국에서 유행되고 있는 친환경·녹색제품만을 선호하는 소비자들을 의미. 중국 건강·보조식품 시장규모는 2016년 약 3,300억 위안에 달할 것으로 전망.	 참고자료 : 中国保健品行业市场分析 (2012).

참고자료 : 현대경제연구소, 〈중국의 신소비 트렌드, 화유편강〉, 2013.04.16.

2
성장과 사회복지의 문제점

2-1. 성장과 복지 : 사회복지제도 확립

사회보장은 현대국가의 가장 중요한 사회 · 경제제도로서, 사회발전과 사회문명의 지표이다. 사회 · 경제수준에 알맞은 사회보장체제의 건설은 경제 · 사회발전에 필요한 조건이고, 사회안정과 사회질서가 유지되는 데 중요한 요소이다.

개혁개방 30여년 이후, 중국의 경제는 놀라운 성과를 기록하여 세계 제2의 경제대국이 되었고, 일인당 평균 GDP는 6,000달러를 초과하여 중등소득국가의 대열에 진입하였는데, 이러한 경제의 발전에도 불구하고 중국 사회는 주택, 교육, 의료, 양로 등 민생문제에서 문제점이 돌출되기 시작하였다.

또한 도 · 농격차, 지역격차, 빈부격차 및 간부와 대중관계, 노사관계 등 사회계층 간의 모순도 나타나기 시작하면서 사회안전이 날로 심각해지고 있는 상황이다. 각종 사회모순은 실질적으로 이익관계의 공평성에서 발생하고 이러한 문제들을 시기적절하게 해결하지 못하면 사회마찰은 갈수록 심해질 것이며, 이 상황에서 사회폭동이 발생한다면 중국의 장기적인 경제 · 사회발전에 있어 영향을 미칠 것이다.

사회보장제도는 공평 · 공정의 기본원칙을 바탕으로 각기 다른 단체간, 계층간의 이익관계 및 사회소득분배를 조절하는 등 기타 제도가 대신할 수 없는 기능을 가지고 있다. 그래서 중국이 현 단계에서 더욱 완벽한 사회보장체계를 건립해야만 중국이 꿈꾸는 지속가능한 발전을 이룩할 수 있다.

중국의 사회보장제도는 크게 두 단계로 나눠 발전하였는데,

첫 번째 단계는 신중국 건립부터 개혁개방 전까지로, 1951년 2월 국무원이(당시 정무원) ≪중화인민공화국노동보험조례≫를 제정 및 반포하여 중국 사회보장제도를 정식으로 확립하였다. 이 단계의 사회보장제도는 계획경제체제와 같아서 '국가–단위보장제'로 '국가가 책임, 기관(집체)독점, 전면보장, 도·농 분할, 폐쇄운행' 등의 특징을 지닌다.

두 번째 단계는 개혁개방부터 현재까지로, 중국 사회는 끊임없이 사회보험을 중요하게 생각하여 사회보장제도의 개혁을 통해 도·농 간의 통일적인 사회보장을 목적으로 하는 사회보장의 전면적인 발전과 새로운 제도의 사회보장제도를 만들고자 하는 단계이다.

농촌의 연산청부책임제가 진행되고 도시의 국유기업 개혁이 진행됨에 따라, 기존의 사회보장제도는 본래의 제도적 기능을 잃어갔다. 개혁개방 이후 사회주의 시장경제체제가 시행됨에 따라, 사회구조에서 분화가 심화되면서 기존의 사회보장제도의 폐단이 나타나기 시작하자 80년대 중반에 중국 사회보장제도는 전면적으로 개혁의 시기에 진입하게 된다.

1986년 국무원은 실업보험과 관련된 법규를 제정하여 1994년 장쑤성 쩐강(江苏镇江), 장시성 지오강(江西九江)에 의료보험개혁을 시범적으로 실시, 1995년 사회조달자금과 개인계좌를 결합한 모델인 기업노동자 기본양로보험 시범시행, 1998년 주택제도개혁 실시, 1999년 도시주민의 최저생활보장제도 건립, 2003년 개인비용납부, 집체보조와 정부보조가 결합된 신형농촌합작의료제도 시험시행, 2004년 "국가

의 경제발전 수준에 상응하는 사회보장제도 건립"이라는 문항을 헌법 수정안에 추가하고, 2005년 농촌의료보조제도 건립, 2007년 농촌최저생활보장제도 건립, 2009년 신형농촌양로보험 시험시행 실시[26), 2010년 《사회보험법》이 통과되기까지 중국 사회보장제도는 정부의 주도 하에, 사회보장제도의 초기 기틀을 형성하였을 뿐만 아니라 기존의 '국가-단위보장제'에서 '국가-사회보장제'의 특징으로 변화하였다.

많은 개혁과 발전을 통해 중국은 이미 사회보험, 사회보조, 사회복지를 기초로 기본양로, 기본의료, 최저생활보장제도를 중점으로 하는 사회보장제도의 체제 기틀을 마련하여 각 항목 사회보장제도는 발전하기 시작하였다.

사회보험을 살펴보면, 2010년까지 전국의 도시 기본양로보험자는 25,673만 명으로 2009년보다 2,123만 명 증가하였고, 그 중 노동자는 19,374만 명이었으며, 도시 기본의료보험 가입자 수는 43,206만 명으로 2009년보다 3,059만 명 증가하였다. 그 중 도시노동자 기본의료보험 가입자 수는 23,734만 명, 도시주민 기본의료 가입자 수는 19,472만 명, 실업보험 가입자 수는 13,386만 명으로 2009년보다 660만 명 더 가입한 것으로 나타났다. 상해보험에 가입한 수는 16,173만 명으로 2009년보다 1,278만 명 증가하였고, 출산보험에 가입한 수는 12,306만 명이었다.

동시에 보장수준도 대폭적으로 향상되어, '10.5' 기간 말과 '11.5'

---

26) 2009년부터 중국의 현(县)에서 시험 실시, 2020년까지 전국으로 확대할 예정이다. 만 16세 이상의 농민 중 학생신분을 제외한 취업경험이 없는 사람에게 지급, 조건에 부합하는 만 60세 이상의 농민은 기본양로금을 지급받을 수 있다. 개인이 납부해야 하는 비용은 연 100위안에서 500위안까지 5등급으로 나눠지고, 필요에 따라 지방정부가 등급 증설 가능하다. 현재 중앙정부가 확정한 기본양로금은 1인 매월 최저 55위안이다.

기간을 비교해 보면, 기업퇴직자의 기본 양로금이 700위안이 안 되던 것에서 1,400위안으로 증가하였고, 의료보험 정산 '최고한도선'은 노동자의 임금수준이 향상됨에 따라 조정되었는데, 특히 새로운 의료개혁 이후 통일적으로 노동자 평균임금의 6배가 향상되어 초기의 7만~8만 위안에서 20만 위안으로 상향 조정되었다.

농촌사회보험을 살펴보면, 2010년 2,678개 현(县), 시(市), 구(区)에서 신형농촌의료사업을 시작하여, 신형농촌의료사업기금 지출 총액은 832억 위안으로, 연간 7억 명이 혜택을 받았다.

〈표 6-1〉 2004~2010년 신형농촌의료사업 현황

연도	사업확대 지역 수 (县, 市, 区)	가입자 수 (억 명)	모금액 (억 위안)	기금 지출액 (억 위안)	수익자 연인원 (억 명)	가입률 (%)
2004	333	0.80	40.3	26.4	0.76	75.2
2005	678	1.79	75.4	61.8	1.22	75.7
2006	1,451	4.10	213.6	155.8	2.72	80.7
2007	2,451	7.26	428.0	346.6	4.53	86.2
2008	2,729	8.15	785.0	662.0	5.85	91.5
2009	2,716	8.33	944.4	922.9	7.59	94.2
2010	2,678	–	–	832.0	7.0	96.3

참고자료 : 吴忠民(2011),《中国改革进程中的重大社会矛盾问题》, p.241

〈표 6-1〉의 2004~2010년간의 신형농촌의료사업의 진행상황을 보면, 신형농촌의료사업을 진행한 현(县), 시(市), 구(区)의 수는 계속 증

가하였고, 참여인구 수도 대폭 상승하여 2009년 8.3억 명으로 2004년의 참여율 75.2%에서 94.2%로 증가하였으며, 혜택을 받은 사람은 7.59억 명으로 농촌주민들이 혜택을 받았을 뿐만 아니라 농민들의 의료수준을 제고시켰다.

사회보조를 살펴보면, 2010년 2,311.1만 명의 도시주민이 정부의 최저생활보장을 받았으며, 5,228.4만 명의 농촌주민이 정부의 최저생활보장을 받아 2009년보다 468.4만 명 증가하였다. 또한 554.9만 명의 농촌주민은 정부의 5대 보장[27]을 받았다〈표 6-2 참고〉.

〈표 6-2〉 2005~2010년 전국 도·농 사회구조 상황

연도	도시		농촌			
	도시주민 최저 생활보장 인원수	도시임시 구제년 인원수	농촌주민 최저 생활보장 인원수	농촌 五保 부양인원	농촌전통 구제 인원수	농촌임시 구제년 인원수
2005	2,234.2	234.4	825.0	–	–	1,359.9
2006	2,240.1	123.0	1,593.1	503.3	115.6	963.8
2007	2,272.2	243.2	3,566.3	531.3	75.0	646.0
2008	2,334.8	227.6	4,305.5	548.6	72.2	831.0
2009	2,345.6	180.1	4,760.0	553.4	62.2	546.4
2010	2,311.1	–	5,228.4	554.9	–	–

참고자료 : 吴忠民(2011).≪中国改革进程中的重大社会矛盾问题≫. p.245

27) 농촌에서 실시하는 사회보장제도는 노동력을 상실했거나 부양자가 없는 노인, 병약자, 고아, 과부, 장애자 등의 농민에게 의식주 및 의료, 장례 등의 다섯 가지 항목에 대해 정부에서 보살피고 물질적인 지원을 하는 것으로 수혜자가 미성년일 경우 의무교육도 보장한다.

사회복지를 살펴보면, 중국의 현대사회복지제도는 장애인복지, 노인복지와 어린이 생활복지를 포함하고 있다. 그 중 장애인복지는 기본생활보장과 구제, 취업지원과 복지서비스를 포함하고 있으며, 노인복지는 노인 기본생활보장과 노인 기본공공서비스를 포함, 어린이 생활복지는 고아와 유량 미성년자를 포함시키고 있다.

최근 몇 년간 중국의 상황을 살펴보면, 도시와 농촌 각 사회복지관의 사회복지원 수와 자금지출이 끊임없이 증가하였는데, 노인 기본공공서비스의 경우, 노인들이 집에서 여생을 안락하게 보내는 것을 기초로 하는 사회위탁서비스와 양로기구를 보충해 주는 방식의 사회서비스 체계를 만들어 가고 있다.

최근, 중국 국가는 대량의 자금을 투입하여, 도시 '三无'노인(노동능력이 없는 자, 생활능력이 없는 자, 법정부양자가 없는 자), 특히 고령의 장애인들 및 농촌 '五保'(5대 보장)을 보장받는 노인들을 위해 노인아파트, 양로원과 노인보호원, 농촌경로원 등의 기구를 건설하여 기본공공서비스를 제공하고 있다.

2-2. 사회보장제도의 문제점

앞에서 살펴본 바와 같이, 중국 국민경제의 빠른 발전에 따라 사회의 부가 증가하고 사회보장사업도 빠르게 발전하여 초기 사회주의 시장경제체제의 요구에 부합하는 사회보장체계의 기틀을 마련하였으나 전체적으로 보면, 여전히 몇 가지 문제점들이 존재하는 우선, 사회보장지출이 GDP에서 차지하는 비중 및 재정수입에서 차지하는 비율이 확연히 낮다는 것이다.

〈표 6-3〉 2007년 세계 국가와 지역의 기본민생부문 공공투입 상황 비교

(단위 : %)

국가와 지역	GDP에서 공공교육 지출이 차지하는 비율	GDP에서 공공의료 지출이 차지하는 비율	GDP에서 공공사회 보장지출이 차지하는 비율	GDP에서 사회복지 지출이 차지하는 비율
세계	4.53	9.7	2.05	16.28
고소득국가	5.00	11.2	25.0	41.2
중등소득국가	4.09	5.3	3.1	12.49
저소득국가	3.09 (2009년)	5.1	–	–
중국	3.22	1.0	1.4	5.62
미국	5.54	15.7	16.2	37.44
프랑스	5.85 (2004년)	11.0	28.4	45.25
독일	4.6 (2004년)	10.4	25.16	40.16
영국	5.56	8.4	20.54	34.5
일본	3.45	8.0	18.70	30.15
폴란드	4.92	6.4	20.01	31.33
이란	5.49	6.4	–	–
러시아	3.10	5.4	–	–
인도	3.76 (2004년)	4.1	–	–
라오스	3.04	4.0	–	–
브라질	5.21	8.4	–	–
남아프리카	5.34	8.6	–	

참고자료 : 吴忠民(2011), ≪中国改革进程中的重大社会矛盾问题≫, p.246

지난 10여년간 중국의 재정수입은 빠르게 증가하였는데, 그 결과 1999년 중국 재정수입은 1조 위안을 돌파하였고, 2010년 8조 위안을 돌파하여 재정수입이 GDP에서 차지하는 비중은 2009년을 제외하고 꾸준히 증가세를 유지해 2003년 13.5%에서 2010년 20.8%이었다.

국제상황을 살펴보면, 선진국의 사회보장에 대한 지출은 일반적으로 재정지출의 30~50%를 차지하는 반면 2008년 중국의 경우 7.5%였으며, 홍콩의 경우 2011년 2,421억 홍콩달러의 재발성지출(经常开支)에서 56.4%를 교육, 위생과 사회복지 등에 사용하였다.

둘째, 개혁개방 이후, 중국은 농민공이 도시 경제·사회의 발전에 거대한 공헌을 하였지만 노동자의 권익보장은 지금껏 매우 미비하였다. 현재 중국 정부가 그들을 위해 아직 전문적인 사회보장제도를 만들지는 않았지만 《노동법》 실시 이후, 도시에 취업한 농민공은 원칙적으로 국가의 법정 사회보험인 기본양로, 의료, 상해, 실업, 출산 등의 5대 보험에 가입해야 한다. 이는 도시노동자에게 실시하는 기본사회보험제도를 정규직으로 취업한 농민공들에게도 똑같이 적용한다는 의미로써 중국 사회가 더 이상 농민공에게 차별을 두지 않는다는 것을 표면적으로 나타내고 있지만, 중국의 사회보장제도는 여전히 호구제도에서 완전히 벗어나지 못하였기 때문에 여전히 농민공은 유동인구로 취급되어 도시호구인구가 누리는 사회보장을 누릴 수 없다.

국가인구계획출산위원회(国家人口和计划生育委员会)는 2009년 7월 유동인구 중점지역-베이징(北京), 상하이(上海), 선전(深圳), 청도(成都), 타이위엔(太原) 등 5개 도시 21,771가구 47,461명의 유동인구에 대한 생활거주, 노동취업, 공공서비스, 사회보장 등의 방면에서 관리·감독을 실시한 결과 이들 도시 유동인구의 상해보험, 의료보험,

양로보험, 실업보험, 출산보험 및 주택기금의 가입률은 각각 30.0%, 48.7%, 22.7%, 6.5%, 3.2%, 2.6%으로 나타났다. 바꿔 말하면 과반수의 농민공이 의료보험에 가입하지 않았다는 것을 의미하고, 또한 보험에 가입하지 않은 농민공이 질병발생시 의료비 지출이 증가하여 질병으로 인해 생활이 궁핍해질 수도 있다는 것을 의미한다.

새로운 ≪노동계약법≫[28]을 실시한 지 이미 5년이 지났지만, 농민공의 사회보장에 대한 권익보장은 여전히 낮을 뿐만 아니라 기업의 납부기준은 각 지역의 납부 하한에 기준을 두고 있어, 현재 새로운 농민공이 실제로 누리는 사회보장 수준은 그들이 희망하는 것과는 여전히 상당한 격차를 지니고 있다.

2011년 전국노동조합총연합회가 전국 25개 성(省)시(市) 4,453명을 대상으로 작성한 ≪2010년 기업의 새로운 농민공 상황 보고 및 대책 건의≫ 보고서에 따르면 새로운 농민공은 2,711명, 기존 농민공은 1,742명으로, 조사를 진행한 1,000개의 기업 중에서 새로운 농민공에 대한 사회보장 수준은 매우 낮아, 양로보험, 의료보험, 실업보험, 상해보험, 출산보험의 가입률은 각각 67.7%, 77.4%, 55.9%, 70.3%, 30.7%으로 도시의 노동자보다 각각 23.7%, 14.6%, 29.1%, 9.1%, 30.8%씩 낮은 것으로 나타났다.

또한 새로운 농민공의 사회보험 유지율은 낮아서, 양로보험의 경우 56.5%의 새로운 농민공이 보험을 정상적으로 유지하지 않거나, 정상적으로 유지되는지의 여부조차도 모르는 것으로 나타났다.

---

28) 중화인민공화국 국무원령 제535호 〈중화인민공화국 노동계약법실시조례〉는 2008년 9월 25일 국무원 제25차 상무회의에서 통과되어 이를 공포하며 공포한 날부터 실시한다.

〈표 6-4〉 2009년 농민공의 지역별 사회보장 가입률 (단위 : %)

지역	보험가입항목				
	상해보험	의료보험	양로보험	실업보험	출산보험
전국	21.8	12.2	7.6	3.9	2.3
동부	24.6	13.9	8.8	4.6	2.8
중부	14.3	8.6	5.2	2.6	1.4
서부	15.7	7.4	4.2	2.0	1.0

참고자료 : 吴忠民(2011),《中国改革进程中的重大社会矛盾问题》, p.252

주택보장은 사회보장의 중요한 구성 중 하나지만, 중국 전국노총의 보고에 따르면, 새로운 농민공이 가입한 주택기금의 비율은 높지 않았고 자신이 속한 직장의 주택납부 상황에 대해 알고 있는 정도 또한 낮았으며, 그들이 주택기금에 관해 알고 있는 정도는 기존 농민공보다도 낮은 것으로 나타났다. 심지어 주택기금에 가입한 새로운 농민공 중의 42.1%는 개인계좌에 얼마가 있는지조차도 몰랐다. 농민공은 도·농호구제도의 장벽이 여전히 존재하기 때문에 현재 도시노동자가 누리는 주택기금, 서민형 아파트, 자녀교육[29] 등의 사회복지를 누릴 수 없다. 현재 많은 도시에서 농민공을 보장형 서민주택을 공급받을 수 있는 보장범위에 포함시켰지만 보장형 서민주택의 공급이 적고 수요자가 많아 농민공이 이 복지정책을 누릴 기회는 매우 제한적이다.

주목할 것은 중국의 사회보장형 주택은 겨우 7~8%로, '12.5' 기간에 3,600만 채의 보장형 주택을 완성할 계획을 세우고 있지만 이 계획을

29) 농민공의 자녀들을 무상으로 교육시키는 借读(해당 지역의 정식 호적이 없는 초·중·고생이 해당지역 소재의 학교를 다니게 하는 정책)정책도 잠시 정지된 상태이다.

완성한다 하여도 사회보장형 주택은 20% 정도에 불과하여 저소득층과 농민공에게 돌아오는 기회는 제한적이라는 것이다.

이밖에 농민공의 사회보장에 있어 지역 간의 격차가 발생한다는 문제점을 안고 있다. 〈표 6-4〉를 살펴보면 중서부지역의 농민공의 보험 가입률은 동부지역의 농민공보다 확연히 낮을 것을 알 수 있다.

셋째, 사회보장에 있어 도 · 농간의 차이가 존재하는데 구체적으로 살펴보면, 중국 사회구조제도는 불완전하여 도 · 농 최저생활보장 기준이 낮다는 것이다. 중국 국가통계국이 발표한 수치에 따르면 2010년 도시에서 최저생활보장을 받는 주민과 농촌의 최저생활보장을 받는 주민은 각각 2,311.1만 명, 5,228.4만 명으로 사회보조를 받는 인구는 전체 인구의 5.6%를 차지하였다. 최저생활보장제도에서 도시와 농촌 주민이 중국 정부가 제공하는 최저보장을 누린다 하여도 도 · 농간에는 3~4배 차이가 존재하며, 각 지역의 최저생활보장기준은 현지 지방정부가 생활필수품 가격에 따라 현지 주민 기본생활에 필요한 비용을 자동적으로 조정하는 것을 기본으로 하기 때문에 지역차가 존재[30]한다.

2011년 5월 민정부(民政部), 국가개발위원회(国家发改部), 재정부(财政部), 국가통계국이 《진일보한 도 · 농주민의 최저생활보장기준 제정과 사업 조정에 관한 지도의견》을 발표하였는데, 이는 중국이

30) 2011년 4월 1일 상하이(上海) 도시주민 최저생활보장기준은 일인당 매월 450위안에서 505위안으로 조정되었고, 농촌주민의 최저생활보장기준은 300위안에서 360위안으로 조정. 중부지역의 허난성 루허시(河南漯河市)의 도·농 최저생활보장은 2011년 7월 1일 높게 조정되어, 도시지역주민의 최저생활보장기준은 개인당 매월 210위안에서 260위안으로 상향조정, 농촌주민의 최저생활보장은 일인당 매년 1,200위안에서 1,300위안으로 향상, 서부지역의 시장자치구(西藏自治区)는 2010년 1월 1일, 도시주민의 최저생활보장을 원래의 일인당 매월 310위안에서 330위안으로 향상, 농촌주민 최저생활보장은 일인당 매년 1,100위안에서 1,300위안으로 향상시켰다.

도·농 최저보장기준을 조정하는 체계를 정식으로 만들었다는 것을 의미한다.

그러나 현재 중국의 사회보장체계에 대한 통일성은 낮아서, 지역에 따라 각기 다른 시스템이 존재하다. 현재 전국에 명목상 600여 개의 지시급(地市级) 이상의 지역이 있지만 그 중 90% 이상은 실제적으로 현시급(县市级)의 사회보장체계를 따르고 있다.

현실적으로 지역 간 보험비에 대한 납부율이 다르고 사회보장에 대한 처우기준과 구체적인 관리방식도 서로 다르다. 이러한 사회보장체계로 인하여 노동력이 다른 지역으로 이동할 때 개인계좌의 사회보험 납부비용을 가지고 갈 수 없기 때문에, 노동력 유출이 비교적 많은 경제 미발달지역에서 손해가 많이 발생하게 된다.

또한 사회보장기금을 중앙과 지방에서 분리·관리하는 원인으로 인해 새로운 일자리를 찾아 기존 지역을 떠나는 농민공이 자신의 보험을 해약하는 현상은 이상한 것이 아니다.

보험의 지속성은 일반적으로 사회보험의 기본적인 특징인데, 사회보험에 있어 지속성이 보장되면 보험가입자의 보험가입에 대한 적극성이 증가하게 된다. 예를 들어, 농민공들은 사회의 이동이 비교적 많아 보험을 가입할 때 보험이 얼마나 유지될 수 있을지에 대한 걱정 또는 보험을 해약해야 할 경우 보험의 손실이 얼마인지 등에 대해 중요하게 생각한다.

사회보험에 있어 지속성 유지가 어렵다는 것은 사회보장제도가 비통일적이고 비계획적이라는 것을 의미한다. 즉, 각 지역 간의 통일적이고 계획적인 사회보장체계가 조성되지 않았기 때문에 보험에 가입한 가입자가 자신의 직업장소에 따라 지역을 옮길 경우, 지역 간 사회보장이 유기적이지 못해 기존의 보험계약 이전이 불가능하여 보험을 취소할 수밖에 없었으며, 그 결과 납부한 보험료는 반환되지 못하고 개인이 납부한 부분만 반환받아 손해를 보게 되었다.

중국 각 지역 경제발전 상황, 사회보험 처우, 재정체계, 사회보험 제도규정 등에 차이가 존재하여 통일적이고 계획적인 시스템을 짧은 시간 안에 구축시키는 것은 현실적으로 어렵기 때문에 중국의 ≪사회보험법≫에도 명확하게 규정되어 있듯이 우선 노동자 개인이 기존에 보험료를 납부하던 지역이 아닌 다른 지역에 취업할 경우 보험계약이 노동자와 함께 이전되고 보험금 납부년도 누적하여 계산하도록 하여 보험에 대한 지속성을 유지시켜야 한다.

중국 사회가 시장화되고 취업방식이 다양화됨에 따라 노동력의 대규모 이동이 불가피하기 때문에 사회보험 관계의 지속성 문제는 반드시 해결되어야 할 것이다.

넷째, 중국에서는 현재 사회보장 처우에서 있어 집단간 · 계층간의 사회보장 처우에 차이가 존재하는데,

우선, 노동자 중에 사회보험이 있는 사람과 사회보험이 없는 사람 간의 차이.

둘째, 사회보험이 있는 노동자 중에서 공무원, 기업노동자 등의 처우 차이.

셋째, 기업노동자 중에서 독점업종에서 종사하는 사람과 일반적인 경쟁업종에서 종사하는 사람들의 복지보장(주택기금, 기업연금 등)의 차이.

넷째, 유동인구 중에서 농업유동인구와 비농업유동인구에 처우 차이이다.

중국의 사회보장 범위는 매우 협소하여, 일부 사람들은 사회보장 범위에 포함되지 않고, 이들은 사회보장 혜택을 전혀 받지 못하고 있다.

도시 취업인구 중에서 도시 기본양로보험, 의료보험, 상해보험, 실업보험제도에 가입한 노동자는 2010년 말까지 도시 전체 취업인구의 비율에서 각각 60.0%, 73.5%, 41.4%와 40.9%를 차지하고 있다. 기본양로보험과 기본의료보험에 가입한 도시노동자가 증가하고 있는 추세지만 아직도 이들 보험에 가입하지 않은 도시 취업인구는 각각 40%와 26.5%로 이들이 퇴직연령에 진입할 경우, 현재 사회보장제도에 조정과 개혁이 진행되지 않거나 새로운 제도가 시행되지 않는다면 이들은 양로보장과 의료보장을 받지 못하는 노년인구가 되며 이들에 대한 사회보장의 압력은 더욱 커질 것이다.

〈표 6-5〉 2005~2010년
도시노동자 각 보험별 가입률 상황 (단위 : 만 명, %)

연도	도시취업인구	도시기본양로 보험가입률	도시기본의료 보험가입률	실업보험 가입률	상해보험 가입률
2005	27,331	48.0	36.7	39.0	31.0
2006	28,310	49.9	40.9	39.5	36.3
2007	29,350	51.7	45.7	39.7	41.5
2008	30,210	54.9	49.6	41.0	45.6
2009	31,120	57.0	52.7	40.9	47.9
2010	32,288	60.0	73.5	41.4	40.9

참고자료 : 吴忠民(2011),《中国改革进程中的重大社会矛盾问题》, p.254

2-3. 사회보장제도 개혁 과제

선진국은 사회보장제도를 실시한 이후 지니계수가 일반적으로 초기의 0.44에서 0.28로 떨어졌으나 중국의 상황의 경우, 2004년 0.44였던 지니계수는 2010년의 대략 0.43[31]로 지니계수 국제경계선 0.4을 훨씬 넘어섰다. 이는 중국의 소득분배가 매우 불평등하고 소득격차문제는 이미 중국의 가장 심각한 사회문제 중 하나가 되었음을 의미한다. 그래서 중국은 반드시 도·농주민의 사회복지 수준과 경제발전에 부합하는 중국 특색의 사회보장체계를 만들어야 한다. 이를 통해 국가의 경제와 사회는 지속적이고 건강한 발전을 추진할 수 있으며 빈부격차를 줄이고, 계층 간의 평등, 이익집단 간의 불평등격차를 감소시킬 때, 비로소 중국이 최종적으로 실현하고자 하는 사회화합을 이룩할 수 있을 것이다.

전 국민이 누릴 수 있는 사회보장체계는 두 가지 기본특징을 갖춰야 하는데, '전 국민 공동향유형'과 '발전형'이다. 구체적으로 말하면, 전 국민 공동향유형은 사회보장체계가 도·농 전체 인구를 모두 포함시킬 수 있는 사회보장체계의 전 국민성·공평성을 강조하는 특징을 말한다. 즉, 13억 중국 국민 모두에게 혜택이 돌아가야 하고 특히 광대한 농촌주민에게 혜택이 돌아가야 한다는 것을 의미한다.

이러기 위해서는 우선 현재 사회보장체계가 영향을 미치지 못하는 도시 미취업, 무소득 주민들을 위한 기본양로보장제도를 건립해야 하고, 농민공을 위해 사회복지와 사회보조제도를 만들어야 한다. 또한

31) 중국 국가통계국이 2000년 지니계수가 0.412를 기록했다고 밝힌 이후 13년째 공식적인 통계치를 발표하지 않고 있는 가운데 중국 공산당 산하 사회과학원은 2012년 9월 2010년 중국의 지니계수가 0.438이라고 추정한 바 있다.

이미 사회보장제도가 정해져 있는 사회집단(도·농의 개체 및 사영기업 단위의 노동자)의 사회보장 범위를 확대하여 보장제도가 필요한 곳에 시기적절한 사회보장을 실현시켜야 한다. 그리고 점진적으로 사회보장 수준과 사회보장의 공평성을 제공하여 사회구성원이 국가에서 제공된 사회보장 항목을 통해 기본적인 삶을 유지하는 동시에 공공서비스를 누릴 수 있어야 한다. 또한 사회보장 수준은 물가지수에 따라 현실적으로 변화하고, 국민들의 생활수준 향상과 국가 재정수입의 향상에 따라 알맞게 조정되어 전 사회구성원이 공통으로 중국의 경제·사회발전의 혜택을 누릴 수 있게 하여야 한다.

발전형은 중국의 사회보장체계가 발전과정에 처해있기 때문에, 사회보장 기준이 경제사회 발전에 따라 동태적 조정을 실현해야 함을 가리킨다. 발전형 사회보장체계를 실현하기 위해서는 몇 가지 조건을 포함시켜야 하는데,

첫째, 사람을 기본으로 개혁·개방 중에 상대적·절대적 손실을 받는 사회계층에 보상을 진행하여, 이들을 위한 취업지원, 교육 확대, 건강검진 등의 사회보장을 포함시켜야 한다.

둘째, 사회보장체계의 점진적인 발전과정을 강조하여 선진복지국가의 방식과 방법을 맹목적으로 모방하지 말고 중국의 발전단계에 따른 재정능력, 인구구조, 소득수준, 시장화 정도, 지역발전 차이, 도·농 이원화 구조, 도시화 수준, 노동력 유동성, 취업다양화 등의 특성에 맞게 충분히 고려하여, 사회보장체계를 개선시키고 사회구성원의 복지수준 향상과 중국 사회경제의 발전단계에 부합되어야 한다.

마지막으로, 중장기 발전전략의 각도에서 각 항목에 맞는 사회발전

정책을 도입하여 사회복지 지출에 대한 사회투자 기능을 강화하고, 경제 불황기의 사회보장 항목과 기준을 조정하여 국민소비 예측 및 사회 총수요를 조정하는 등 기존 사회보장 모델을 개선하여 경제발전에 상응하는 사회보장 모델을 추진해야 한다.

현재 전 국민이 누리는 발전형 사회보장체계건설을 위해서는 우선 신형농촌보험을 추진하여 적당한 시기에 도시 미취업주민에 대한 양로보장제도를 실시하는 등 점진적으로 도 · 농주민의 양로보험제도를 전국적으로 통일시켜야 하는데, 다행인 것은 2011년 6월 국무원이 ≪도시주민사회양로보험시험시행 확대에 대한 지도의견≫을 제출하면서, 2011년 7월 1일 도시주민 사회양로보험이 시험 시행되었다. 또한 중국 정부는 법률과 정책에 합당한 '보상원칙제'를 시행하여 개혁개방 중에 손해를 봤던 사회계층에 대해 보상을 진행하고 있다. 2010년 10월 제11기 전인대 상무위원회 제17차 회의에서 중국은 처음으로 ≪사회보험법≫을 통과시켰고 2011년 7월 1일부터 본격적으로 시행하고 있는데, 이는 중국의 사회보장 또는 사회보험사업 발전에 중요한 이정표가 되었다.

전 국민이 누리는 사회보장체계의 우선 원칙은 공평이다. 전 국민이 누리는 사회보장제도는 공업화, 도시화 과정 중 나타난 양극화를 감소시키고자 하는 것으로 사회의 공평과 사회안정을 목표로 삼고 있다. 특히 농민 · 농민공, 토지를 징벌당한 농민, 도시 미취업인과 도시장애인 등 특수 어려움에 처한 사람들의 빈곤이 세대를 넘어 재생산되는 것을 방지하는 한편 사회보장의 공평성 원칙을 강조하여 국민경제 발전의 에너지를 지속적으로 유지하고자 하는 것이다.

세계 각국의 사회보장제도의 발전상황을 살펴보면, 기본적으로 전

국민화 원칙을 가지고 광범위하게 적용되고 있는데, 영국에서 실시하는 '전국민 무료의료 서비스 제공'과 일본에서 시행하는 '국민 연금제 원칙'이 대표적이다. 21세기에 진입한 이후 선진국의 사회보장 개혁은 여전히 수입을 늘리고 지출을 줄이며, 원가의 빠른 상승을 억제하는 것을 주요한 목표로 하면서 사회보장제도의 보편성과 전국민화의 원칙에는 변함이 없을 뿐만 아니라, 사회의 공평성 유지라는 기본가치를 여전히 유지하고 있다.

일본은 노령화가 심각한 국가 중 하나지만 합리적인 자기납부비율 채택 및 의료서비스항목 제한 등을 통해 의료비용의 빠른 성장을 억제시켰고 2006년 의료보험 개혁에서 국민연금제 원칙을 채택하였다. 미국도 오바마 정부의 의료개혁 방안을 통하여 효율을 강조하는 사회보장체제를 통해 사회보장의 보편성과 전 국민화를 향해 나아가고 있다.

중국이 새로운 사회보장체계에서 공평성을 강조하는 이유는 기존의 사회보장제도에서 일부 사회구성원에 대해 불평등이 존재하였기 때문인데, 농민공의 사회보장을 예로 들면, 중국의 경제발전에 있어 농민공이 거대한 공헌을 하였음에도 불구하고 농촌호구제를 지녔다는 이유 하나만으로 도시호구를 지닌 사람들과 같은 복지혜택과 사회공공자원 및 도시발전의 각종 혜택을 누릴 수 없었다. 그래서 공평, 공동향유를 기본원칙으로 삼아 이들에 대한 사회보장체계를 마련하고 도시와의 자연스러운 융합을 추진하여 사회발전을 도모해야 한다.

통일된 사회보장체제를 건설하기 위해서는 장기적인 시간과 계획적인 정책이 필요한데 오랜 기간 유지된 중국의 도·농간 분리된 사회보장체제는 이미 사회보장제도의 발전을 제약하고 있을 뿐만 아니라, 노동력의 유동을 제한시켜 도시화 과정의 장애물이 되고 있다.

살펴보기

비싼 병원비 때문에 중국 백혈병 환자 투신자살
7년간 투병, 남은 건 병원비 300만 위안 뿐...

2008년 3월 2일 광둥성(广东省) 광저우시(广州市) 후먼(虎门) 타이핑(太平) 인민병원에서 7년간 백혈병으로 투병생활을 해오던 20대 투신해 목숨을 잃었다.

주치의는 "숨진 남성은 대학을 다니던 21세 백혈병 판정을 받고 광저우의 한 병원에서 입원하다가 4개월 전 타이핑인민병원 호흡기내과에 입원해 치료를 받아왔다"면서 "산소 호흡기에 의존해 생명을 유지해 오던 환자는 최근 병세가 다소 호전되어 호흡기를 제거하였고 거동도 많이 자연스러워졌는데 투신자살은 뜻밖"이라고 말했다.

7년간 백혈병을 앓아온 환자는 병원 진료, 입원비로 총 300만 위안(2008년 당시 한화 3억 6천만 원)을 사용한 것으로 알려졌다.

주치의는 "아버지가 항상 환자 곁을 지켰는데 투신하던 날 보호자와 간호사가 잠시 자리를 비운 사이에 이 같은 일이 벌어졌다"면서 "오랜 투병생활을 해 온 환자는 자신감을 잃어버린 상태로 심리치료도 병행하고 있었다"고 전했다.

간호사는 "투신한 환자가 이미 자신이 난치병에 걸려 치료가 불가능하다는 것을 알고 있었다"면서 "젊은 나이에 불치병이 걸린 자신의 삶을 비관하고 비싼 병원비를 감당할 수 없어 죽음을 선택한 것 같다"고 말했다.

http://news.zj.com/detail/835269.shtml(2013.06.10 자료검색)

3
중국 경제의 구조적 문제

1978년 이후 개혁개방을 통해 중국이 지속적으로 추진해 온 경제성장 모델은 사회주의 이데올로기를 기본골간으로 하고 여기에 시장경제의 장점을 접목시킴으로써 국민경제를 진흥시킨다는 단순한 논리에서 출발한다. 그러나 이 발전모델은 1960~70년대의 동아시아 발전방식을 모방한 외부 지향적(outward-oriented) 투입중심(input)의 발전전략이다. 주요 산업활동이 국가의 통제 하에 이루어지고 있는 사회주의 시장경제의 특징으로 인하여 자본축적은 국유은행의 대출과 재정지출 그리고 외국인직접투자 형태의 외국자본 수입에 의존한다. 중국의 저축률은 GDP의 50%를 상회하는데 GDP의 약 16%가 가계저축이고, 나머지 약 35%는 기업저축이라는 특이한 구조를 지니고 있다. 그리고 자본투자가 주로 고정자산(fixed assets)에 집중된다. 결국 중국 경제의 성장모델은 대규모의 생산요소 즉, 자본과 노동력을 투자하여 규모경제를 실현하는 데 초점을 두고 있다는 점이다.

2010년 상반기 마침내 중국의 국내총생산(GDP) 규모가 일본을 앞질러 세계 2위를 기록했다. 이르면 2018년(신화통신 추산), 늦어도 2027년(골드만삭스 추산)이면 중국은 미국마저 제치고 세계 1위 경제대국이 될 것이라는 진단도 나온다.

그러나 1인당 GDP를 보면 중국이 부유한 나라가 아님을 알 수 있다. 2010년 중국 정부의 공식 자료에 따르면 1인당 GDP는 4,260달러로 세계 120위를 기록하였다. 가난한 강대국 중국은 세계금융위기 속에서도 9%대의 경제성장률을 달성하여 세계경제 회복의 희망으로 전

세계의 찬사를 한 몸에 받고 있지만 현재의 중국을 자세히 들여다보면 세계경제의 성장엔진으로 보기는 어려운 점이 눈에 띈다. 2007년 11.9%이던 경제성장률이 2008년과 2009년에 각각 9.68%, 9.2%로 떨어졌다. 성장률이 한 자릿수에 머문 것은 6년 만의 일이다. 물론 이런 수치는 주요 선진국들의 마이너스 성장에 비하면 너무나 좋은 성적이라고 판단할 수 있다. 중국은 꺼져가는 세계경제의 마지막 보루인 셈이다. 그래서 중국의 성장에 기대하지 않으면 안 되는 세계경제로서는 중국의 성장둔화야말로 최대의 위험요인이 되고 있다.

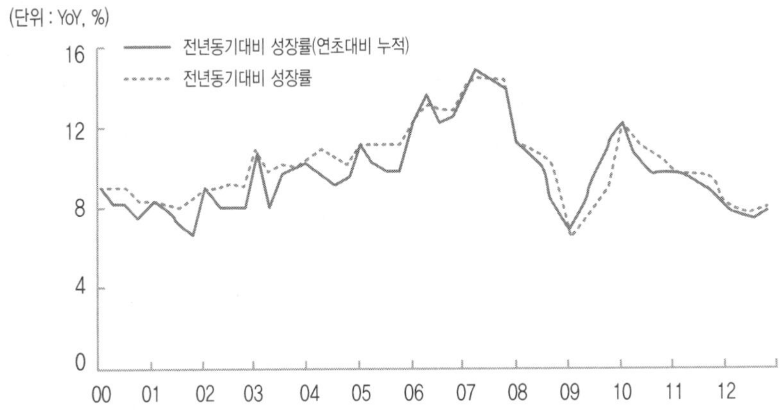

참고자료 : CEIC, KDB 대우증권 리서치센터.

【그림 6-5】 연도별 GDP 성장률 추이

전형적인 외연적 성장모델은 지속적인 생산요소의 공급을 전제로 하는 것이기 때문에 생산요소의 무한 투입이 불가능한 까닭에 한계에 직면할 수밖에 없다. 인구대국인 중국이 거대한 인적 자원과 내수시장 때문에 서구 자본이 중국으로 이동하면서 생산성을 일부 제공함으로써 세계경제대국으로 발돋움한 것은 분명하지만 향후에도 고속성장이 가능한지는 회의적이다. 중국 정부도 이런 이유 때문에 성장모델 전환을 모색하고 있지만 구조적 문제로 인해 쉽지 않은 상황이다.

중국 경제의 구조적 문제는 크게 두 가지 요인으로 살펴볼 수 있다.

첫째 요인은 지나치게 높은 해외의존도이다.

정부의 수출드라이브 정책에 힘입어 중국 경제의 수출의존도는 2001년에서 2007년 사이에 두 배 증가하는 기록을 세웠다. GDP에서 수출이 차지하는 비중이 20%에서 36%로 급증한 것이다. 이는 수출입국인 독일과 한국을 제외하고는 최고의 수준이다. 미국과 일본처럼 국내시장이 큰 나라는 무역규모가 세계 선두권이지만 무역의존도가 20%대에서 맴돌고 있는 것과 비교한다면 중국은 진정한 의미의 경제대국이라고 보기는 어렵다. 또한 중국은 1994년에 위안화의 가치를 한꺼번에 55%나 떨어뜨리는 평가절하 극단적인 조처를 취하기도 했다. 이렇게 자국화폐의 가치를 떨어뜨리면 수출품의 가격경쟁력이 생겨서 쉽게 수출을 늘릴 수 있다. 하지만 자국 근로자의 실질임금(소득)이 감소하기 때문에 민간소비는 줄어들 수밖에 없다.

결국 중국은 수출을 늘리기 위해 자국 근로자를 희생시키고 민간소비를 포기하는 정책을 시종일관 취해왔던 것이다. 또한 국내자본의 축적이 많지 않아 외국자본에 의존하고 있다. 2007년 말 현재 중국에는 약 30만 개의 외자기업이 존재하고 있다. 공업 생산액의 27%, 제조업 종사자의 10% 이상, 수출액의 50%는 이러한 외자기업에 의한 것이다.

중국 경제를 이끌고 있는 무역을 뜯어보면 더욱 놀라운 사실이 발견된다. 포춘지(Fortune)가 발표한 2013년 세계 500대 기업 중 중국 기업은 89개로(대만, 홍콩, 마카오 포함) 2012년 73개보다 16개나 증가하였지만, 중국 전체 수출실적의 56%(2009년)를 중국에 진출한 외자기업이 담당하였다. 이마저도 한때 60%에 바짝 다가섰던 수준이 많이 낮아진 것이다. 또한 지난해 중국의 수출을 선도한 상위 200대 기업 중 외국자본에 의해 설립된 기업이 153개에 달했다. 1년 사이에 12개가 늘었다. 같은 해에 독일을 제치고 세계 수출 1위로 올라선 중국의 수출랭킹은 절대적으로 외국기업의 힘을 빌린 것이라는 해석이 가능한 셈이다.

중국 내수시장에서의 외국기업의 입지도 탄탄하다. 전체적으로 외자기업의 시장점유율이 30%대인 것으로 추정되는 가운데 유통업종에선 오샹, 월마트, 까르프가 점유율 면에서 선두권을 휩쓸고 있다. 음료, 포장팩, 통신설비 등에서는 외자기업의 시장점유율이 80~90%에 육박하고 있다. 세계 500대 기업 중 480대 기업이 중국에 진출하여 마켓 셰어를 넓히고 있다. 중국 경제를 첨단으로 업그레이드(Up-Grade)하는 데도 외자기업이 한 몫 톡톡히 하고 있다. 외자기업이 중국에 설립한 연구개발기지가 750개 달한다는 수치도 있다. 그러나 이러한 구조는 중국 경제가 극단적인 불균형 상태에 있음을 말해준다.

예를 들어, 애플의 아이폰을 전량 생산하고 있는 중국의 경우 생산과 수출로 얻는 소득은 미미한 정도이다. iPhone4의 가격을 $549라고 할 때, 생산비용은 전체의 27%인 $149, 유통을 포함한 수익은 73%인 $400으로 구성된다〈그림 6-6 참조〉. 생산비용 가운데 중국 내 근로자 임금은 $10로 전체 생산비용의 1.8%에 불과한 실정이다. 판매수익 구성을 Apple 본사($321, 유통판매 포함)가 $321, 다른 미국 기업이 $13, 한국 기업이 $26, EU 기업 $6, 대만 기업 $3, 일본 기업 $3, 기타 $2로 구성되어 있다.[32] 즉, 중국이 세계 최고의 첨단제품을 생산하여 수출한다고 하지만 실제 중국 경제가 얻는 이익이라고는 단순히 임금에 불과하다는 것이다. 이처럼 중국이 지난 30여년 동안 개혁개방으로 고속성장을 달성하였지만 여전히 허약한 경제구조를 지니고 있음을 알 수 있다.

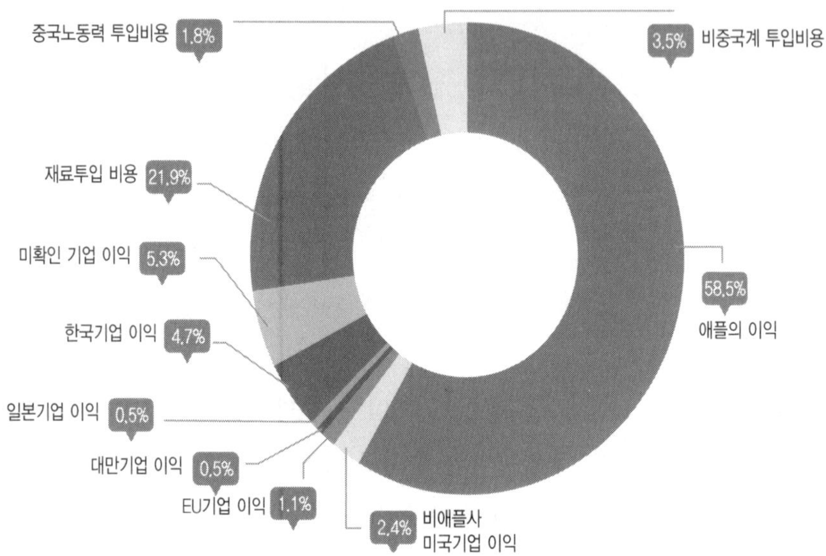

참고자료 : Kenneth L. Kraemer, Greg Linden, and Jason Dedrick(2011).

【그림 6-6】 2010년 iPhone 가치 분포도

32) 주 OECD 대표부, iPad의 경제학, http://www.mofat.go.kr/webmodule/htsboard/template/read/hbdlegationread.jsp?typeID=15&boardid=10626&seqno=908376&c=TITLE&t=&pagenum=1&tableName=TYPE_LEGATION&pc=undefined&dc=&wc=&lu=&vu=&iu=&du= (20013.05.11 검색).

둘째, 빈약한 내수시장이다.

금융위기가 발생하여 미국, 유럽 등 선진국의 소비가 줄어들어 중국의 수출산업은 심각한 타격을 받게 되었고 이것이 경기후퇴로 이어졌다. 사회자본에 대한 고정자산 투자비율이 비정상적으로 높고 내수시장의 역할이 낮은 것이 경제성장에 발목을 잡는다. 〈표 6-6〉을 보면 2010년 중국의 민간소비 비중은 약 38%는 지나치게 낮은 반면, 고정자산 투자비중은 약 45%로 다른 나라보다 턱없이 높다는 사실을 알 수 있다.

〈표 6-6〉 세계 주요국 GNP 구성비 (단위 : %)

	1990		2000		2005		2008		2009		2010	
	A	B	A	B	A	B	A	B	A	B	A	B
중 국	46.7	36.1	46.7	35.1	38.1	42.1	43.9	44.1	35.0	47.6	38.1	45.2
한 국	51.8	37.5	54.8	30.6	53.7	29.7	54.7	31.2	54.2	25.9	n.a	n.a
일 본	53.0	32.7	56.2	25.4	57.0	23.6	57.7	23.6	59.3	20.5	n.a	n.a
미 국	66.6	17.7	69.0	20.6	70.1	19.9	70.7	17.5	71.2	14.2	n.a	n.a
영 국	62.2	20.2	65.6	17.7	65.0	17.1	64.2	16.7	65.3	13.6	n.a	n.a
독 일	57.7	27.2	58.9	21.82	59.1	16.9	57.0	18.5	58.9	16.5	n.a	n.a
프랑스	57.1	23.2	55.7	1.8	56.7	16.9	56.7	18.5	58.0	16.5	n.a	n.a
브라질	59.3	20.2	64.4	18.8	60.3	16.2	58.9	20.7	61.7	16.5	64.2	17.4
터 키	68.7	24.6	70.5	20.8	71.7	20.0	69.9	21.8	71.5	14.9	n.a	19.2
멕시코	69.6	23.1	67.0	23.9	67.0	23.7	64.8	27.0	67.7	22.2	68.4	20.7

참고자료 : 중국통계국

주 : A: 민간소비지출 B: 총고정자본형성

중국 정부가 수출부진을 내수 진작으로 보완하기 위해 인프라 건설에 막대한 자금을 투자하고 있는데, 이것이 부담이 되고 있다. 막대한 고정자산에 대한 투자는 재정에 압박을 가하고 인플레이션 압력을 가중시킨다. 최근 중국에서 일어났던 부동산 버블은 바로 이 같은 과도한 고정자산 투자의 결과물이었다. 정상적인 국가의 경제운용이라면 이런 지경에 이르기까지 상황을 방치하면 안 된다. 지금까지 중국이 경제를 운용해 온 모습을 보면, 나중의 결과가 어떻게 되든 간에 지금 당장은 '높은 경제성장률'을 달성하기 위해 국가가 할 수 있는 일은 무엇이든 하겠다는 식이라고 할 수 있다. 국가경제의 운용을 이런 식으로 하면 무너지기 직전까지는 모두의 찬탄을 자아낼 정도의 고도성장을 달성하는 것이 가능하다.

중국의 민간소비 비중이 국민경제에 차지하는 비중이 상대적으로 낮은 것은 경제구조의 건전성이 나쁘다는 의미이다. 내수부문의 민간소비는 국민경제에서 가장 기본을 이루는 수요이기 때문에 내수소비가 활발하게 이루어진다는 것은 투자와 생산 같은 경제활동이 역동적으로 일어나고 있음을 의미한다. 그러나 민간소비가 제 구실을 다하지 못한다면 투자와 생산은 불안정할 수밖에 없다.

이러한 인식 아래 중국 정부는 국민수입분배제도 개혁을 위해 노력하고 있다. 12차 5개년 규획기간 중에 역점을 두어 분배제도 개혁에 박차를 가한다는 것이다. 특히 국민소득 분배 중 주민수입 비중을 제고시키는 것을 중요한 목표로 설정하고 있다. 이를 위해 12.5 규획 기간 중에 노동자의 임금을 현재의 2배로 늘려간다는 것이다. 이러한 노력을 통해 지니계수도 현재의 0.47에서 2020년에는 0.4까지 낮추어 보겠다는 것이다.

세계 각국의 민간소비 비중을 살펴보면, 과소비로 유명한 미국은 소비대국답게 70%를 차지해 세계 최고의 비율을 보이고 있다. 미국만큼은 아니더라도 민간소비 부문이 차지하는 비중이 60%는 되어야 무난하다. 수출을 많이 하는 나라라고 해도 최소한 55%는 넘어야 정상이다. 주요 수출국인 일본이나 독일 모두 55%는 넘고 있다. 우리나라도 55%에 육박한다.

고정자산 투자와 수출은 민간소비 지출에 비해 경기를 심하게 탄다. 세계경기가 침체 상태에 빠지면 수출은 급감하고 그동안 이뤄진 중국의 과도한 고정자산 투자는 모두 과잉투자가 돼버린다. 경기침체로 주택가격의 상승이 멈추게 되면 신규 건설투자도 멈추게 된다. 그러면 앞으로 새로운 고정자산 투자가 일어날 수 있는 여지가 없어져버린다. 중국이 앞으로도 지금같이 40%대의 고정자산 투자율을 계속 유지할 수는 없을 것이다. 만일 투자율이 정상수준인 20%대로 떨어진다면 중국은 GDP 감소라는 충격을 받게 된다. 그리고 이 정도의 충격이 발생한다면 중국 경제는 심각한 상황에 빠질 수 있다.

경제의 주된 관심사의 하나인 경제성장은 발전을 위한 가장 기본적인 요소로서 국민소득의 성장률을 가속화시키는 방법에 관심이 모아져 있다. 어떤 사회에서나 경제성장은 크게 세 가지 요인에 의해 이루어진다.

첫째는 토지, 물적 설비 및 인적 자원에 대한 새로운 투자를 포함한 자본축적이다.

둘째는 인구증가 및 이에 따른 노동력의 증대이고,

셋째는 기술진보 등의 요인을 들 수 있다.

따라서 경제성장의 크기와 속도는 공장건설 및 기계설비 도입 등과 같은 물적 자본 및 노동(생산요소)의 투입량을 증가하거나 생산요소의 질적 개선을 통해 생산요소의 이용효율을 높이는 방법(생산성의 상승)에 의해 규정되어진다. 그리고 경제성장이 어느 요인에 의존하느냐에 따라서 외연적 방법에 의한 성장과 집약적 방법에 의한 성장으로 구분되어진다. 즉, 미래의 생산과 소득을 증가시키기 위해 물적 자본스톡(capital stock)이나 노동력을 증가시켜 산출량 수준의 확대하는 방법을 외연적 방법에 의한 경제성장이라 하고 기술진보에 의해 종전과 같은 양의 생산요소나 혹은 적은 생산요소를 투여하여 총 산출량을 증가시킨다면 집약적 방법에 의한 성장이라고 한다. 그러므로 지속적인 경제성장은 요소투입의 증가와 생산성의 향상에 의해 결정되어진다.

중국의 경제성장은 물적 자본과 노동요소의 양적 투자에 크게 의존하여 왔음은 의심의 여지가 없다. 이 같은 중국 경제의 성장메커니즘은 분명 외연적 성장임이 분명해 보인다. 따라서 중국 경제가 지금처럼 고도성장을 지속하기 위해서는 기술혁신에 의존하는 집약적 성장모델로의 전환과 함께 경제운영 방식의 대대적인 변화가 필요한 실정이다.

살펴보기

세계의 공장 중국의 노동자에게 무슨 일이?

대만계 수탁업체인 팍스콘의 아이폰 조립 공장이 또 가동을 중단할 위기에 처했다고 블룸버그통신이 8일(현지시간) 보도했다.

블룸버그에 따르면 아이폰을 생산하는 중국 정저우 공장에서 일부 생산라인 근로자들이 근무환경 개선을 요구하며 5일부터 파업에 들어갔으며 근로자 3,000~4,000명이 참여한 것으로 알려졌다. 팍스콘은 지난달에도 타이 위엔 공장파업으로 생산이 중단되어 아이폰5의 공급에 차질을 빚었다.

100만 명 이상의 노동자를 고용하고 있는 팍스콘은 지난 3년 동안 자살과 폭동, 파업을 겪었다. 이로 인해 테리 고 팍스콘 회장은 월급을 올린데 이어 노동조건을 개선하기 위해 외부 감시기관의 입회조사를 허용했다.

그러나 현재도 팍스콘의 노동자들은 하루에 최소한 12시간 이상을 일하고 있으며 애플이 요구하는 수준의 품질을 맞추는데 어려움을 겪고 있는 것으로 알려졌다.

공장문제를 잘 알고 있는 익명의 노동자는 “중국 정저우에 있는 공장은 아이폰5 케이스의 긁힘 방지를 위한 노력이 10월 5일 좌절된 후 2교대제가 폐지되어 노동자들의 불만이 팽배해졌다”고 말했다.

한편 팍스콘 공장은 노동자들을 적절한 훈련도 없이 현장 생산라인에 투입시켜 1주일에 단 하루만 쉬게 하고 시간 내에 정해진 물량을 생산하면서 엄격한 생산품질 요구받고 있는 것으로 알려졌다.

이에 따라 열악한 근무 환경을 견디지 못하는 노동자들의 잦은 이탈로 품질 관리에 어려움을 겪는 것으로 전해졌으며 공장 주변에는 부족

살펴보기

한 노동자를 모집하는 전단지와 광고가 넘쳐나는 것으로 전해졌다.

팍스콘은 애플 노키아 같은 세계적인 스마트폰 업체와 휴렛패커드 등 컴퓨터 업체를 고객으로 둔 세계 최대 전자관련 하청업체로 중국 전역에서만 100만 여명을 고용하고 있다. 그러나 명성에 걸맞지 않은 열악한 근무환경 때문에 2010년 한 해에만 중국의 선전과 청두에 있는 공장에서 10여 건의 연쇄 투신자살 사건이 발생했으며 총 19명에 달하는 노동자가 팍스콘 공장에서 스스로 목숨을 끊어 전 세계에 충격을 안겨주었다.

노동환경연구소의 한 연구원은 "열악한 노동환경으로 멍들어 가고 있는 중국 노동시장에 팍스콘이 불쏘시개가 되고 있다"며 "연이은 파업과 노동조건 개선에 대한 과격한 요구분출은 중국에 진출한 우리 기업들에게도 남의 일만은 아니다"라고 말해 국내에서와 같은 노동관리 시스템을 가지고는 큰 문제를 일으킬 수 있음을 지적했다.

http://news.naver.com/main/read.nhn?mode=LSD&mid=sec&sid1=101&oid=123&aid=0001999502 (2013.06.28 자료검색)

제 3 부

사 회

이행기 사회의 구조와 특징

제 7 장. 인구구조와 사회구조 변화

제 8 장. 중국 개혁개방 이후 세대별 특징

제 9 장. 대중문화의 성격과 특성

제 10 장. 중국의 새로운 길

제3부
사 회
이행기 사회의 구조와 특징

과거 중국은 지도자마다 다양한 대내외적 정책을 추진하였다. 우선 중국을 건립한 마오쩌둥은 '超英超美'(초영초미 : 영국을 추월하여 미국을 따라잡는다)라는 대내적 정책을 세워 급진적인 경제성장을 추진하고, 대외적으로는 '以夷制夷'(이이제이 : 미국의 힘을 빌려 소련 견제) 정책으로 소련의 위협을 효과적으로 제어할 수 있었다.

개혁 · 개방으로 중국의 역사적 전환점을 가져온 덩샤오핑은 대내적으로 '黑猫白猫'(흑묘백묘 : 검은 고양이든 하얀 고양이든 쥐만 잘 잡으면 된다)라는 실용주의 노선을 추구하였고 대외적으로는 '韬光养晦'(도광양회 : 자신의 능력이나 명성을 드러내지 않고 참고 기다린다)을 추진하여 국력이 생기기 전까지는 최대한 몸을 낮추는 전략을 취함으로써 주변 강대국의 견제를 피해왔다.

발전을 중시했던 장쩌민은 '引进来'(인진라이 : 외국자본을 유치한다)라는 대내적 정책으로 중국발전을 위해 적극적으로 외국자본을 끌어들이고자 노력했으며 '有所作为'(유소작위 : 필요한 역할은 한다)의 대외적 정책으로 대국책임론을 내세우며 국제사회에서 중국의 역할과 발전 의지를 표명하며 변모된 중국의 모습을 드러나고자 하였다.

조화(调和)를 주창했던 후진타오는 대내적으로 '和谐社会'(조화사회 : 조화로운 사회건설)을 강조하였다. 중국은 경제발전의 이면에, 빈부격차, 치안, 실업, 부패 등의 문제가 심각하게 대두되고 있으며 이로 인해 중국 각지에서 데모와 폭동이 빈발하기도 했다. 조화로운 사회건설을 위해 부의 재분배 시스템을 확립하여, 빈부격차를 해소하고자 노력하였다. 또한 그동안 중국의 국력 신장으로 '중국 위협론'이 제기되는 것을 의식한 듯 대외적으로는 '和平崛起'(화평굴기 : 평화롭게 우뚝 선다)를 내세워 과거 강대국과는 달리 중국은 자국의 발전과 세계의 평화를 조화롭게 이뤄나갈 수 있다는 입장을 표명하였다.

2013년 시진핑 시대가 개막된 지 일 년이 지났다. 앞으로 10년간 시진핑이 꿈꾸는 중국은 어떤 모습일까? 제12차 5개년 규획에서 중국은 경제의 균형발전과 성장방식의 전환을 모색하고자 기존 '양적성장'에서 '균형발전'으로 전환을 강조하였다. 시진핑 역시 국내적으로 잠재한 모순들을 해결하기 위하여 기존의 정책방향을 견지할 것으로 보인다. 대외적인 정책에 있어 중국은 자국의 주권과 핵심이익에 대해서는 한 치의 양보가 없을 것이라는 점을 명확히 하였다. 이는 2013년 11월 중국이 우리나라 관할지역인 이어도와 일본과 영유권 분쟁에 있는 센카쿠열도(중국명 댜오위다오)를 포함한 동중국해 상공에 중국 방공식별구역[1]을 선포하는 것에서 알 수 있다. 중국은 이미 '咄咄逼人'(돌돌핍인 : 기세가 등등하다) 단계에 진입하였다고 볼 수 있다.

앞으로 10년간 중국 개혁의 청사진을 제시할 제18기 3중 전회가

1) 방공식별구역(Air Defense Identification Zone)은 자국의 영토와 영공을 방어하기 위한 구역으로 국가안보를 목적으로 자국 영공에 접근하는 군용항공기를 조기에 식별하기 위해 설정한 임의의 선을 말한다. 나라별 방공식별구역은 자국의 영문이니셜을 붙여 표기한다.

2013년 11월 9일 베이징에서 개최되었다. 중국의 과거 30여년의 개혁 과정 속에서 3중 전회는 매우 특수한 위상을 띠고 있는데, 우선 1978년 제11기 3중 전회는 중국 개혁개방의 서막을 열었고, 1993년 제14기 3중 전회는 중국 사회주의 시장경제 시스템의 방침을 확정하여 중국이 글로벌 2대 강국으로 부상하는 토대를 마련하였다.

시진핑 정부 출범 이후 처음으로 개최된 이번 3중 전회는 '안정성에 바탕을 둔 질적 성장'을 기조로 경제분야뿐만 아니라 정치, 사회, 문화, 환경 등 사회 전반에 걸친 개혁에 중점을 두고 있다. 이번 3중 전회에서 시장의 역할을 강조함에 따라 자원배분에 있어 시장의 결정적 역할을 강화하기 위해 개방적 공정경쟁 시스템을 구축하겠다고 하였다.

한편, 민생 관련 개혁조치로 한 자녀 정책 완화, 호구제 개혁, 사회보험 개혁 등의 사회개혁을 내놓았다. 중국이 민생문제에 대해 주목한 것은 현재 약 1억 5천만 명 이상으로 추정되고 있는 농민공과 갈수록 심각해지는 실업인구, 지속적으로 확산되는 노동자 시위와 노사분쟁 등 빠른 경제성장 이면의 부작용이 사회 곳곳에서 끊임없이 발생 · 심화되고 있는 데 있다.

세계은행과 중국 국무부 산하 발전연구센터가 발표한 China 2030 보고서[2]는 중국이 세계 강대국이 되기 위해서는 몇 가지 개혁이 필요하다고 지적하였다.

우선, 시장경제 시스템 강화이다. 국유기업을 개혁하고 정부의 개입을 축소시키는 동시에 민간부문의 발전을 확대시키라는 것이다.

---

2) Development Research Center of the State Council(2013), China 2030: Building a Modern, Harmonious, and Creative High-Income Society, World Bank.

두 번째, 개방형 혁신시스템(Open Innovation) 구축이다. 대학원 졸업생들의 기술 수준 향상, 세계적인 연구대학 육성 및 중국 기업의 자체 연구개발 능력 향상 등을 하나로 응집시키는 것을 말한다.

세 번째는 녹색성장이다. 이를 위해 인센티브, 공적 규제, 공공 투자 등의 방법을 통해 환경관련 사업을 대대적으로 육성시켜 지속가능한 개발을 해야 한다는 것이다.

네 번째는 기회균등과 사회보장 기회확대이다. 중국은 날로 확대되고 있는 소득 격차 문제를 해소하기 위해서 사회 모든 계층에 대한 공공서비스를 확대하고 양질의 서비스를 제공해야 한다는 것이다.

이 밖에 전 사회의 균등한 발전을 시행하기 위해서 재정시스템 개혁이 필요하다고 지적하였고 세계경제 발전을 위해 세계의 리더다운 행동을 해야 한다고 하였다.

결론적으로 보고서는 중국은 2030년까지 세계 강대국이 될 수 있다고 전망하고 있다. 보고서가 지적한 대로 이러한 문제들을 시진핑 시대의 지도부들이 얼마나 해결하느냐에 따라 향후 중국의 미래는 달라질 것이다.

제7장 인구구조와 사회구조 변화

1 인구구조

1-1. 인구구조 특징

인구문제는 한 국가 혹은 지역의 정책을 결정하는 가장 기본적인 것으로, 인구의 数量문제일 뿐만 아니라 구조적 문제이며, 인구内의 질적인 요소, 나이, 성별 및 민족과 공간 분포 등의 요소에 따라 끊임없이 변화한다. 그래서 인구구조는 사회구조의 가장 기본적인 구조이다. 중국 인구의 가장 큰 문제는 인구증가 문제인가? 아니면 인구구조의 문제일까? 만약, 구조적 문제라면 어떠한 것이 합리적이고 불합리한 것인가?

개혁개방 이후 중국의 계획출산정책[3]은 중국의 연령구조, 성별구조, 인구의 资质구조 및 공간분포 등 모든 면에서 변화를 가져왔는데, 우선 연령구조변화를 살펴보면, 2008년과 1953년의 가장 큰 특징은 65

3) 50년대 후반, 중국의 과도한 인구증가에 대한 모순이 나타나기 시작하고, 과도한 인구의 증가는 경제사회발전과 산업화, 현대화 건설에 부정적이라는 인식이 팽배해짐에 따라 '계획출산'이 대두, 6개 단계에 걸쳐 발전하였고, 최종 결정된 것은, 도시의 국유단위의 간부직원은 한 명의 자녀만 허락하여 도시의 표준 가정모델은 1가구 3가족으로 정하고, 농촌의 경우 두 자녀 인정, 계획출산정책을 위반했을 경우 각종 법률적 제도를 통해 강력한 사법조치 행하고 있다. 이 정책을 통해 약 3~4억 명의 인구증가를 억제한 것으로 평가받고 있으며, 2008년 중국 총 인구는 13.3억 명으로 과거 세계인구의 1/4를 차지하는 것에서 1/5로 감소, 2008년 UN의 예측에 따르면 2050년 인도의 인구가 중국을 초월할 것으로 예측하였다.

세 이상의 노령인구 비중이 88.2%로 증가, 노동인구(15~64세) 비중은 22.7%로 증가인 반면, 유소년층(0~14세)의 비중은 47.6%로 감소하여, 전체적인 인구가 노령화 추세지만 노동인구는 황금시기에 속하는 '종형'구조를 나타내고 있다는 것이다.

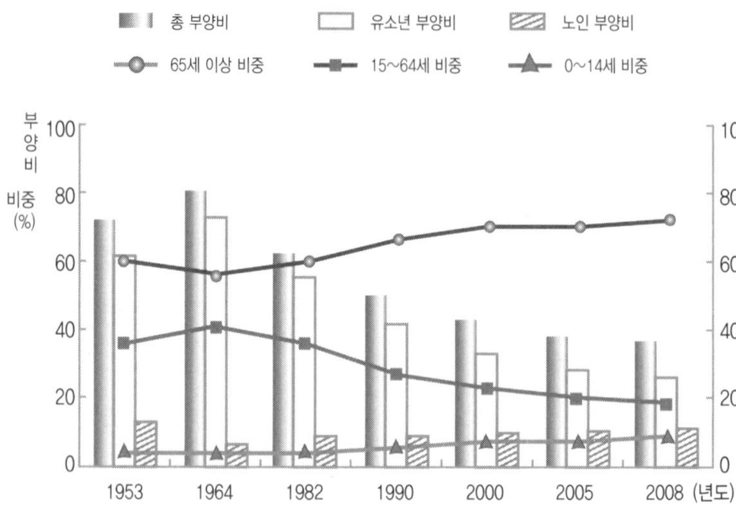

참고자료 : 陆学艺(2010),当代中国社会结构,社会科学文献出版社, p.54

【그림 7-1】 1953~2008년 인구 연령구조변화 현황

국제적으로 유아사망률과 인구기대수명은 국민의 자질을 평가하는 중요한 지표로, 현재 중국 유아사망률은 세계 평균수준과 개도국 수준보다 매우 낮은 수준이고, 인구질병사망률도 감소하였다. 중국 관영 신화통신(中国新华网)이 발표한 자료에 의하면 2011년 0~5세 이하 유아사망률은 15.6%로 낮아졌다고 밝혔다.[4]

4) http://news.xinhuanet.com/yzyd/health/20120808/c_112667140.htm 2013.12.07. 검색.

경제발전과 더불어 인간의 삶의 질이 높아짐에 따라, 평균기대수명도 증가하고 있는데 최근 폐막한 18기 3중 전회에서 개혁개방 이후 35년 동안의 중국 발전 상황을 발표하면서 1981년 67.8세였던 기대수명이 2010년 74.8세로 늘어났다고 전했다. 또한 국제연합개발개획(UNDP)이 전 세계에 걸쳐 각 국가별로 얼마나 인간다운 삶을 영위하고 있는지를 평가하여 산출한 '삶의 질' 지수(HDI)에서 2011년 중국은 0.772로[5] 이미 중등소득국가 수준에 도달하였다고 할 수 있다.

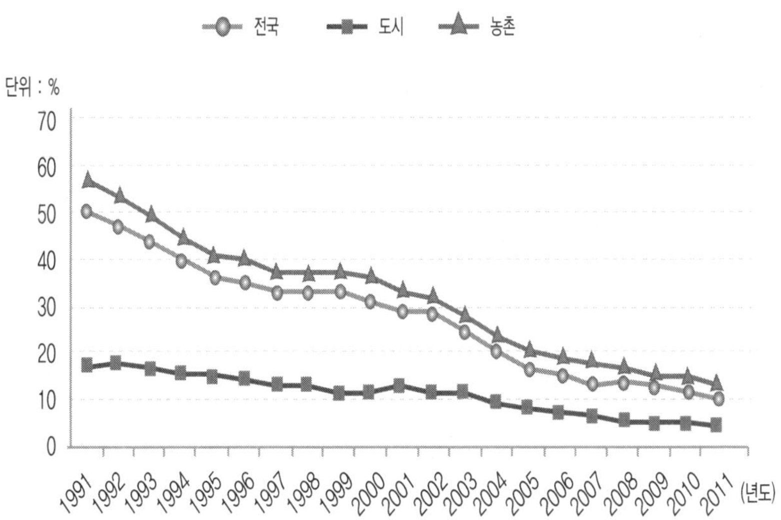

참고자료 : http://image.baidu.com

【그림 7-2】 1991~2011년 유아사망률

5) 각국의 평균기대수명, 교육수준, 삶의 질(GDP, 성별균형) 등을 종합하여 평가하여 산출한 지수. 지수 0.900 이상은 상위권(선진국), 0.500~0.799은 중위권, 0.500 이하는 하위권(후진국)으로 보고 있다. 2013년 UNDP가 전세계 186개국을 대상으로 발표하고 HDI에 따르면 중국은 101위에 랭크되었다.

통계자료에 따르면, 중국 6세 이상의 국민 평균교육년도는 1982년 5.2년에서 2007년 8.2년으로 상승하였고, 〈그림 7-3〉에서 보는 것과 같이 고등 이상의 문화수준을 지닌 사람은 20%, 대졸 이상 및 그 이상의 문화수준을 지닌 사람은 6.3%를 차지해 문맹인구는 빠르게 감소하고 있다. 중국은 개도국 중에서 '문맹인구의 절반 감소'와 '빈곤인구의 절반 감소'를 동시에 실현하였다.

고등교육은 사회의 중간계층과 각종 산업의 견고한 힘으로써, 중국 정부는 1999년 '신입생 확대 모집'정책을 시행하면서 고등교육은 '엘리트교육'에서 '대중교육'으로 전환되었다. 1978~2008년 신입생과 석·박사생의 누계는 132만 명으로 매년 약 4.5만 명씩 증가하였다.

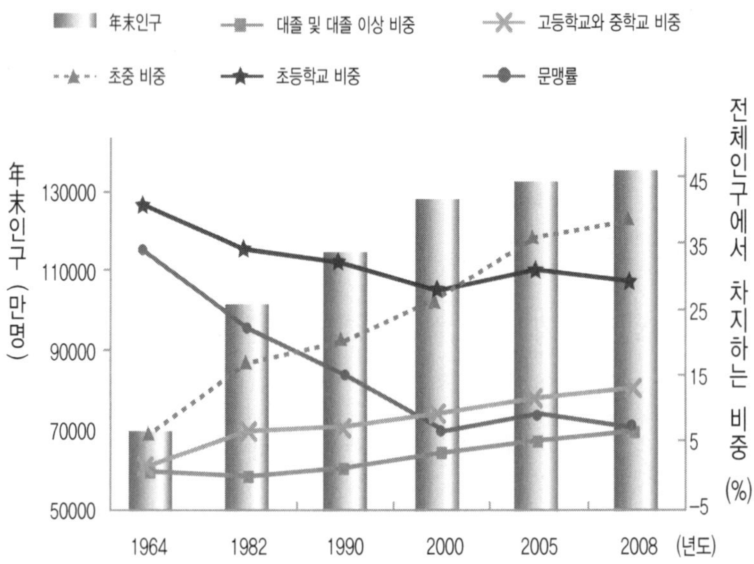

참고자료 : 陆学艺(2010), 当代中国社会结构, 社会科学文献出版社, p.56

【그림 7-3】 학력별 인구비중과 문맹률 비중의 변화 상황

현재 중국은 노동력 인구가 가장 많은 나라로, 중국 국가통계연감에 따르면 노동인구 중 2006년 대졸 이상의 비중은(노동인구의 6.9% 차지) 1990년보다 3.63배로 증가하였고, 노동인구의 높은 자질은 경제, 과학기술 및 사회발전을 향상시키는 주요한 동력이 된다. 국제통계에 따르면, 중국 과학기술에서 활동하는 인원의 비중은 현재 중등소득국가 수준에 도달했으며, 이는 '중국 제조'에서 '중국 창조'로 변화하고 있음을 확실히 보여준다.

〈표 7-1〉 고등교육 이상의 재학생 수 및 유학 후 귀국한 사람 수 변화 상황

연도	4년제 대학교		전문대학교 (만 명)	유학 후 귀국한 수(명)
	석·박사 연구생(명)	대학생 (만 명)		
1952	2,763	19.1	–	–
1965	4,546	67.4	–	199
1978	10,934	85.6	–	248
1985	87,331	170.3	–	1,424
1992	94,164	218.4	–	3,611
1999	233,513	413.4	305.5	7,748
2002	500,980	903.4	559.2	17,945
2008	1,676,862	2021.0	904.2	69,300

참고자료 : 陆学艺(2010). 当代中国社会结构. 社会科学文献出版社. p.57

인구의 공간분포는 한 국가의 경제·사회발전에 중요한 영향을 미치며, 이는 무형의 '구조적 역량(力量)'으로서 사회자원의 배치, 발전기회의 획득과 생산력의 분포 및 인구유동에 영향을 미친다. 자연과 역사적 원인으로, 중국 인구의 지역분포는 '黑龙江漠河(헤이룽장성 모허)-甘肃兰州(간쑤성 란조우)-云南腾冲(윈난성 텅충)'의 동쪽지역에 인구가 많이 분포하였다. 2007년 동부지역은 서부지역보다 1.4배 인구가 많았고(남북으로 나눠보면 일반적으로 남쪽이 북쪽보다 인구가 많음) 인구밀도 10위권 안에 드는 성(省) 중에서 8개는 동부지역의 성들이 차지하였다.

1978~2007년 30년간의 연평균 인구 자연증가율은 서부지역이 전국에서 가장 높은 5.17%를 기록하였는데, 이는 중국의 인구정책이 서부지역과 소수민족 거주지역에는 비교적 느슨하게 시행되어 高출산율-低사망률이 나타나기 때문이다.

종합적으로 볼 때 개혁개방 이후 중국 인구 규모의 지역분포는 '동高서低'의 형태가 더욱 뚜렷하게 나타나, 동부와 중·서부의 지역격차는 갈수록 확대된 반면 중부와 서부의 지역격차는 다소 줄어들었다〈표 7-2 참조〉.

도시화는 현대화의 중요한 지표이다. 1978~2008년 30년간의 도시인구는 연평균 0.93%씩 증가하여, 2008년 중국의 도시화율은 45.7%로 이미 세계에서 도시화 속도가 가장 빠르다.[6]

개혁개방 이후 중국의 도시화율 속도는 빠르게 증가하였는데, 2003

6) 도시화 수준을 20%에서 40%로 끌어올리는데, 영국 120년, 미국 80년, 일본 30년 소요. 이에 반해 중국은 2003년 이미 40% 돌파하여 선진국에 비해 놀라운 속도의 도시화율을 보인다.

년 예측된 자료에 따르면 앞으로 40년간 중국의 도시화 발전은 연평균 0.85%씩 증가하여 2050년 도시화율은 80%에 달할 것으로 예측하였다.

〈표 7-2〉 인구의 지역구조 변화 상황

항 목	동부지역			중부지역			서부지역		
	1978	1992	2007	1978	1992	2007	1978	1992	2007
인구밀도 (명/km²)	337	408	485	119	145	154	41	50	60
인구 자연증가율(%)	12.5	8.15	4.87	13.6	11.05	4.89	14.4	12.1	5.92
도시화율(%)	17.0	25.3	55.4	20.5	25.6	44.4	12.8	16.2	36.0
非농업 인구비중(%)	30.6	50.6	70.8	25.8	39.2	53.3	21.0	29.1	48.7
3차산업 취업인구 비중(%)	12.0	20.3	35.5	10.6	17.9	29.8	10.0	15.7	30.8
일인당 GRDP (위안)	485	3,241	31,554	311	1,742	15,927	259	1,843	12,325
1978~2007년 연평균 인구증가(만 명)	528			334			362		

참고자료 : 陆学艺(2011), 当代中国社会结构, 社会科学文献出版社, p.59

또한 빠른 도시화율은 농촌에서 유입된 인구가 주를 이룰 것이며, 2030년을 전후해 농촌에서 유입된 인구는 도시의 자연증가인구를 초과할 것으로 예측하였다. 앞으로 이러한 추세는 중국 정부가 강력한 정책을 시행하거나 기타 예외의 상황이 발생하지 않는 이상 지속될 것으로 보인다.

〈표 7-3〉 중국의 인구 이동 현황 및 발전 추이

연도	도시인구 자연증가율 (%)	도시인구 (억 명)	도시화 수준 (%)	농촌에서 도시로 유입된 인구 (억 명)
2010	6.54	6.36	46.17	1.53
2015	5.58	7.30	51.03	2.45
2020	4.17	8.22	55.87	3.35
2030	1.87	9.94	65.15	5.05
2040	0.10	11.33	73.40	6.44
2050	–3.88	12.22	80.29	7.36

참고자료 : 段敏芳(2013). ≪中国人口迁移流动现状及发展趋势≫

또한 도시화율이 높은 지역일수록 인구밀집도가 높아, 개혁개방 이후 인구의 유동은 동부지역 특히 동부도시로 집중되는 양상을 보이고 있다. 환보하이(环渤海)[7], 장강삼각주(长江三角洲)[8], 주강삼각주(珠江三角洲)[9] 등 3개의 지역에 대한 인구, 도시화 수준 및 경제발전 수준 등을 종합해 볼 때 경쟁력이 가장 강한 지역은 장강삼각주이고, 그 다

7) 베이징시(北京市), 톈진시(天津市), 허베이성(河北省), 산둥성(山东省), 랴오닝성(辽宁省) 등을 포함한다.

8) 장쑤성(江苏省), 상하이시(上海市), 저장성(浙江省) 등을 포함한다.

9) 푸지엔성(福建省), 광둥성(广东省), 하이난성(海南省) 등을 포함한다.

음 지역은 주강삼각주였다.

인구구조는 일반적으로 산업화, 현대화가 진행되는 과정에서 자연스럽게 변화하지만 각 국가의 상황 및 제도의 변화에 따라 변화하기도 한다. 예를 들어, 중국 정부의 계획출산정책으로 인한 인구증가의 억제는 현대화가 진행되는 과정에서 자연스레 변화한 것이 아닌 국가의 제도변화에 따른 것이라고 볼 수 있다.

중국의 인구구조가 변화하는 원인은 중국 정부의 강력한 출산제한정책 이외에도, 경제가 발전하고 도시화가 가속화됨에 따라 출산에 대한 사람들의 가치관에 변화가 생기고 과거에 비해 향상된 물질문명으로 인해 기대수명이 상대적으로 연장되었기 때문이다. 이러한 이유로 인해 '출산율이 높고, 사망률이 낮은' 형태에서 '출산율도 낮고, 사망률도 낮은' 형태로 변화하여, 도시 안에서 "손자보다 애완견이 많아졌다"라는 말이 나올 정도이다.

또한 계획출산정책과 저출산율로 인해 대를 잇기 위해 여자는 경시되고 남자는 중시되는 현상이 나타나 여아를 임신했을 경우 불법적인 낙태를 자행하고 있으며, 불법 낙태로 인한 출생성비의 불균형은 중국의 인구구조에서 나타나는 가장 큰 문제 중 하나이다.

살펴보기

중국 신생아 성비 불균형 해소 '답보'

남아선호사상에 따른 중국의 심각한 남녀 성비 불균형이 당국의 해소 노력에도 제자리걸음을 면치 못하고 있다.

5일 중국청년망에 따르면 국가통계국의 조사 결과 지난해 중국의 신생아 성비는 여자아이 100명당 남자아이 117.7명꼴로, 전년도의 117.78명과 차이가 거의 없는 것으로 집계됐다.

이는 남자아이의 비율이 121.2명으로 사상 최고치를 기록한 2004년과 비교하면 상당히 낮아진 것이지만 2009년 119.45명, 2010년 117.94명을 기록한 이후 답보 상태다.

전문가들은 신생아 성비가 합리적 수준인 여아 100명당 남아 103~107명 선보다 훨씬 높은 현 상황이 장기적으로 심각한 사회문제를 초래할 수 있다며 개선이 시급한 것으로 지적하고 있다.

당국은 2015년까지 이 비율을 115명 아래로 떨어뜨리고 2020년까지 균형을 맞춘다는 목표를 달성하기 위해 태아 성감별과 낙태 금지 등에 주력하고 있다.

현지 언론들은 국가통계국의 자료를 근거로 중국에서 현재 30세 이하 남성 수가 여성보다 2천만 명 이상 많으며, 앞으로 10년 안에 결혼 적령기에 들어설 남성이 여성보다 매년 100만 명씩 더 많을 것으로 전망했다.

남녀 성비 불균형은 노동시장에도 영향을 미쳐 광저우(廣州), 항저우(杭州), 상하이(上海) 등 섬유 · 의류산업이 발달한 지역에서는 방직공장에서 여직공을 찾지 못해 어려움을 겪는 기업이 늘고 있다.

http://news.naver.com/main/read.nhn?mode=LSD&mid=sec&sid1=100&oid=001&aid=0006128442 (2013.06.13 자료검색)

살펴보기

중국, 2020년 노총각 3500만명 예상…성비 불균형 심각

중국의 인구성별비가 30년째 지속적으로 높은 수치를 기록함에 따라 여성 부족 및 결혼적령기 독신 남성의 과잉 현상이 또 다른 심각한 사회적 문제로 대두되고 있다.

중궈징지왕(中國經濟網) 30일 보도에 따르면 중국 국가통계국이 조사한 2012년 중국의 출생인구 성별비율(여성 100명당 남성의 비율)은 117.7로서 정상 범위인 102~107을 한참 넘어서는 것으로 나타났다.

이는 심각한 남녀성비 불균형을 의미하는 것으로 2020년에 이르면 여성이 부족해 결혼을 못한 독신 남성이 대략 3,000~3,500만 명에 이르는 <남자 잉여> 현상이 초래될 것으로 예측하고 있다.

중국 사회가 높은 출생인구 성별비를 보이는 근본 원인은 여전히 중국 사회에 남아있는 남존여비 현상 및 저출산 사회풍조 때문이다. 시진핑(習近平) 체제 출범 이후 중국 지방 정부들이 산아제한정책을 완화해 출산율이 증가한다 하더라도 대부분의 가정이 여아보다는 남아를 선호하기 때문에 이러한 남녀 성비 불균형 현상은 앞으로 더욱 심각해질 것이라는 분석이다.

http://www.ajunews.com/kor/view.jsp?newsId=20130701000678 (2013.12.07. 자료검색)

1-2. 인구구조 문제점

노령화는 산업화국가에서 모두 직면하고 있는 자연스러운 문제인 동시에 산업화·현대화의 또 다른 지표이다. 그러나 현재 중국의 노령화와 선진국과의 다른 점은 중국은 압축형 인구전환[10] 조건 하에서 노령화로 진입하고 있다는 것이다〈표 7-4 참조〉.

사회가 발전되지 않은 상태에서 노령화 속도가 빨라지면 사회에 마이너스 요인을 가져온다. 현재 중국 양로보험제도 체계는 노령화 속도를 따라가지 못하고 있을 뿐만 아니라 완전한 제도적 체계가 마련되어 있지 않다. 또한 중국의 가족구성이 '1가구 3가족'의 형태이기 때문에 빠른 노령화는 가정의 양로부담을 가중시키는 동시에 콩차오(空巢)가정의 증가와 노인소득 감소로 인해 대량의 노인인구는 빈곤화 상태에 빠지게 될 것이다.

농촌의 노령화 현상은 더욱 심각한데, 약 1억여 명이 노인인구로 전체 노인인구의 70%를 차지하고 있다. 또한 생활수준과 자질이 제고됨에 따라 노인이 노동할 수 있는 나이가 늘어나면서 현재 60세 이상의 노인은 여전히 일할 수 있지만 이들에 합당한 정책이 마련되지 않는 한 가치 있는 노동력 자원을 잃어버릴 수 있다.

앞으로 몇 년간 중국의 노년인구 수는 지속적으로 증가할 것으로 예측되며, 인구의 노령화는 아시아·태평양지역의 국가에서도 피할 수 없는 현상으로 2002년 아시아태평양경제연합회(APEC : Asia-Pacific Economic Cooperation)의 자료에 따르면 중국 내륙의 60세 이상의 인

10) 중국 정부의 강압적인 계획출산정책으로 인해, 노령화의 속도가 산업화의 발전속도보다 빠른 추세이며, 2035년 이후 60세 이상의 노인인구는 4억여 명에 달해 전 인구의 30%를 차지할 것으로 예측된다.

구비율은 2000년 10.1%, 2020년 19.5%, 2050년 29.9%에 달해 총 인구의 1/3이 노년인구가 될 것으로 예측하였다.

〈표 7-4〉 중국과 선진국의 노령화 현황의 비교

	선진국의 노령화사회	중국의 노령화사회
속도	일반적으로 40~150년 소요	2000년 진입, 약 20~25년 소요
조건	일인당 GDP 1,000달러 이상시 진입	일인당 GDP 1,000달러 이하 수준에서 진입
단계	공업화 후기 혹은 后공업화 사회진입	농업대국, 공업화 초중기에 진입, 공업화의 속도보다 빠름
원인	공업화발전에서 출산가치관과 출산율이 자연스럽게 낮아짐, 의료수준 개선, 수명연장, 사망률 감소	정부의 계획출산정책 및 선진국 노령화 사회 원인 추가
규모	북유럽, 이탈리아, 독일, 일본 등 평균 20%를 넘었지만 규모는 크지 않음	2007년 60세 이상이 13.6%로 1.8억 명, 65세 이상은 9.4%로 1.2억 명, 80세 이상의 고령화 1.4%로 1,905만 명 노령화 규모 세계 1위
구조	방추형(감소형)	피라미드형을 지나 종형(정체형)
자질	인구의 전반적인 수준高, 노인자 수준 역시高	인구의 전반적인 수준이 낮고, 노인 수준 역시 높지 않음
부양	사회총부양비에서 노인부양 비중이 가장 크고, 영유아기부양 낮음	노인부양이 갈수록 증가하고 영유아기부양이 낮아지고 있음
성별	60~80세의 성별비가 40~80구간에 있음 여성비율이 높음	60~80세 성별비가 90~105구간에 있음 남녀 기본적 균형 유지
영향	자발적인 진입으로 양로체계가 잘 갖춰졌으나 사회의 활력이 매우 약화	빠르게 진입하여 양로체계가 불완전, 그로 인한 부담과 취업난 심화

참고자료 : 陆学艺(2010), 当代中国社会结构, 社会科学文献出版社, p.10

중국의 노년인구 수가 증가하고 노령화 속도가 가속화됨에 따라 미래 노인인구 중 자녀가 적거나 또는 자녀가 없는 노인의 수와 비율도 확실히 상승할 것으로 예상된다.

홀로 살거나 배우자 없이 사는 노인의 수도 증가하는 동시에 결혼하지 않은 노인의 수도 증가하여 사회양로와 노인관련 서비스의 수요는 폭발할 것으로 예측된다. 동시에 노년인구는 노동시장에서 기능을 상실하거나 퇴출됨에 따라 개인의 소득이 감소해 노인인구의 경제수준도 악화될 것으로 보인다.

따라서 노년인구에 대한 사회보장 수준을 향상시켜 특히 저소득 노년인구의 사회보장문제에 더욱더 관심을 기울이는 동시에 완전한 농촌 양로보험 및 노년의료보험체계를 확립시켜야 한다.

〈표 7-5〉 아시아 · 태평양 지역 주요국의 60세 이상의 인구비율 (단위 : %)

지역 \ 연도	2000	2025	2050
일본	23.2	35.1	42.3
한국	11	24.1	33.2
싱가포르	10.6	30.0	35.0
태국	8.1	17.1	27.1
중국내륙	10.1	19.5	29.9
홍콩	14.3	28.2	35.4
멕시코	9.7	29.4	38.4

참고자료 : APEC (2002).

2012년 11월 중국의 인력자원사회보장재정부(人力资源社会保障财政部)에서 《도시농촌 양로보험제도 연계 임시방안(의견 수렴안)》을 통해 앞으로 도시직장인 양로보험, 도시주민 양로보험, 신형농촌사회 양로보험 등 3종류의 양로보험제도를 연계하는 방안을 발표하였다. 이 보험제도 연계는 사실상 농촌 출신 주민들이 도시에서 일을 하게 되는 경우를 위해 마련된 조치로, 보험제도를 변경하는 데 불편을 겪었던 사람들에게 환영받을 것으로 기대되고 있다.

살펴보기

자식에 버림받은 할머니, 돼지우리에서…'충격'

중국 사회는 지난 1월 초, 장쑤성 관윈현에서 90대 할머니가 자식에게 버림받고 2년간 돼지우리에서 지낸 사실이 알려져 큰 충격에 빠졌다. 이 할머니는 슬하에 무려 5명의 아들과 3명의 딸이 있었던 것으로 드러났다.

톈진에 사는 80대 할머니는 최근 국영 중국중앙방송(CCTV)에 출연해 조상을 기리는 명절인 청명절이 오기 전에 죽고 싶었다고 고백했다. 세 딸이 돌보지 않았다는 이유에서다.

노인 문제를 둘러싼 여론이 심상치 않자 중국 당국은 자식의 부모 봉양을 의무화한 효도법까지 만들었다. 전국인민대표대회 상무위원회는 지난해 12월 28일 노인인권권익보장법 수정안을 통과시켜 올 7월부터 시행하기로 했다. 이 수정안은 노인을 돌보고 노인을 소홀히 하거나 버리지 않도록 의무화하고 있다.

중국 정법대 우창전(巫昌禎) 교수는 "수정안은 자식에게 늙은 부모를 잊지 말 것을 상기시키는 데 불과하다"며, "조항 위반 시 어떠한 제재조치도 규정돼 있지 않다"고 말했다. 현재 자식의 봉양을 못 받는 60세 이상 중국 노인은 약 2억 명으로 추산된다. 도시는 노인 절반, 농촌은 38%가 자식과 살지 않는 상황이다.

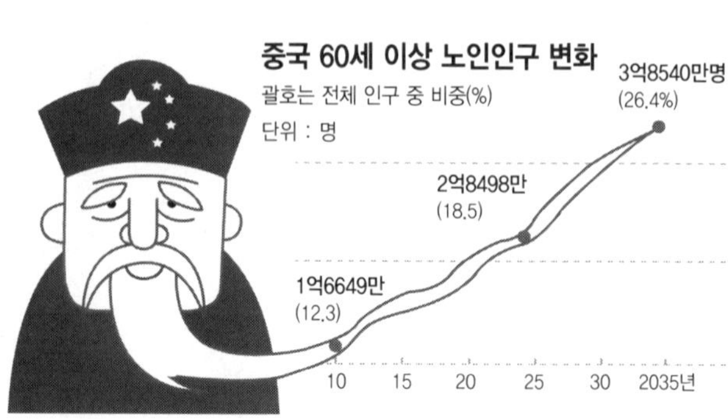

살펴보기

70대 노인 "자식들이 생활비 안 줘" 자폭 소동

SBS가 지난달 12일 중국망(中國網) 등 현지 언론을 인용 보도한 바에 따르면 구이저우성 메이탄현에 사는 70대 노인 저우 모씨가 지난달 11일 마을 공터에서 몸에 폭탄모양의 물건을 두른 채 자폭을 시도했다고 한다.

저우 씨는 자식 네 명이 모두 자신을 부양하지 않고, 이렇게 살 바엔 차라리 죽는 게 낫다고 소리치며 공안과 대치하다 30여 분만에 주저앉아 대성통곡했다. 중국에서는 독자적인 생활능력이 없는 노인이 3,300만 명을 넘어선 것으로 추산되며 오는 2015년에는 4,000만 명에 달할 것으로 예상된다.

벌써부터 연금 걱정이…

중국에 인구 고령화가 초고속으로 진행되면서 '연금대란' 사태에 대한 걱정이 커지고 있다.

정스린(鄭斯林) 중국 전국정치협상회의 위원은 "많은 나라에서 100년에 걸쳐 이뤄지는 고령화가 중국에선 50년 내에 진행될 것"이라며 연금 대란을 우려했다.

중국의 은퇴 연령은 여자 50~55세, 남자 55~60세다.

유엔의 《세계인구전망 2006》 보고서는 중국의 65세 이상 인구 비율이 2035년이면 19.6%에 이르러 초고령화사회 문턱에 도달할 것으로 내다봤다.

살펴보기

가장 큰 문제는 연금 재원이 한정돼 있다는 점이다. 은퇴 시점을 연장할 수도 있지만 이 경우 청년실업이 늘어나게 된다. 지난해 중국의 대학졸업자는 413만 명이지만 이 중 30%는 직장을 구하지 못했다.

중국 인민대의 리샤오광 사회안전연구소장은 "중국에서 5억 명 정도는 사회안전망을 벗어나 있는 상태"라고 지적했다.

중국 정부도 연금제도 개혁을 추진 중이다. 재정 전문가들은 그러나 급료에서 연금 재원을 떼는 현행 제도로는 기존 근로자들만 연금 혜택을 받게 된다는 점이 가장 큰 문제라고 지적한다.

상하이에서 무역회사를 운영하는 첸루이(50 · 여)는 "딸이 하나 있지만 그 부부가 노인 4명을 봉양할 수 있을 것으로 생각하지 않는다"면서 "선진국과 달리 은퇴 이후 일자리를 구할 수 없다는 점이 가장 큰 문제"라고 말했다.

현재 연간 국내총생산(GDP) 성장률이 10%에 이르고 국영기업 민영화가 속속 이뤄지면서 과거 공산주의가 한창이던 시절의 사회보장은 찾아보기 어렵게 됐다.

이에 대해 미국 국제전략문제연구소(CSIS)는 퇴직 후 보장이 없는 중국 내 근로자 4분의 3이 향후 빈곤 노령인구로 전락할 가능성이 크다고 지적했다.

http://www.inewspeople.co.kr/news/articleView.html?idxno=5188 (2013.06.18 자료검색)

2
사회구조

중국은 周, 秦 봉건사회 이후, 2,500여년간 정권이 교체되면서도 농민과 지주가 주체가 되는 농업사회구조를 유지하여 왔다. 1840년 아편전쟁 이후, 중국 봉건사회구조는 붕괴되기 시작했지만 열강의 침략과 중국이 지닌 자체적인 원인으로 중국의 근대산업 발전속도는 더뎠고, 1949년 중화인민공화국이 성립될 당시 농민이 전체 인구의 89.4%를 차지하고 있는 농민이 主가 되는 농업사회구조를 유지하고 있었다.

신중국 건립 이후, 중국은 1953년부터 제1차 5개년 경제개발계획[11]을 시작하여 당과 정부의 지도 아래 전 국민이 대규모 공업화 건설을 시작하였지만 사회구조에는 큰 변화가 없었다. 1978년 농업이 GDP에서 차지하는 비중은 28%로 감소하였지만 여전히 농민이 전체 인구에서 차지하는 비중은 82.1%로 전통적인 농업사회구조를 유지하고 있었다.

중국 사회구조가 본격적으로 변화하기 시작한 것은 1978년 개혁개방 이후, 경제체제와 사회체제의 개혁이 크게 일어나면서 농업사회구조가 공업사회로, 농업사회가 도시화사회로, 전통사회가 현대사회로 모습이 변화하기 시작하면서 부터이다.

농업사회에서 산업사회로 진입한 이후, 사회구조는 개방적인 특징을 지니게 된다. 자원배치의 주체가 기존 국가에서 시장과 사회로 확대되면서 적재적소에 자원투입이 가능해지고, 사회개방으로 사회구성원

11) 1953년 처음으로 5개년 계획을 시작으로, 1949~1952년 중국 국민경제 회복기, 1963~1965년 국민경제 조정 시기를 제외하고 이미 11차례의 5개년 계획이 시행되었고, 2011년부터 12차 5개년 규획이 시행 중이다.

은 자신의 능력에 따라 기본적으로 각종 기회를 획득할 수 있었기 때문에 사회는 더욱 발전하게 되는데, 이러한 특징은 시장경제체제의 산업사회에서 더욱더 확실히 나타난다. 계획경제체제 하에서의 자원배치는 기본적으로 국가의 명령을 통한 방식이 유일하고, 기회획득에 있어서도 선천적으로 타고난 것이 아니면 후천적으로 노력에 의해 획득 가능한 것은 매우 제한적이다.

현재 중국 사회구조의 변화는 인구구조의 변화[12], 가족구조의 변화, 도·농간의 구조 및 지역구조, 생존활동구조, 계층구조 등 5가지 방면에서 나타난다.

우선, 중국의 가족구성도 변화를 살펴보면, 가족규모의 소형화(핵가족화), 한 가구당 가족 구성원 수가 감소하기 시작하면서 사일이(四二一 : 할머니 할아버지, 외할머니 외할아버지, 부모님 그리고 나)의 가족구성모델이 나타났다. (농촌의 경우 사이이(四二二) 모델).

또한 사람들이 결혼에 대한 가치관이 다양화되고, 도시로 인구가 이동하면서 중국 가족의 종류가 다양화되고 있는 추세로, 예를 들어 딩크족(결혼 후에도 아이를 갖지 않는 가족), 콩차오가정(空巢家庭 : 空巢는 빈 둥지라는 뜻으로, 자녀들이 일이나 공부를 위해 외지로 나가 노인이 혼자서 집을 지키는 가정, 성인이 된 후에도 자녀들은 결혼하고 부모 곁에 없어 부모 혼자 집을 지키며 사는 가정), 거따이가정(隔代家庭 : 농촌에 친손자나 외손자의 학업과 생계를 꾸려주는 조부모 가정) 등의 가족의 형태가 나타나고 그 비율도 증가하고 있다.

개혁개방 이후, 중국 가족구성에서 가장 핵심적인 변화는 가족의 경제능력이 강화되었다는 것이다. 가족은 효율적인 경제생산체(生产体)

12) 앞 7장 1-1. 인구구조 특징 참조.

로서 1978년 개혁개방 초기에 중국은 농촌에서 가정연산승포책임제(家庭联产承包责任制)[13]를 시행하여, 가정이 농촌경제 생산조직을 형성하였고 그 이후에 중국 정부가 도시에서 가족단위의 개체경영과 사영기업을 허가하기 시작하면서 중국의 경제발전을 이끄는 새로운 동력이 되었다.

둘째, 중국의 도·농구조는 도시화에서 나타난다.

신중국 건립 초기인 1949년 중국의 도시인구는 겨우 5,700만 명으로 도시화 수준이 10.6%인 전형적인 농촌국가였다. 산업화가 진행됨에 따라 대량의 농촌인구가 도시로 유입되었고, 전통농촌사회가 도시화사회로 변화하기 시작하였으나, 개혁개방 이전의 중국의 도시화 속도는 완만하여 1952년 전국 총 인구 57,482만 명 중 농촌인구는 50,139만 명으로 도시화율은 12.8%였고, 1978년 전국 총 인구 96,259만 명 중 농촌인구는 79,014만 명, 도시인구 17,245만 명으로 여전히 도시화율은 17.9%로 낮았다.

1978년 이후 중국의 도시화율은 급속히 증가하기 시작하여 2008년 45.7%에 달하였는데, 이 중 60% 이상이 농촌에서 유입된 인구이다. 중국의 도시화율은 2012년 현재 52.6%로 1978년보다 34.7% 증가하였다.

도시화와 공업화가 빠르게 진행됨에 따라, 도시로 취업하는 인구가 늘어나기 시작하였는데 도시취업인구는 1978년 23.7%에서 2012년 48.4%

---

13) 개혁개방 이후 실시한 가종농 체제인 가족연산승포책임제는 농민들의 생산적극성을 제고시켜 농업생산의 증가를 가져왔지만, 집체농(集体农) 체제를 소농경제 체제로 전환하여 경영규모가 영세하고 집체조직 해체로 과거 집체에서 공동조직했던 수리관개, 농토정비 등 농업지원사업이 이뤄지지 못해 농업기반이 약화되는 등의 결함으로 농업생산이 정체되면서 이러한 문제를 해결하기 위해 가족농 체제의 개별경영과 집체농업 지원체제를 결합시키는 방향으로 개선되었다.

로 증가한 반면 농촌취업인구는 76.3%에서 51.6%로 감소하였다.[14]

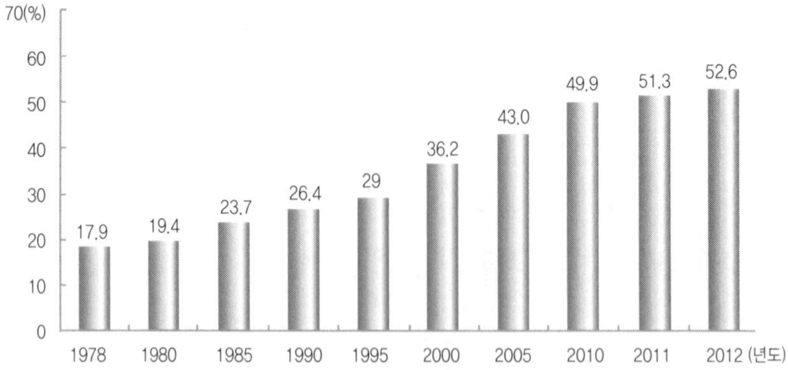

참고자료 : 国家统计局(2013). 人民日报刊发国家统计局报告 : 改革开放铸辉煌 经济发展谱新篇. 1978年以来我国经济社会发展的巨大变化.

【그림 7-4】 1949~2008년 중국 도시화율

도 · 농간 구조변화는 도 · 농 이원화(二元化) 체제도 변화시켰는데, 즉 시장경제의 발전은 도시와 농촌의 자원과 기회배치의 행정적 독점을 타파하여 계획경제 시기에 형성된 도 · 농간 이원화 사회구조를 변화시켰다.

1978년에 시작된 농촌개혁은 우선적으로 도 · 농간 분리된 재산권 제도의 제약 타파를 통해 농촌이 자원배치에서 상대적인 자주권을 획득할 수 있게 하였으며, 이는 도 · 농간의 체제변화를 가져왔다.

중국 정부는 우선적으로 도 · 농간의 통일적인 발전전략, 新농촌건설, 농촌세 감면, 농촌 의료보험, 농촌 양로보험, 공공서비스의 균등화

14) 国家统计局, 人民日报刊发国家统计局报告:改革开放铸辉煌 经济发展谱新篇, 1978年以来我国经济社会发展的巨大变化, 2013.11.06.

등을 추진하여 하고 있지만 아직은 초보적인 단계에서 여전히 많은 문제점들이 해결되지 않고 있는 실정이다.

〈표 7-6〉 2009~2010년 지역별 GDP

순위	지 역	09년 GDP (억 위안)	지 역	10년 GDP (억 위안)
1	광동성 广东省	39,081.59	광동성 广东省	45,472
2	강소성 江蘇省	34,061.19	강소성 江蘇省	40,903
3	산동성 山东省	33,805.30	산동성 山东省	39,416
4	절강성 浙江省	22,832.43	절강성 浙江省	27,100
5	하남성 河南省	19,367.28	하남성 河南省	22,000
6	하북성 河北省	17,026.60	하북성 河北省	20,197
7	요녕성 遼寧省	15,065.57	요녕성 遼寧省	17,500
8	상해시 上海市	14,900	사천성 四川省	16,898
9	사천성 四川省	14,151	상해시 上海市	16,872
10	호남성 湖南省	12,930.69	호남성 湖南省	15,902
11	호북성 湖北省	12,831.52	호북성 湖北省	15,806
12	복건성 福建省	11,949.53	복건성 福建省	13,800
13	북경시 北京市	11,865.93	북경시 北京市	13,778
14	안휘성 安徽省	10,052.86	안휘성 安徽省	12,263
15	내몽고 内蒙古	9,725.78	내몽고 内蒙古	11,620
16	흑룡강성 黑龍江省	7,203.18	흑룡강성 黑龍江省	10,235
17	산시성 陕西省	8,186.65	산시성 陕西省	10,021
	후순위 14개 성 생략		후순위 14개 성 생략	
	전국	33.5조 위안	전국	39.7조 위안

참고자료 : Noh Yanwan(2011), China insight, CERIC.

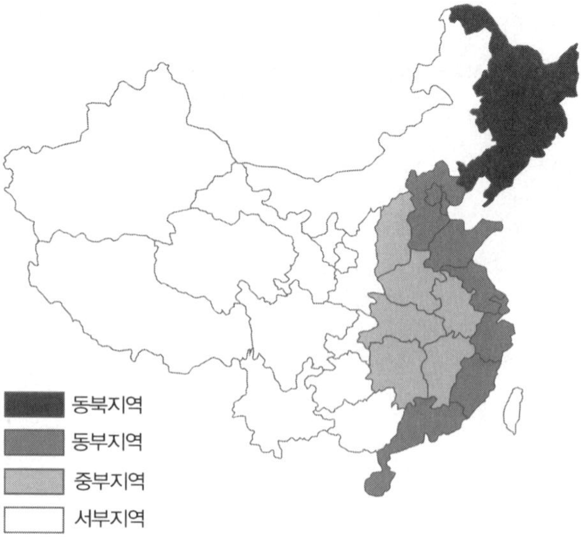

【그림 7-5】 중국 행정지역 구분

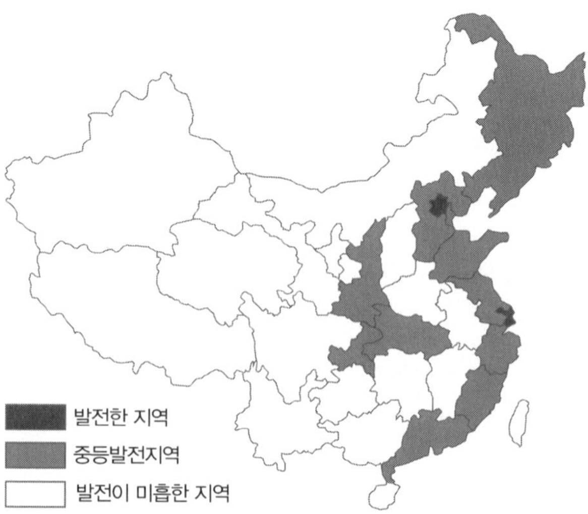

【그림 7-6】 경제발전에 따른 지역 구분

셋째, 개혁개방 이후 중국의 지역발전은 이전의 통일되고 획일화된 발전에서 벗어나 동부, 중부, 서부 등 지역 간의 경제발전 모델에 따라 발전속도가 확실한 차이를 보이며 전체적으로 보면 동부 〉 중부 〉 서부 순이고, 동부 연해지역과 중서부 내륙지역 간의 발전격차는 뚜렷하다.

지역 간 불균형한 발전은 현재 중국의 기본적인 문제점 중 하나이고, 앞으로 중국이 지속가능한 개발을 위하여 반드시 짚고 넘어가야 할 문제이다.

넷째, 생존활동구조는 취업구조, 소득분배, 소비구조[15]를 포함한다. 현재 중국의 취업구조는 계획경제방식에서 시장경제방식으로 전환되어, 취업인구는 이미 非농업취업인구가 농업취업인구 수를 넘어선 동시에 3차 산업 취업인구가 2차 산업 취업인구를 추월하였다.

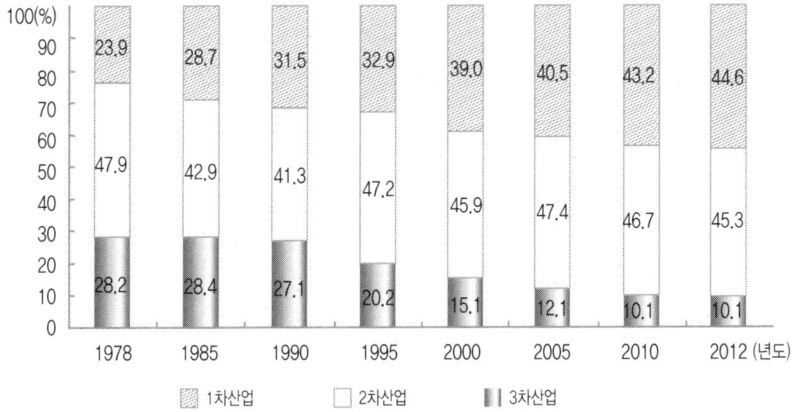

참고자료 : 国家统计局(2013). 人民日报刊发国家统计局报告 : 改革开放铸辉煌 经济发展谱新篇—1978年以来我国经济社会发展的巨大变化.

【그림 7-7】 중국의 산업구조 변화

15) 소득과 소비구조에 대해서는 앞 6장 1. 소비경제로의 전환과 문제점 참조.

1978년 이후, 30여년의 빠른 경제성장 속에서 산업구조도 끊임없이 변화하였는데 1979~2012년 1차, 2차, 3차 산업 증가액은 매년 각각 4.6%, 11.3%, 10.8%씩 증가하였다. 1978년 1차, 2차, 3차 산업 증가액이 GDP에서 차지하는 비중은 각각 28.2%: 47.9%: 23.9%에서 2012년 각각 10.1%: 45.3%: 44.6%로 조정되었다. 1차 산업은 1978년에 비해 18.1% 감소한 반면 3차 산업 비중은 20.7%로 증가하였다. 동시에 산업화와 도시화는 새로운 산업발달을 생성하여 직업의 다양화를 촉진하였다.

전체적으로 중국의 취업구조는 이미 농업국가의 구조가 아니며 산업화 국가의 취업구조를 나타내고 있다.

1978년 이후, 중국이 시장을 개방하면서 취업, 소득분배와 소비구조에 변화를 가져왔는데,

취업에 있어, 사람들의 자주적인 취업의 선택권과 기회를 가지는 동시에 사영기업의 성장과 국유기업의 개혁은 취업에 대한 선택의 폭을 확대시켰을 뿐만 아니라 취업의 공급 주체를 국가에서 기업으로 옮기는 결과를 가져왔다.

소득분배에 있어, 과거 국가가 제공한 평균주의적 소득분배체제는 시장의 기업조직 안에서 노동에 따른 분배원칙으로 정해졌다.

소비구조는 국가가 일괄적으로 지급하던 구조를 타파하고, 상품의 종류가 다양화됨에 따라 소비의 능력과 기회도 증가하게 되었다.

결과적으로 시장의 개입은 현재 중국 취업구조, 소득분배구조 및 소비구조에 거대한 변화를 가져왔다.

시진핑 · 리커창도 잠 못 이루는 중국 대졸 취업난 현장

지난달 14일 시진핑 중국 국가주석은 톈진(天津)에서 열린 대학생 채용 박람회장을 깜짝 방문해 1시간 정도 머물렀습니다. 그는 여기서 "취업은 민생의 근본이다. 취업문제를 고도로 중시하고 있다"고 말했습니다.

중국의 최고지도자가 채용관련 박람회 현장을 찾아간 것은 사상 처음이었지요. 2인자인 리커창 총리는 5월 13일 국무원 화상회의에서 "대학졸업자들이 전례 없는 취업난에 시달리고 있다. 대졸자들에게 일자리를 찾아주는 게 가장 중요한 임무"라고 했습니다.

칭화대 박사학위도 무용지물, 명문대 졸업 후 시골 말단 공무원행 잇따라

칭화대 박사학위 소지자로 올 4월 '박사 후'(post-doc). 과정을 신청한 천다(陳達 · 31) 씨는 사실 계속 공부할 생각이 없었습니다. 작년 여름 박사학위를 받은 후 외국계 회사 등 평소 점찍어둔 곳을 중심으로 10여 곳에 입사 지원서를 내고 열심히 일자리를 찾던 그였습니다. 천 씨는 "취업이 쉬울 걸로는 예상하지 않았지만 마음 한구석에 '칭화대 박사인데 설마 일자리 하나 구하지 못할까'라는 생각이 있었다"고 했습니다. 천 씨는 일단 학교에라도 적(籍)을 두는 게 좋겠다는 생각에서 '박사 후 과정'을 신청했습니다.

그는 "박사 후 과정을 밟는 2년 동안 취업시장 상황이 좋아지기를 바랄 뿐"이라고 했습니다. 최고 명문이라는 칭화대의 박사학위도 얼어붙은 취업전선에선 무용지물이 된 것이죠.

살펴보기

곧 졸업하는 정법대학 4학년생인 지자제(計佳傑 · 23) 씨는 1년에 가까운 구직 노력에도 직장을 못 구해 '촌관(村官)'을 알아보는 중입니다. '촌관'이란 대졸자를 시골의 말단 관리로 임용하는 제도인데요, 이 '촌관'도 경쟁이 치열합니다. 중국에도 공무원 시험 열풍이 불고 있는데, 작년 11월 국가 공무원 시험에 사상 최대인 152만 명이 몰려 73대의 1의 경쟁률을 기록했습니다. 이 시험에서 떨어진 수험생은 시골 관공서의 말단 자리도 마다하지 않습니다.

위모(27) 씨는 그나마 사정이 낫습니다. 위 씨는 중국 정부의 '211프로젝트'(21세를 이끌 100개 대학을 집중 육성하는 프로젝트)에 선정된 베이징 소재 대학졸업생으로, 영국의 명문인 런던정치경제대학(LSE)에서 석사학위를 받았습니다. 하지만 일자리를 구하지 못해 몇 달간 발만 동동 구르다 최근 모교의 유학생 유치 관련 부서의 교직원으로 겨우 취직했습니다.

10년 전 140만 명이던 대졸자가 700만 명

청스웨이(成思危) 전 전인대 부위원장은 "중국에서 경제 성장률이 1% 떨어질 때마다 100만 개의 일자리가 사라진다"고 말했습니다. 지난해 7.8%이던 중국의 성장률이 올해 7.5%로 떨어진다면 최소 30여만 명의 미취업 대졸자가 생길 전망입니다.

2011년 9.3%였던 GDP 성장률이 지난해 8% 밑으로 떨어지면서 이미 수많은 취업 재수생들도 나와 있지요.

중국 대졸자 추이

연 도	졸업생 수
2002년	140만 명
2004년	280만 명
2006년	413만 명
2008년	550만 명
2010년	630만 명
2013년	699만 명

자료 : 중국 교육부.

상황이 이렇다 보니 대졸자 사이에 '가짜 고용계약서' 매매사업이 호황입니다. 일부 대학들이 학생에게 졸업증을 주는 대신 고용계약서 증명 제출을 요구하고 있기 때문입니다. 중국의 대학들은 졸업생 취업률에 따라 정부지원금을 받는데, 이로 인해 취업률을 실제보다 더 부풀려 고용상황을 왜곡하는 일이 빈번해지고 있지요.

중국 지도부는 '초비상' 상태입니다. 일자리를 구하지 못한 젊은 층이 사회안정을 해칠 수 있다는 판단 때문입니다.

관료 자제들은 '관얼다이 특혜' 횡행해

지난달 하순 후진타오 전 국가주석의 아들인 후하이펑(胡海峰 · 42)이 저장성 자싱(嘉興)시 부서기로 임명되는 등 고위 관료의 자제들이 취업에서도 특혜를 누리고 관직을 대물림하는 '관얼따이(官二代)' 현상은 최근 한층 광범위하게 확산되고 있습니다.

칭화대 국제관계학과에서 석사과정을 마친 예펑(葉鵬) 씨는 "일반인들은 최말단 공무원도 되기 어려운데 관료의 자제는 30대 중반에 간부자리에 오른다"며 "관얼따이들이 너무 큰 프리미엄을 누리고 있다"고 분통을 터뜨렸습니다.

http://news.chosun.com/site/data/html_dir/2013/06/03/2013060303024.html?c_inside_top2 (2013.06.04 자료검색)

3
사회계층구조

3-1. 사회계층구조[16] 변화

사회계층구조는 사회구조의 핵심으로, 사회구조의 기타영역 예를 들어 취업구조, 도·농구조, 소비구조 등의 구조에 있어 기본이 된다. 사회계층구조의 본질은 사회분업화 실현이다. 현대사회의 분업화는 직접적으로 산업화, 시장화 및 도시화를 촉진시켜 산업구조, 취업구조, 직업구조의 변화를 가져온다. 중국의 사회계층구조는 60여년 동안 세 차례의 변화를 경험했는데, 사회정책 체제조정은 이러한 변화를 가져오는 중요한 원인이 된다.

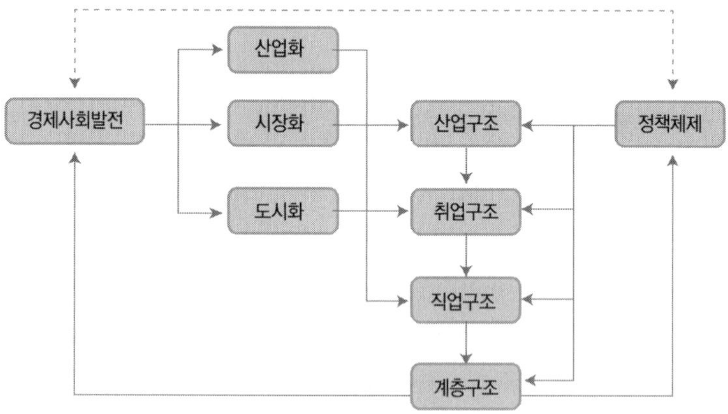

【그림 7-8】 사회계층구조 변천 시스템

16) 사회계층구조는 사회구조 변화에 포함되지만 내용이 방대하여 하나의 챕터로 따로 분류하였다.

첫 번째 단계(1949~1956년)는 신중국 건립 이후 짧은 기간 노동자계급, 농민계급, 소자산계급과 민족자산계급(식민지, 반식민지 신생독립국가의 중산계급)의 4대 계층구조가 존재했던 시기이다.

1949년 중화인민공화국 성립은 신민주주의 혁명의 승리와 신민주주의 사회의 건설을 의미하기 때문에 기존의 관료에 의한 사회가 없어지면서 노동자계급, 농민계급, 소자산계급과 민족자산계급이 국가의 주인이 되었다.

이 시기의 계급구성을 보면, 노동자계급(산업노동자와 국가와 사회관리자 포함)이 3.3%, 농민계급 88.1%, 소자산계급 7%, 민족자산계급 0.4%를 차지해 전체적인 사회계층구조는 전형적인 피라미드 형태를 나타내었다.

이 시기의 사회계급 순위 중에 노동자계급은 집권당의 계급 기초로, 정치에서 비교적 높은 지위를 획득하였는데, 이는 과거 자산계급의 사회적 지위가 노동자계급보다 높았던 구조를 뒤바꿔 놓은 중요한 변화이다. 이 외에 신중국 성립 초기 국민경제회복을 위해 중국 정부는 대규모의 노동력 투입이 필요했기 때문에 이 시기에는 실업과 반실업자의 계층 자체가 존재하지 않았고 거의 모든 국민이 취업한 상태였다.

두 번째 단계(1956~1978년)는 '사회주의 개조'라는 임무를 완성한 이후 성립된 단계로 노동자계급, 농민계급과 지식인(知识分子)으로 구성된 两个阶级一阶层(두 계급 하나의 계층) 구조가 있던 시기로 이 구조는 1978년 개혁개방이 시작되기 전까지 유지되었다.

1956년 사회주의 3대 개조 임무[17]가 완성되어 중국은 사회주의 사회로 진입하면서 사회계층구조도 중대한 변화가 나타났다. 자산계급은

17) 농업, 수공업, 자본주의 상공업의 공유화 조치이다.

없어지고 농업과 수공업의 사회주의 개조는 농민과 농촌 수공업자를 농촌집단경제의 일원으로 만들었으며, 도시 수공업자는 국유기업 또는 도시 집체기업의 직원이 되었다. 이 시기 계층구조는 노동자계급, 농민계급과 지식인(两个阶级一阶层)으로 2계급 1계층의 구조를 지닌다. 이 시기 농촌 사람들은 인민공사[18]의 직원으로 포함되어 모두 농민계급에 속하였고, 도시에서 생활하는 사람들은 모두 국유 및 집체단위의 직원으로 노동자계급에 포함되었으며(정부의 간부 및 지식인 포함), 이러한 사회계층구조는 개혁개방 전까지 계속 유지되었다.

1956년 사회주의 개혁 임무를 완성한 이후, 농민의 토지소유권은 집체소유로 귀속되었고, 새로운 농촌생산체제에서도 농민들의 활동은 농업생산으로 제약되었다. 동시에 1950년대 이후 확립된 도·농 이원화 관리체제는 기본적으로 농민이 도시로 이동하는 기회를 제한시켜 농민은 사회에서 가장 낮은 계급에 속할 수밖에 없었다.

이 시기는 중국 정부가 지식인 계층에 비교적 우호적이였던 시기였기 때문에 지식인은 노동자계급의 구성에 포함[19]되었다. 이 시기에 실업이라는 개념은 존재하지 않았지만 인구의 규모가 커지고 경제의 발전속도가 완만하여 일자리를 찾고자 대기하는 집단이 생겨나기 시작하면서 실질적으로 이러한 집단이 실업, 반실업자의 계층으로 나타나고 이들이 차지했던 비중은 1978년 4.6%였다.

세 번째 단계(1978년~현재)는 중국이 개혁개방에 따라 국가의 중대

---

18) 1958년 경제, 교육, 군사 등을 포함하는 종합적인 사회조직을 구성하기 위해 인민공사(人民公司) 설립, 지역과 시기에 따라 20~30호(戶)로 구성된 생산대(生产队), 10개 내외의 생산대로 구성된 생산대대(生产大队), 8~10개의 생산대대로 이루어진 인민공사의 3단계 조직으로 구성되었다.

19) 정부가 지식인의 정치표현에 불만을 나타났을 때, 예를 들어 반좌파운동과 문화대혁명의 시기에 지식인들은 노동자계급에 속하지 않았고 소자산계급에 속해있었다.

한 정책 조정 및 산업화, 시장화 및 도시화의 속도가 빨라지면서 기존의 사회구조가 변화한 동시에 계층구조도 10개로 확대[20]되어 발전한 단계이다.

중국의 개혁개방은 전통농업사회에서 현대산업사회로의 전환, 계획경제체제에서 사회주의 시장경제체제로의 전환을 가져왔고 이러한 변화는 사회계층구조의 분화(分化)에 영향을 미쳤다. 시장경제의 발전은 사영기업주와 개체공상호(个体工商户) 등의 새로운 사회계층의 생성을 촉진시켜 기존의 사회계층을 10개의 계층으로 변화시켰는데 구체적인 내용은 다음과 같다.

1단계(1979~1984년)의 사회계층 분화는 농촌에서부터 시작되었다. 1978년 농촌에서 시작된 가정승포책임제는 농민의 생산 적극성을 자극하여 농민의 소득이 빠른 속도로 증가하기 시작하여, 1978~1984년 농촌주민 일인당 순소득은 165.9% 증가한 동시에 국가정책도 농민에 개방적으로 변화하여 농민들 내부에서도 계층 분화가 나타났다.

이 시기에는 도시의 대규모 경제개혁이 시작되지 않아 도시경제는 여전히 공유제경제가 주를 이루고 있었지만, 도시취업문제를 해결하기 위해 중국 정부는 개체(个体)경제를 발전시키는 정책을 시행하였고, 1982년 반포된 《중화인민공화국헌법》에서 개체경제의 합법적인 지위를 확실히 규정하여, 1978~1981년 전국 개체호는 14만 명에서 227.9만 명으로 빠르게 성장하기 시작하였다. 원래 개체호들은 취업대기자, 장애인, 기타 원인으로 실업 혹은 일자리를 얻지 못했던 사회의 낮은 계층에 속해 있었지만 개체경제가 발전하면서 이들 계층의 소득

20) 중국 사회과학원이 발표한 〈현대중국사회계층연구보고〉 이후 현재의 10대 계층으로 확립되었다.

은 국유단위에서 종사하는 사람들보다 높아지기 시작하였다.

2단계(1985~1991년)는 기존 사회계층구조가 새로운 사회계층구조로 변화하는 과도기 단계로서 개혁개방 이전에 형성된 간부, 노동자, 농민으로 구성된 피라미드형 사회구조가 와해되기 시작하였으며, 새로운 사회계층이 생겨나면서 계층 간의 소득격차가 발생하기 시작하였다.

1985년 중국의 개혁의 중심은 농촌에서 도시로 옮겨져 국영기업의 자주권 확대와 기업승포책임제(企业承包责任制)[21]에 중점을 두기 시작하였다. 이 시기에 공포된 ≪국영기업노동계약제도잠정규정시행≫, ≪전민소유제기업법≫ 등의 법규는 국영기업 노동자를 기존의 '铁饭碗'(티에판완 : 국영기업체의 노동자들은 평생직장에서 잘릴 걱정이 없다는 뜻으로 이를 두고 철밥통이라고 했음) 신분에서 고용노동자로 변화시키는 결과를 가져왔다.

또한 비공유경제의 빠른 발전으로 농촌의 향진기업이 우후죽순처럼 생겨나면서 대량의 '농민기업가'와 '농토는 떠나지만 농촌은 떠나지 못하는 농민공(农民工)'이 새롭게 생겨난 동시에 대량의 외자가 유입되면서 다국적기업과 외자기업이 중국에 진입해 이들 기업의 고급관리자 및 전문기술자들이 고소득의 화이트칼라를 형성하였다.

3단계(1992~1999년)는 개혁이 심화되어 새로운 계층구조가 뚜렷하게 나타난 단계이다.

이 시기에는 사회의 불평등 정도가 빠르게 증가하여 소득의 양극화

21) 1987년부터 기업 소유권과 경영권을 분리해 독립기업체로 전환을 시도하기 시작, 기업이 기업의 소유자로서 정부와 (3~5년)일정기간 걸쳐 상호간의 책임, 권리 및 이익을 규정하는 계약 체결, 이 계약에 의거해 독립적으로 경영하고, 계약상의 의무를 초과해 획득한 이윤은 기업에 귀속시키는 제도이다.

가 나타나기 시작하였으며, 개혁개방 이전의 사회계층구조는 기본적으로 없어지고 새로운 사회계층구조가 확실히 나타나기 시작한 동시에 새로운 분화(경제의 분화, 인적자원의 분화, 관료권력의 분화)가 나타났다.

중국은 1992년 덩샤오핑(邓小平)의 '남순강화(南巡讲话)'와 중국 공산당 제14차 전국대표회의(国共产党第十四次全国代表大会)에서 사회주의 시장경제체제가 확립되면서 경제개혁이 새로운 단계로 진입하게 되었다. 개혁이 새로운 단계에 진입하면서 사영경제와 사영기업주 계층이 빠르게 성장하였는데, 1992년의 사영기업호의 수는 13.9만 호로 1991년보다 29.5% 증가, 1999년에는 137만 호를 초과하여 1991년보다 12.7배 성장하였다.

사회주의 시장경제는 사영기업을 빠르게 발전시킨 동시에 도시 국유기업의 개혁을 가져왔다. 국가의 "조대방소(抓大放小)"[22] 방침을 통해 공유자산이 대규모로 사유화되기 시작하면서 기존의 국유와 집체기업의 경영자는 기업의 주식을 보유하는 방법을 통해 사영기업의 주인이 될 수 있었다. 이는 사영기업주 계층의 구조를 변화시켰고 이들 계층의 사회적 지위와 경제적 능력도 상승시키는 결과를 가져온 반면 공유제 기업의 개혁은 노동자계층의 사회 · 경제적 지위의 하락을 가져왔다.

1995년 이후 진행된 노동자계약제도는 국유기업과 집체기업 노동자의 안정된 직장과 복지를 더 이상 보장할 수 없었다. 기업은 '기업의 효율을 높이기 위한 대규모 노동자 감축'을 통해 대량의 노동자는 실직되

22) 抓大放小(큰 것은 잡고 작은 것은 놓아주다)는 중·대형 기업에 집중 투자하여 누적된 부실문제를 해결하고, 중·소형의 국유기업은 합병, 매각, 임대경영, 파산 등을 통해 개혁한다는 것이다.

었으며, 이들 중 상당수는 빈곤상태에 처해 도시사회의 빈곤층을 형성하였다.

이밖에 이 시기에 중국 정부는 중앙정부[23]의 권력을 강화하여 재정, 세수, 금융 등의 사회 전반적인 자원집중을 중앙정부로 집중시켰다. 이로 인해 현(县) 이하의 지방자원은 고갈되어 농민수입과 생활수준이 상대적으로 하락하게 되었고, 도·농주민의 소득격차는 이 기간에 크게 확대되었다. 중앙정부의 권력집중은 또 다른 결과를 초래하였는데, 정부관료 개인의 국가 자원조절 능력과 사회영향력을 확대시켜 중앙관료의 사회적 지위는 갈수록 높아진 반면 농민계층의 사회적 지위는 하락시켰다. 산업화 수준의 향상으로 인해 전문기술자들의 규모가 더욱 더 커지게 되고 그들은 기존의 집단에서 분리되어 나와 하나의 독립된 사회계층을 형성하였다.

경제상의 이러한 변화는 현재 중국의 10대 사회계층이라는 새로운 사회계층구조를 형성시켰고, 이 사회계층은 국가 및 사회 관리자 계층, 사영기업주 계층, 경영자 계층, 전문기술자 계층, 사무직 계층, 개체상공업자 계층, 상업서비스종사자 계층, 산업노동자 계층, 농업노동자 계층, 실업 및 반실업자 계층이다.

---

23) 중국 헌법에 의거하여 중국의 행정구역은 크게 세 가지 등급으로 나뉜다.

1급 행정구역(省级行政区) : 중앙정부가 직접 관할하는 행정구역으로 최고행정구역. 23개의 성(省)과 5개의 자치구(自治区), 4개의 직할시, 2개의 특별행정구(特别行政区)를 포함한 총 34개 구역.

2급 행정구역(地级行政区) : 성급 행정구역과 현급 행정구역의 중간 행정구역으로, 2012년 6월말 지급 행정구역은 285개의 지급시(地极市), 15개 지구(地区) 30개 자치구(自治区) 3개의 맹(盟)으로 총 333개.

3급 행정구역(县级行政区) : 현(县)과 동등한 지위의 행정구역으로, 1,470개 현(县), 11개 자치현(自治县), 374개 현급시(县级市), 845개 시할구(市辖区), 49개 기(旗), 3개 자치기(自治旗), 2개의 특구(特区), 1개의 림구(林区) 포함 총 2,861개이다.

3-2. 현재 중국의 10대 계층구조[24]의 특징

① 국가와 사회 관리자 계층

이 계층은 중국 사회에서 당과 정부 조직, 사업 및 사회단체에서 실질적인 행정관리권을 지닌 간부 계층으로, 사회구조에서 매우 우위적인 지위를 지니고 있으며, 이들이 중국의 핵심기관의 관리자로서 현재 중국 사회의 가장 강력한 영향력을 장악하고 있다.

이들은 생산재의 소유자가 아니지만 생산재를 통제하고 생산재를 장악할 수 있기 때문에 실질적으로 경제적 자원을 소유하고 있다고 할 수 있다. 개혁개방의 주요한 동력이 된 계층이지만 개혁개방 초기에는 정치적 지위에 상응하는 경제적 보상이 미비하였으나, 개혁 중기부터 경제성장의 이익을 가장 많이 누리는 계층이 되어 현재 전체 인구 중 약 2.1%를 차지하는 것으로 나타났다.

② 사영기업주 계층

이 계층은 일정한 개인 자본 혹은 고정자산을 통한 투자로 이윤을 획득하고 중국의 정책규정에 따라 8인 이상의 고용인을 두고 있는 사영기업의 기업주를 말한다.

이 계층의 가장 중요한 특징은 개혁개방정책의 산물로써, 사회주의 시장경제체제의 발전과정에서 형성되었고, 중국 경제의 고속성장을 이끈 주요한 동력이라는 점이다.

초기 사영기업주는 농촌과 소도시 출신이 대부분이었기 때문에 사회적 지위나 소득이 낮았지만 1992년 이후 전문지식을 갖춘 국유기업

---

24) 이 부분 내용은 中国社会科学院(2002), 当代中国社会划分为十大阶层의 내용을 요약 정리하였음. 일부 내용은 차경자(2004), '중국의 10대 사회계층' 참고.

과 집체기업의 관리자 및 경영자들이 대량으로 이 계층에 유입되면서 이 계층의 사회적 지위와 소득도 상승하였다. 이러한 원인으로 계층 내부의 자본규모 및 출신성분에 따라 사회적 지위와 명성에 차이가 존재하고, 사영경제가 발달한 동부지역과 상대적으로 낙후된 중서부지역의 격차도 크다.

③ 경영자 계층

이 계층은 기업의 소유주 신분이 아닌 전문경영자들을 말한다. 경영자 계층은 생산재를 소유할 수는 없지만 생산재와 경제자원을 지배·관리할 수 있기 때문에 이들은 실질적으로 경제자원을 지배하는 동시에 국가권력과 해외자본과 밀접한 관계를 가지고 있어 정부의 경제정책에 영향력을 행사하고 있다. 이 계층은 계층내부에서도 세 종류로 분류되는데,

우선, 국유 및 집체기업의 최고경영자 그룹으로 현대기업제도의 발전에 따라 행정관료에서 벗어나 전문경영인이 된 경우,

둘째, 개혁개방의 가속화로 생겨난 규모가 비교적 큰 사영기업 혹은 하이테크 기술산업에 속하는 민영기업의 최고경영자 그룹,

마지막으로 선진화된 생산력과 시장경제체제를 가장 적극적으로 실행하는 외자투자기업의 전문경영자 그룹이다.

④ 전문기술자 계층

이 계층에는 각종 경제조직(국가기관, 당 조직, 전민소유제조직, 집체조직, 비공유제경제조직 포함) 내에서 전문성을 띠는 업무와 교육, 연구, 과학기술 분야에 종사하는 이들이 속한다. 이들은 대부분 고등

교육이나 전문기업 기술교육을 받았으며, 현대사회의 요청에 부합되는 분업화, 전문화된 지식과 기술을 갖추고 있다.

또한 현대사회의 중간계층을 이루는 주요 구성원이며 선진화된 생산력과 문화를 대표하고 있다. 이들은 과학기술발전과 시장경제이론을 주도하여 사회의 새로운 가치체계와 의식을 창조하고 전파하는 역할을 하고 있어 중국 사회발전에 중요한 동력이 된다.

개혁개방 이후 이 계층은 천시하는 의미가 내포된 지식분자(知识分子)에서 전문기술자로 전환되었고, 정치권력과 경제자원을 장악하고 있는 국가 및 사회 관리자 계층, 경영자 계층, 사영기업주 계층과 우호적이며 밀접한 관계를 맺고 있다.

⑤ 사무직 계층

이 계층은 해당 부서의 책임자를 도와 일상적인 행정업무를 처리하는 직업적인 사무직원이 속하며, 주로 당과 정치기관의 중·저급 공무원, 각종 소유제 기업의 기본관리인과 비전문 사무직원으로 구성된다.

또한 국가 및 사회 관리자, 경영자, 전문기술자의 예비군인 동시에 노동자와 농민들이 이 계층을 통해 신분상승을 할 수 있는 사회계층 간의 이동에 중요한 연결고리 역할을 하고 있다.

산업화와 시장화가 진행되면서 대량의 육체노동자들이 이 계층으로 유입되고 있으며 그 증가율도 가속화되고 있다.

⑥ 개체상공업자 계층

이 계층은 소액의 개인자본을 생산, 유통, 서비스업 등의 경영활동 또는 금융채권시장에 투자하거나 이를 생업으로 삼는 이들로 구성되어 있다. 1949년 이전에는 대규모의 개체상공업자와 자영업자가 있었지만 50년대 중국 정부의 '상공업 개조와 수공업 개조' 및 '인민공사운동'을 거치면서 이 계층은 거의 소멸되었다가 개혁개방 이후 가정청부책임제가 실시되면서 농촌에서 수많은 개체상공업자들이 다시 조성되어 경제발전속도에 따라 증가하고 있는 추세이다.

1980년대 이 계층의 주요 구성원은 농민과 도시의 실업자 및 취업대기자들이였지만, 90년대 이후 국유기업 개혁과 산업구조 조정으로 인해 대량의 국유기업 노동자와 도시주민들이 이 계층으로 유입되었다. 3차 산업이 발전할수록 이 계층은 확대되고 대량의 노동력을 흡수할 수 있는 거대한 잠재력을 지닌 것으로 평가받고 있으며, 사영기업주 계층으로 진입할 수 있는 기회도 증가하고 있다.

⑦ 상업서비스에 종사하는 계층

이 계층은 상업과 서비스업에 종사하는 비전문적, 비육체적 또는 육체적인 일에 종사하는 노동자들로 구성되어 있다. 그들은 3차 산업의 블루칼라로 국제교류가 많은 대도시의 상업서비스부문에서는 사회적 지위와 경제수준이 사무직 계층과 비슷하며, 산업화와 사회화가 진행되고 3차 산업이 발전할수록 이 계층은 더욱 확대될 것으로 보인다.

경제발달과 함께 국민들의 문화수준 향상으로 여행업, 문화·오락산업, 스포츠산업 등의 사회서비스사업의 발전으로 이 계층도 급속하게 확대되고 있다.

⑧ 산업노동자 계층

이 계층은 2차 산업에 종사하는 육체 또는 반육체노동으로 생산활동에 종사하는 노동자, 건설노동자 및 관련된 사람들로 2차 산업의 블루칼라가 주요 구성원이다.

오랜 기간 동안 중국의 산업노동자 계층 내부에는 기업소유제 형태와 출신 호구의 내용에 따라 신분의 차이가 있었다. 이러한 차이는 소득, 복지후생, 사회적 지위, 노동보장 등의 방면에서 두드러지게 나타났는데, 국유기업의 개혁과 시장경제화가 심화되면서 소유제 형태에 따른 차이는 축소되었으나 호구제도에 의한 영향은 여전히 남아있다. 호구제도로 인한 차별 이외에도 정규직과 비정규직, 사양산업과 최신기술의 산업, 국가독점산업과 사영기업 간의 차이로 인한 산업노동자 계층 내부의 분화도 심화되고 있다.

⑨ 농업노동자 계층

이 계층은 중국의 최대계층으로 가정청부제로 소유하게 된 경지에 농업(임업, 목축업, 어업 포함)을 주요 직업으로 삼거나 주요 수입원으로 삼는 노동자들로 구성되어 있다.

개혁개방의 과정 중 농업노동자 계층은 계획경제를 탈피하고 청부제를 도입하는 데 지대한 공헌을 했으며, 이러한 과정을 통해 자주의식과 자신들의 이익을 스스로 획득, 생산력 증대로 중국인의 식량문제를 해결해 온 중국 체제개혁의 원동력이다. 또한 이 계층의 분화를 통해 개체상공호 계층, 사영기업주 계층, 산업노동자 계층을 배출시킨 기본적인 계층이기도 하다.

⑩ 실업 및 반실업자 계층

이 계층은 고정된 직업이 없는 사람들로 구성되어 있으며, 체제변혁과 산업구조 조정이 노동자와 상업서비스 계층을 실업 및 반실업 상태로 만들었으며, 취업기회가 부족하여 많은 노동력시장의 청년노동자들을 장기 대기시키는 결과를 가져왔다.

이 계층의 특징은 그 규모가 매우 크고 모두 비슷한 사회·경제적 배경을 지니고 있다는 점이다. 예를 들어, 이 계층의 대다수는 국유 및 집체기업의 노동자, 그들의 자녀, 농지를 강제로 국가에 회수당한 청장년 농민들이며, 현재 중국 전체 인구의 4.8%를 차지하고 있다.

현재 10대 사회계층구조는 중국의 현대사회 계층구조의 기본구조인 동시에 현대사회 계층구조의 모형을 이미 형성하였다. 우선 사회의 하류층은 점차 축소되고 있으며, 이는 농업노동자가 끊임없이 기타 사회계층으로 유입되고 있음을 나타내고 상업서비스노동자와 산업노동자 계층이 커지는 동시에 그 계층의 구성원 역시 더 높은 계층으로 이동하고 있다. 경제발전, 산업구조 및 직업구조가 고급화되는 추세에서 사회의 중간계층은 확대되기 시작하였으며, 이는 개체상공호, 사무직, 전문기술자, 경영자, 사영기업주 등의 계층이 빠르게 발전하고 있음을 나타낸다.

전체적으로 보면, 1978년 이전의 사회계층구조는 전형적인 농업사회의 특징을 나타내고 있어 사회계층구조의 하위층은 규모가 매우 큰 농업노동자 계층이었고, 1978년 이후 사회계층구조의 변화속도는 빨라서 초기 현대사회계층구조모형을 형성하고 있는데, 이는 중국이 전통농업사회에서 현대산업사회로 발전하는 과정을 잘 보여주고 있다고 할 수 있다.

3-3. 사회계층구조 변화의 특징

중국 사회계층구조의 새로운 변화는 중산계층의 빠른 증가, 사회 중하위층의 규모 축소, 사회계층의 분화 가속화, 계층서열 변화 등 4가지로 나눠 살펴볼 수 있다. 2000년 이후 중국의 중산계층의 빠른 증가와 사회계층 분화의 심화는 현재 중국 사회계층구조 변화의 불확실성과 복잡성을 보여준다.

① 중산계층의 확대

2005년 전국 1%의 인구표본조사, 중국종합사회조사(CGSS : China general social survey), 2006년 중국사회과학원의 조사결과를 종합한 결과, 중국 중산계층의 비율은 23%로 나타났다. 2000년 이후 중산계층이 빠르게 증가한 원인은 다음과 같다.

우선 1990년 이후 경제의 발전과 산업구조가 끊임없이 변화함에 따라 중국의 직업구조는 빠르게 업그레이드되었는데. 농업, 임업, 목축업, 수산업에 종사하는 비중은 갈수록 하락하여 1990~2005년 15년간의 비중은 56.95%인 반면 전문기술자, 사무직, 상업서비스 종사자 등은 증가하였다. 특히 전문기술자와 상업서비스 종사자의 비중은 각각 7.6%와 12.17%로 1990년보다 각각 2.3%와 6.7%씩 증가하여 이들의 증가속도는 매우 빨랐다.

둘째, 사회구성원의 소득수준이 향상되었다. 중국의 빠른 경제성장으로 고소득층이 생겨났으며 외자기업과 다국적기업의 유입으로 이들 기업의 책임자와 전문기술자 역시 고소득층에 포함되었는데, 이들의 소득은 기타 업종의 책임자와 전문기술자보다 몇 배 이상 높았다. 동시에 국유기업 개혁이 효과를 보이기 시작하면서 국유기업에 종사하는 사람들의 소득도 증가하였고, 2006년 이후 국유기업에서 진행한 주식제도와 임금개혁으로 이들 기업의 고위층 책임자들은 더욱더 높은 연봉, 주식과 그 권리주의 이익을 배당받았다. 2007년 중국의 베이징 중산계층을 조사한 결과, 이들의 소득증가는 사회평균보다 높았으며, 2000년 이후 중산계층의 개인과 가정의 소득은 꾸준히 매년 증가하고 있는 추세이다.

셋째는 부동산 및 자본시장 발전을 통한 부의 가치증가 효과이다. 중국의 자본시장은 1980년대의 맹아기, 1990년대의 형성 및 초기발전 단계를 거쳐 2000년 이후 특히 2001년 중국의 WTO 가입 이후 빠른 속도로 발전단계에 진입하였다. 2001년 이후 중국 부동산시장이 새로운 발전단계에 진입하면서 부동산의 개발·투자·판매가 매년 평균 20% 이상의 속도로 빠르게 성장하였다. 부동산시장의 빠른 발전과 주택가격의 상승은 부동산 투자와 부동산을 지닌 사람들의 부의 가치를 증가시켰다. 2008년 금융위기 이후 부동산 가격이 폭락하여 부동산시장과 자본시장이 다소 주춤해졌지만 여전히 이들 시장은 가장 쉽고 빠르게 부를 증식시킬 수 있는 방법이다.

마지막으로 고등교육의 확대이다. 1999년 국가계획발전위원회와 교육부가 연합하여 중국 고등교육의 신입생을 23만 명으로 확대 모집한다고 결정한 뒤 다시 33.7만 명으로 확대 모집한다고 발표하였다. 이러한 국가의 정책은 수백만 명의 학생들에게 고등교육의 기회를 누릴 수 있게 하여 매년 배출되는 몇 백만 명의 대학졸업생들은 이러한 정부의 정책적 혜택을 받은 자들로 이들이 중산계층을 확대시키는 예비군이 된다.

중산계층의 성장은 주택, 자동차 여행 등의 소비성 지출을 확대시키며 매년 1%의 정도의 속도로 그 규모가 확대되고 있지만 여전히 대도시에 이들의 비율이 집중되어 있다.

② 사회 중하위층의 규모 축소

2000년 이후 농업노동자 계층의 규모는 축소되었는데, 이는 경제발전의 원인 이외에도 사회발전과 밀접하게 관련이 있다. 2000~2007년 중국의 도시화율은 7.2%로 상승하여 44.9%에 달했고, 이런 도시화율 상승의 가장 중요한 원인은 개혁개방 이후 기존의 호구제도로 야기된 농촌의 잉여노동력의 도시이동과 도시중심의 산업화정책 때문이었다. 이 결과 농민공(农民工)[25]이라는 특수한 사회계층을 생겨났고, 많은 농민공들이 도시에 진입해 일을 하고 직업의 신분이 이미 변화했지만 사회신분은 여전히 농민으로 도시의 관리체제에서 배척되었다.

2대 농민공이 성장함에 따라 이들이 도시에 들어오지 못하고 또다시 농촌으로 돌아가길 원하지 않는 상황이 발생하면서 새로운 사회문제로 부각되자, 중국 정부는 2002년 ≪당 16대 인민대표대회≫에서 처음으로 농촌의 잉여노동력이 비농업산업과 도시로 이동하는 것이 중국의 공업화와 현대화에 반드시 필요하고, 도시발전에 불리한 체제와 정책을 제거하여 농촌노동력의 합리적인 이동이 가능하다는 내용을 발표하고, 2004년 이후 중국 공산당 중앙위원회에서 ≪삼농(三农)문제에 대한 제1호 문건≫ 농촌노동력이 비농업으로 취업할 수 있는 대책을 제

25) 농민공은 일반적으로 도시의 2~3차 산업에 종사하는 농촌노동력으로, 중국의 법률상 농민은 도시에서 근무하거나 장기거주를 해도 신분상 여전히 농촌주민으로 대우, 즉 농민공은 '도시에서 근무하는 농촌호구를 지닌 자'라고 이해할 수 있다.

시하여 농민공들의 취업문제를 해결, 2006년 국무원은 ≪농민공 문제를 해결에 관한 의견≫을 반포하고 호적, 취업, 교육, 사회보장, 자녀 취학 등 모든 방면에서 농민의 권익에 힘쓰고자 하였다. 이러한 일련의 대책은 호적, 교육, 사회보장 등 농촌노동력의 이동을 제약하던 체제적 장애물을 일정 정도 감소시켰다.

③ 사회계층의 분화(分化) 심화

사회계층의 분화가 심화되는 것은 2000년 이후 중국 사회계층구조 변화에서 가장 경계해야 하는 현상이다. 이는 부의 계층 간 격차를 확대시키는 동시에 사회 저(底)층도 확대시켜 양자 간의 이익 차이와 충돌이 서로 끊임없이 증가함을 나타낸다.

2001년 중국은 WTO 가입 이후 세계경제체제 흐름에 적극적으로 편입할 수 있었으며, 동시에 1997년의 아시아금융위기는 중국의 경제성장을 뒤돌아보게 하는 계기가 되었다. 중국은 2008년 전 세계 금융위기에도 불구하고 GDP 9% 성장을 유지하여, 2010년 GDP 40조 위안, 일인당 GDP는 2008년 3,000달러를 초과하였다.

경제의 빠른 성장과 부의 빠른 축적은 사회 각 계층의 부에 대해 서로 다른 증가를 가져왔는데, 그 중 사회 최상층인 '경제 엘리트'의 부와 소득은 빠른 속도로 증가하였고 그들이 중국의 새로운 부의 계층을 형성하였다. Hurun Report의 통계에 따르면 서열 50위 안에 드는 부호들의 재산의 합계는 2004년 1,715억 위안에서 2008년 8,275억으로 증가하였으며, 이들의 대부분은 부동산을 통해 부를 증가시킨 것으로 나타났다.

〈표 7-7〉 1999 ~ 2008년 10년간의 부호들의 재산 상황

연 도	1999	2004	2005	2006	2007	2008
서열에 진입한 수(명)	50	100	400	500	800	1000
서열 50위 부호들의 재산 합계(억 위안)	–	1,715	2,482	3,870	13,170	8,275
집중 투자한 항목	–	부동산	부동산	부동산	부동산	부동산

참고자료 : 湖润百富사이트 참고 정리.

2000년 이후 고소득계층의 증가가 빨라진 동시에 사회 저소득층의 규모도 확대되었는데, 이는 실업 및 반실업계층이 확대되었음을 의미한다.

실업계층이 증가한 원인으로는, 우선 중국의 산업구조가 업그레이드 되면서 기존에 일하던 노동자들의 대량해고가 실업계층의 증가를 가져왔고, 90년대 국유기업 개혁으로 대량의 노동자들을 해고되어 실업 및 반실업계층으로 유입되었기 때문이다.

또한 개혁개방 이후 중국은 도시화율 높이기 위해 대규모 농촌의 토지를 징벌하였는데 이때 토지를 뺏긴 농민들이 대략 4,000~5,000만 명으로 이들이 거대한 실업자집단이 되었다. 그 중 완전히 토지를 빼앗겨 일자리가 없는 농민이 1,000만 명 이상으로 토지를 잃은 농민의 20%를 차지하였고, 46%의 토지를 잃은 농민들은 궁핍한 생활에 처하게 되었다. 이로써 '경작할 토지가 없고, 취업할 직장도 없으며, 사회보장도 되지 않고, 창업할 돈 조차 없는' 농민들이 사회의 저층으로 흡수되어 확대되는 결과를 가져왔다.

사회 저층의 확대는 실업 및 반실업상태의 계층이 확대되는 것 이외에도, 끊임없이 증가하는 농민공에 원인을 둘 수 있다. 1980년대와 1990년대 다수의 농민공이 '농촌을 벗어나 도시에서 일을 하고 중산층으로 도약'이라는 꿈을 가지고 있었지만 농민공의 임금 정체, 일하는 환경 악화, 도시의 생활부담 가중 등으로 농민공은 과거 20여년간의 역사에서 지위가 전혀 개선되지 않았을 뿐만 아니라 더욱 악화되었다.

국가의 빠른 경제성장은 오로지 도시주민을 위한 것으로 농민공에게까지 발전의 혜택이 돌아오지 않았으며, 한 번 농민공은 영원한 농민공이라고 불릴 만큼 신분이동의 장벽도 높았다. 또한 그들의 자녀는 도시에서 의무교육을 받을 수 없어 부모의 가난과 사회적 차별이 자식들에게도 대물림되는 현상이 나타나고 있다. 이러한 상황에서 농민공은 도시의 빈민계층으로 전락하였고 이들에 대한 정부의 대책도 미흡한 상황이다. 2000년 이후 사회의 빈민계층이 확대되면서 중국 정부가 그들의 재취업, 농민의 권익보호 등과 관련한 정책을 제시하며 그들을 위해 노력하고 있지만 여전히 사회안전망은 취약한 상태이다.

④ 계층의 서열 변화

계층의 서열을 살펴보면, 책임자 계층이 서열 2위, 사영기업주가 서열 3위로 개혁개방 이후 사영기업이 거대한 발전을 하면서 사영기업주도 빠르게 성장하였지만 이들은 경제적으로 우세한 지위를 차지한 반면 조직, 문화 등 기타 방면에서는 확실한 우위를 점하지 못하고 있었다. 책임자 계층은 1990년 이전에는 대다수가 국유기업에서 배출되었으며, 이들은 서열 1위인 국가 및 사회 관리자 계층과 관계가 깊어 기타 계층보다 높은 지위를 차지할 수 있었다.

그러나 1990년대 후반부터 사영기업주 계층의 구조는 확실히 변화하여, 정부관료, 전문기술자 등 본래 사회 고위층에 있던 집단에서 기업을 창업해 사영기업주가 되는 현상이 증가하기 시작하였다. 1993년 제1차 전국 사영기업 표본조사를 살펴보면, 1990년대 초기 사영기업주가 되기 직전의 직업 중에서 정부관료, 전문기술자 등의 집단이 32.5%를 차지한 반면 2004년 조사 결과 이들 집단의 60.3%가 사영기업주로 변화하였다. 사영기업의 경제가 발전함에 따라 국가도 이들에 대한 인식이 달라지기 시작하였는데, 2001년 중공 15기 7중 전회에서 ≪중국공산당 규정(수정안)≫에서 처음으로 사영기업주의 입당을 허가하였다. 이는 사영기업주의 사회적 지위가 거대한 변화를 했음을 나타낸다.

살펴보기

중국 1% 부자들의 과소비

• 중국에서 비싼 묘지로 꼽힌 샤먼안러(厦门安乐)에 있는 묘지

800만 위안(한화 14억 원)

• 중국에서 팔리는 비싼 생수

375ml 한 통에 88위안(한화 1만 5천 원)

살펴보기

부자들, 호화결혼식 경쟁…새 지도부 <청렴> 강조 무색

시진핑 새 지도부가 검소·청렴을 연일 강조하는 가운데 부자들의 호화 결혼식이 경쟁적으로 벌어지고 있다.

최근 중국 쓰촨(四川)성 충칭(重慶)시에서 당일 소요된 비용만 500만 위안(약 9억 원)에 달하는 호화 결혼식이 벌어졌다고 홍콩 사우스차이나모닝포스트(SCMP)가 보도했다.

SCMP는 충칭을 기반으로 한 개인 회사인 푸싱문산업그룹을 운영하는 정구오가 지난 달 30일 있었던 아들 결혼에 해외 가수를 초청하는 등 충칭 역사상 가장 비싼 결혼을 했다고 전했다.

결혼식은 충칭시 완성 헤이산구에 있는 최고급 스파 호텔에서 진행됐으며 한 테이블 당 제공된 식사가 1만 위안(약 170만 원)에 달했다.

결혼식장 밖에는 그가 소유한 롤스로이스, 벤틀리, 람보르기니, 페라리와 포르셰 등의 최고급 승용차 20대가 대기해 손님들을 대접했다.

정구오는 "아들과 그동안 보낸 시간이 없어 이렇게라도 해주고 싶었다"며 "또 내 사업을 홍보할 기회가 된 거 같아 일석이조의 효과를 봤다고 생각한다"고 말했다.

지난 1월에는 우두안뱌오 후지앤 완리 세라믹 그룹 회장이 10억 위안(약 1,800억 원)을 들여 딸 결혼식을 열었고, 지난달에도 산시 석탄 그룹을 운영하는 싱리빈이 7,000만 위안(약 130억 원)에 달하는 딸 결혼식을 연 바 있다.

SCMP는 "새 지도부가 검소, 청렴을 강조하지만 최근 중국 본토에서는 이런 과시용 호화판 결혼식이 일상이 돼가고 있다"고 전했다.

http://www.nemopan.com/community_issue/7081975
(2013.06.30 자료검색)

제 8 장

중국 개혁개방 이후 세대별 특징

1 70后와 80后 주요 특징

개혁개방 이후, 중국 사회는 경제발전뿐만 아니라 사람들의 행동방식, 생활방식 및 가치관 등에 변화가 발생하였고, 이러한 변화는 중국 청년들의 성장과 발전에도 영향을 주어 개혁개방의 1세대를 탄생시켰으며, 이들의 행동방식과 가치관은 중국 미래의 발전과 방향에 영향을 준다.

'70后'와 '80后'의[26] 청년들을 개혁개방의 아이들이라고 부르는데, 이들은 이전의 사람들과 다른 특징을 보인다. 이 특징이 형성된 것은 개혁개방이라는 역사적인 원인이 가장 주요하며, 경제발전과정에서의 정치, 문화 등 외부조건 변화에 의해 만들어진 것이다.

20세기 80년대 중국 사회는 '소(小)황제'에 주목하였고, 90년대 이들은 "콜라를 마시고, 햄버거를 먹고" 자란 "향락의 1세대", "무너진 1세

26) 80后라는 단어는 중국의 젊은 작가 궁샤오빙(恭小兵)에 의해 처음 사용되었는데, 원래 문단에서 1980~1989년에 태어난 젊은 작가들을 일컫는 칭호로 사용되었다가 후에 많은 영역에서 함께 사용되기 시작하면서 20세기 80년대 태어난 중국 젊은이들을 가리키는 단어로 변화하였다.

대"라고 불리였으며, "펀칭(愤青)"[27], "컨라오주(啃老族)"[28] 등으로 불리우며, 이들은 이전의 사람들과의 다른 특징을 나타낸다.

〈표 8-1〉 기성세대와 80后 세대 비교

	기성세대	80后세대
인구 규모	5.9억 명	2.1억 명(4천만 명*)
성장 환경	대약진, 문화대혁명, 상산샤샹(上山下鄉)[27], 3년 자연재해, 계획경제, 천안문 사태	1자녀정책, 개혁개방, 샤하이(下海)[28], 민영화, 사회양극화, WTO 가입, 해외진출 자유화, 인터넷보급, 주택 상품화, 국제화
키워드	이념투쟁, 이상주의, 공동체의식, 봉사, 공헌정식, 획일성	개인주의, 자유, 개성, 탈이념, 다원화
소비 의식	기능적, 실질적인 소비, 절약저축, 근면검소	감성적이고 즉흥적인 소비, 현재 지향적

주 : 2005년 기준, 기성세대는 30~50대임, *16개 대도시 기준

참고자료 : 이동훈(2012), 〈중국, 80后, 90后 세대의 라이프스타일과 산짜이 문화〉, 커뮤니케이션디자인학연구 제38호, p.128.

27) 80년대 후반 중국 공산당 국비로 해외유학을 한 유학생들이 귀국 후 중국 공산당을 변호하는 젊은이들로 변화했는데, 이런 부류의 해외유학파 젊은이들이 反중공단체에 격한 언행을 하자 이들을 일컫는 말, 상대방에게 과격하게 욕하고 분노하는 청년을 말한다.

28) 분가할 나이가 되어서도 부모와 떨어지지 않고 생계를 의탁하는 젊은 세대.

29) 하향의 '향(鄉)'은 중국어로 '향촌(鄉村)', 즉 농촌이란 뜻으로 상산하향이란 농촌으로 돌아가는 것을 말한다. 도시의 학생이나 지식인들이 농촌으로 들어가서 농촌 대중과 함께 대중을 위한 문화를 구축하려고 하는 것으로 1950년 이후 중국 정부의 주도로 이뤄졌다.

30) 창업열.

70后와 80后 청년들의 평균 교육년도는 각각 9.5년과 11.2년으로 80后들의 평균교육을 받는 연도는 70后보다 확실히 높아졌는데, 이는 고등교육의 보편화와 관계가 깊다.

교육을 받는 연도는 소득에 매우 중요한 영향을 미치는데, 그래프에서 보면 80后의 평균교육을 받는 연도는 70后보다 높지만 평균소득은 70后가 가장 높았다. 이는 상당부분의 80后가 아직 취업전선에 뛰어들지 않아 그들의 수치를 계산하지 않았기 때문으로 풀이된다. 그러나 80后가 취업을 할 자격이 심화될수록 그들의 평균소득은 70后의 소득수준을 뛰어넘을 것으로 예상된다.

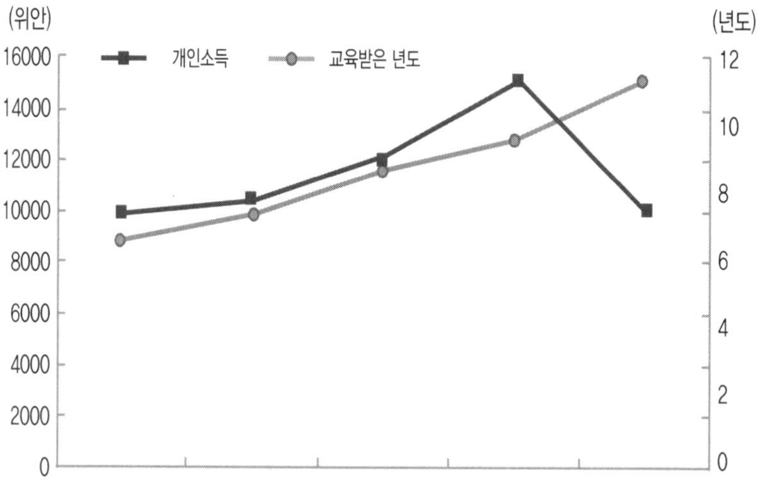

참고자료 : 李培林(2011), 当代中国民生, p.277

【그림 8-1】 출생년도에 다른 평균소득과 교육을 받은 연수(年數)

계획경제체제에서는 공유제 기업으로 취업하고자 하는 비율이 비교적 높았으며, 국유 및 집체소유 기업은 도시취업의 중요한 루트였다.

그러나 개혁개방 이후 비공유제 경제가 빠르게 성장하면서 국민경제에는 없어서는 안 되는 부분으로 자리잡기 시작하자 사람들이 공유제 기업으로 취업하는 비율은 감소하기 시작하였다.

분석에 따르면, 60년대 사람들이 공유제 기업에 취업하는 비율이 가장 높았고, 70后의 공유제 기업으로의 취업은 50~60년대 출생한 사람들보다 낮아졌으며, 80后의 공유제 기업으로의 취업은 가장 낮아 약 24% 정도만 공유제 기업에 취업하였다. 이는 경제·사회가 발전됨에 따라 직업이 다양화되면서 더 이상 공유제 기업으로의 취업이 유일한 선택이 아니라는 것을 의미한다.

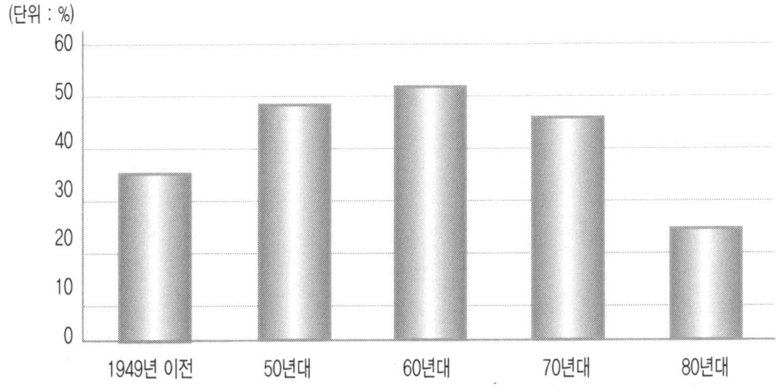

참고자료 : 李培林(2011), 当代中国民生, p.278

【그림 8-2】 출생년대별 공유제 단위 취업비율

생활방식을 살펴보면, 70后와 80后의 생활방식에도 이질성은 존재하고 있지만, 일반적으로 개혁개방 이후 출생한 70后와 80后의 생활방식은 70년대 이전의 연령대와는 확연히 다른 차이를 보이고 있다. 이들은 옷을 구입할 때 브랜드 전문점이나 백화점에서 구입하는 비율이 가장 높았으며, 외식을 하는 비율도 가장 높게 나타났다. 아직 80后들의 재산이 70后들보다 높지 않지만 70后 다음으로 외출 시 자가용 이용비율이 높은 것으로 나타났다.

〈표 8-2〉 출생년대별 생활방식의 선택 (단위 : %)

생활방식선택	1949년 전	50년대	60년대	70년대	80년대
옷은 보통 어디에서 구매하나요?					
· 브랜드전문매장	2.0	3.0	5.0	9.6	20.4
· 인터넷구매	0.3	0.2	0.1	0.7	2.1
· 쇼핑센터	10.6	11.4	13.8	19.3	25.8
외식은 보통 어디에서 하나요?					
· 패스트푸드점	2.7	3.7	6.3	11.4	17.3
· 대중식당	4.1	6.4	8.1	12.2	13.5
· 외식을 잘하지 않음	71.1	63.9	55.7	42.3	34.2
평상시 이동수단은 무엇인가요?					
· 도보	56.6	48.9	42.1	36.8	40.7
· 자가용	1.5	1.8	3.6	5.6	3.7

참고자료 : 李培林(2010), 当代中国民生, p.278.

반면, 70后는 인터넷과 문자의 사용비율이 70년대 이전의 출생한 집단보다 높았으며, 80后는 매일 잡지를 보거나 인터넷서핑과 휴대폰문자를 이용하는 비율이 가장 높았다.

매스미디어 사용비율을 살펴보면, 나이가 많은 집단에서는 전통적인 미디어 사용이 높아 50년대 이전에 출생한 사람들은 매일 텔레비전을 보고 음악을 들으며 신문을 보는 비율이 기타 연령군보다 높았다.

〈표 8-3〉 출생년대별 사용하는 매스미디어 비율 (단위 : %)

매스미디어 종류	1949년 전	50년대	60년대	70년대	80년대
텔레비전 시청	81.18	83.54	77.53	78.43	69.69
라디오 청취	9.42	6.40	3.92	4.70	4.77
신문 보기	23.63	20.67	17.09	22.22	18.62
잡지책 보기	2.79	3.35	3.49	4.63	8.29
인터넷서핑	2.26	4.21	6.83	15.10	27.24
휴대폰 문자이용	1.92	5.00	10.65	22.01	44.38

참고자료 : 李培林(2010), 当代中国民生, p.279.

개혁 이후, 서구의 가치관이 중국으로 유입되고 시장경제의 가치관이 보편화되면서 70后, 80后의 가치관에도 커다란 변화가 생겨났다.

민주의식과 공평성은 모두 사회의식의 범주에 속하는 것으로, 민주의식은 항상 사회경제구조의 변혁 혹은 개선에 따라 이전정치에 대한 반감과 현실정치에 대한 새로운 요구로 나타나고, 공평성은 사회에서 사람과 사물의 합리적인 분배를 말하는 것으로 즉, 사회에서 개인이 무엇에 의해 분배가 진행되는지, 사회의 부와 자원의 분배방식을 어떠한 방법으로 배치해야 하는지 등을 말한다.

동시에 공평성은 사람들이 사회에서 개인과 집단의 평등한 대우와 이익의 공동분배에 대한 측정을 할 수 있으며, 기회의 공평성, 과정의 공평성, 결과의 공평성에 대해 이해할 수 있어야 된다.

조사결과에 따르면 70后와 80后 청년들의 공평성과 민주의식은 아직은 확실한 차이를 나타내고 있지 않아, 70后와 80后를 하나의 7080后로 보았다.

사회공평의 척도에서 7080后는 소득격차와 업종 간의 처우가 매우 불공평하다고 느꼈으며, 이는 이들 집단이 소득과 처우 측면에서 다른 집단보다 민감하게 반응한다는 것을 보여준다. 국가가 정해놓은 의무교육, 대입시험제도, 공공의료에 대해서는 다른 집단보다 혜택을 누렸기 때문에 대체적으로 만족한다고 답했다. 7080后와 70前의 집단의 조사결과 둘 사이에 불공평하다고 느끼는 항목들은 대체적으로 일치했지만 7080后가 느끼는 정도가 더욱 강렬했고, 모든 문제에 있어 7080后가 선택한 "매우 불공정하다"의 비율은 70前이 선택한 비율보다 높은 것으로 나타났다.

두 집단의 민주의식에 대한 생각은 기본적으로 일치했지만 인식의 정도는 차이가 있었는데, "공공장소는 개인이 책임질 필요가 없다"라는 질문에 41.91%의 7080后는 '매우 동의하지 않는다'라고 답해 70前보다 13.37% 높았다. "국가의 중대사는 정부에서 관리하고 국민들은 생각할 필요가 없다"라는 질문에 18%의 7080后는 '매우 동의하지 않는다'라고 답해 70前보다 9.02% 높아 개인 책임감이 강해졌음을 알 수 있다.

전체적으로 보면, 70后와 80后의 공평성과 민주의식은 매우 비슷한 양상을 보이고 있지만 각 항목별로 일정한 차이가 존재하는데 우선, 농촌호구를 지닌 청년의 공평성과 민주의식이 비농촌호구를 지닌 청년보다 낮았고, 공유제 단위의 청년의 공평성과 민주의식이 비공유제 단위의 청년보다 다소 높았다. 민주의식에서는 70后와 80后 간의 뚜렷한 차이를 보이는데 70后의 민주의식은 80后보다 확연히 높았으며, 이는 80后 청년이 개인의 권리를 더욱더 중요하게 생각한다는 것을 보여준다. 비농호구와 비공유제 단위의 청년은 정부로부터 받은 제도의 제약이 비교적 적어 더욱더 개인적인 성향을 나타낸다.

지역과 성별 두 가지 요소를 나눠 70后와 80后를 살펴보면, 동부지역의 70后 청년의 공평성은 비교적 높은데, 이는 발달한 동부지역에서 문명의 혜택을 누리고 자란 이들은 사회가 비교적 평등하다고 인식하고 있다는 것을 의미한다.

'개혁개방의 아이들'은 중국의 거대한 사회변화와 빠른 사회변화 과정 속에서 나타난 청년의 1세대이다. 70后와 80后 청년은 모두 70前과 비교해 보면 개성이 뚜렷하였고, 그들의 소득과 학력은 모두 향상되었으며 비공유제 단위에 취업하는 비율도 높아졌다. 또한 생활방식이 더욱더 현대화되고 자신의 의견을 많이 표현하는 것으로 나타났다.

동시에 그들의 사회태도는 주요하게 공평성과 민주의식 면에서 이전 세대와 다른 양상을 보이고 있는데 사회에 대해 불공평을 느끼고 있으며, 개인의 권리와 책임을 강조하고 있다.

대부분의 70后 청년이 개혁개방 이후에 태어난 것은 아니지만, 그 성장과정 속에서 개혁개방의 변화를 겪었기 때문의 그들의 행동방식과 가치관은 개혁개방 이후의 세대인 80后와 비슷한 양상을 보이기도 하는 동시에 일정한 차이를 지니고 있다.

70后와 80后의 공평성과 민주의식은 일부 외부적 요소, 예를 들어 제도, 소득과 정치신분 등의 요소에서 영향을 많이 받으며, 이 두 집단은 모두 학력이 기존 세대보다 비교적 높은 반면 민주의식이 비교적 낮은 것으로 나타났다. 이는 교육정도의 높음이 개인권리의 중요성을 인식하는 데 많은 영향을 주었다는 의미한다.

〈표 8-4〉 7080后와 70前의 공평성에 대한 인식 (단위 : %)

아래의 항목에 대해 어떻게 생각하나요?	구분	매우 불공정	불공정	비교적 공정	매우 공정	잘 모르겠다
소득격차	7080后 70前	26.16 24.95	42.61 43.79	25.11 24.52	3.46 3.09	2.67 3.65
직업과 취업기회	7080后 70前	14.70 12.01	39.94 39.30	34.43 35.34	6.34 5.15	4.59 8.20
대학입학 시험제도	7080后 70前	3.32 2.12	9.19 7.17	48.25 49.82	26.25 24.99	12.99 15.89
공산당 간부선발	7080后 70前	11.68 11.29	29.13 28.09	37.49 38.31	8.62 7.93	13.08 14.37
공공의료	7080后 70前	4.64 4.86	23.23 21.90	54.59 56.44	10.98 10.01	6.56 6.78
의무교육	7080后 70前	1.84 1.59	8.84 7.85	55.38 56.81	30.80 27.80	3.15 5.96
실제 누리는 정치권리	7080后 70前	6.21 3.98	21.43 18.75	48.95 52.54	14.74 14.01	8.66 10.72
사법과 법집행	7080后 70前	7.96 6.80	28.48 24.97	42.91 44.61	8.62 8.35	12.03 15.27
지역 간의 발전격차	7080后 70前	14.57 11.42	40.46 37.54	30.58 33.24	5.25 5.17	9.14 12.63
업종 간의 처우	7080后 70前	17.32 15.35	40.29 37.98	28.83 30.87	5.12 5.11	8.44 11.19
도·농주민 간의 누리는 권리와 대우	7080后 70前	13.87 11.72	39.15 37.91	35.17 35.71	4.90 5.34	6.91 9.31
사회보장	7080后 70前	11.55 10.82	29.05 29.98	42.13 43.68	7.48 6.45	9.80 9.07

참고자료 : 李培林(2010), 当代中国民生, pp.281-282.

〈표 8-5〉 70后와 80后 청년들의 공평성과 민주의식 비교 (단위 : %)

분 류	공평성		민주의식	
	70后	80后	70后	80后
공유제	49.92	50.78	49.03	46.64
동부	51.03	50.50	44.58	42.34
중부	49.99	49.57	47.99	45.78
서부	48.22	50.44	49.19	43.74
남	51.20	51.43	46.32	43.75
여	48.93	48.92	47.67	43.76
최상위 20%	45.90	48.46	48.36	43.64
상위소득 20%	47.63	50.91	52.40	46.81
중등소득 20%	50.78	48.28	45.92	45.28
중·저소득 20%	51.41	52.07	46.15	42.29
최저소득 20%	52.26	53.04	42.53	40.86
분 류	공평성		민주의식	
	70后	80后	70后	80后
농촌호구	49.67	49.88	50.10	45.22
정규 교육받지 못한 자	46.64	47.33	63.00	62.70
초등학교	48.29	45.21	52.49	50.60
중학교	50.56	50.46	46.81	46.18
고등학교	49.95	51.36	43.87	41.56
실업고등학교	50.30	50.74	42.93	40.62
전문대학	50.09	49.55	40.31	40.67
대학교	52.34	51.15	39.70	40.50
석·박사	56.93	55.68	44.34	43.32
공산당원	49.63	50.08	47.44	43.80
非공산당원	53.60	54.35	42.21	41.83

참고자료 : 李培林(2010). 当代中国民生. p.285.

2
80后 그들에 관한 모든 것

중국 사회의 변화과정에서 태어난 80后들은 경제성장과 과학기술이 가져온 풍부한 물질생활을 향유하면서 강렬한 제도개혁과 사회변화 속에서 그들의 부모로부터 보호를 받고 자라온 세대로 위험과 불안정성을 경험해 본적이 없다. 유년시절 그들은 "응석받이로 자란 소황제"라고 불리었고, 이기적이고 나약한 책임감이 없는 "무너진 1세대"라고 불리기도 하였다.

그러나 21세기 진입 이후, 인터넷이 빠르게 발전하면서 그들은 인터넷 세상에서 블로그를 운영하며 글을 쓰는 "80后 작가"와 "인터넷 풍운아"로가 불리며 인터넷을 통해 사회문화 권위를 풍자하고 사회의 불합리한 신조에 대담히 맞서는 세대로 변모하였다. 2008년 원촨(汶川) 지진과 베이징올림픽 기간에 그들이 보여준 애국심은 그들을 중국 사회에 자연스럽게 융화시켰다.

최근 3년간 많은 80后들이 사회에 진입하고 결혼을 앞둔 80后에서 와쥐주(蜗居族)[31] 이주(蚁族)[32] 房奴(팡누)[33] 孩奴(하이누)[34]문제가 대

31) 蜗居의 본래 의미는 달팽이집으로, 개혁개방 이후 등소평의 선부론(先富论)에 따라 일부 연해지역이 집중적으로 개발되기 시작하여 이 지역에 대량의 인구가 유입되었고, 이러한 인구유입은 연해지역의 부동산 가격폭등을 초래하였다. 일자리를 찾아 이 지역에 몰려온 사람들은 달팽이가 살만한 작은 집에 거주하며 방을 찾지 못하는 현상이 발생하자, 이를 두고 생긴 신조어이다.

32) 蚁族는 개미족이라는 뜻으로, 도시의 미개발 지역에 거주하는 대학졸업생들이, 개미처럼 옮겨 다닌다는 뜻으로 지어졌다. 이들 대다수는 직장을 구하지 못한 농민공의 자녀들이다.

33) 房奴는 집이라는 '房'과 노예라는 '奴'가 결합하여 만들어진 신조어로 대출을 받아 집을 사고, 인생의 황금기인 20~30대 사이에 매년 수입의 40%에서 50% 이상까지의

두되고 있다. 현재 80后들은 사회와 경제 각 분야에서 두각을 보이고 있으며, 특히 인터넷 여론형성과 대중매체 분야에서 두각을 보이고 있다. 그들이 표출하는 목소리는 사회정서에 영향을 미치고 있으며, 현재 사회에 영향을 줄 뿐만 아니라 중국의 미래사회에도 막대한 영향을 미칠 것이다.

2005년 1%의 인구표본조사 결과, 80后의 총 인구는 약 2.04억 명으로 이는 중국 총 인구의 15.2%를 차지하고, 그 중 76.9%는 농촌에서 태어났으며 23.1%는 도시에서 출생하였다. 69.2%가 농촌호구를 가지고 있으며, 30.8%만 비농(非農)호구를 가지고 있었다. 80后 중 대다수는 농촌호구를 지녔지만 농업에 종사하는 노동력은 18%에 불과한 실정이다. 80后를 "외동자녀"의 1세대라고 부르지만 19.1%만이 외동자녀이고, 도시와 농촌을 구분해 보면 도시의 외동자녀는 49.1%, 농촌의 경우 10.2%만이 80后 외동자녀이었다. 80.9%의 非외동자녀 중에서 39.9%의 사람만이 한 명 이상의 형제 혹은 자매가 있었고, 25.2%는 두 명의 형제·자매가 있었다. 15.8%는 두 명 이상의 형제·자매가 있는 것으로 나타났다.

전체 80后들 중에서 가장 주목을 끄는 두 집단은 80后 농민공(农民工)[35]과 80后 대학생이다. 80后 인구 중의 44%가 농민공, 20%가 대학

돈을 대출과 대출로 인해 생긴 이자를 갚기 위해 정상적인 생활에 영향을 받는 부류들을 일컫는다. 국제표준으로 보면, 월 임금의 1/3이 주택 대출금의 경계선으로 이 선을 넘어서면 대출금 상환의 리스크가 높아질 뿐만 아니라 정상생활에 영향을 미치는데 현재 중국의 31% 주택 구매자들은 월 임금 50% 이상을 대출금에 지불하고 있다.

34) 孩奴는 아이를 뜻하는 '孩'와 노예라는 '奴'가 결합하여 만들어진 신조어로, 자신의 아이를 위해 수입 분유, 고가 육아용품, 사교육비용으로 월급의 대부분을 소비하는 현상을 말한다.

35) 기존세대와 달리 학력수준이 높으며 자신들의 권리의식이 강함. 특히 이들의 고교학력 이상의 비율은 67%를 차지하여 이전 1세대 농민공의 학력보다 월등히 높으나 여

생으로 80后 농민공의 구체적인 수치는 통계적으로 확실히 알 수 없지만 일부 학자들은 현재 약 1.49억 명의 농민공 중에서 60%는 새로운 농민공(80后와 90后[36] 포함)으로 이들은 약 8,900만 명이 될 것으로 예측하였다. 80后 대학생은 대략 4,100만 명으로 그 중 재학 중인 대학생은 1,900만 명으로 16%를 차지하였고 대학졸업생은 2,200만 명으로 54%으로 예측하였다.

80后 농민공과 80后 대학생의 신분배경은 서로 다른데 조사한 985[37] 6개 대학[38]의 결과[39]를 보면, 부모의 직업이 관리자 및 전문직인 비율이 일반 대학의 학생들보다 확실히 높았고, 부모의 직업이 농민 또는 노동자인 비율은 보통 대학교 학생들보다 낮았다. 미래 중국 사회의 엘리트를 배출하는 것은 가정환경과 관계가 있으며 이러한 추세는 더욱 강해질 것이다. 985대학의 90后 학생들의 가정환경은 80后보다 더 좋아서 부모의 직업이 관리자나 전문직인 비율이 80后보다 높고, 노동자와 농민인 비율은 더욱 낮아졌다.

전히 낮은 임금과 열악한 근로조건으로 2010년 중국 노동계에 불어 닥친 연쇄파업의 물결은 이들 신세대 농민공들이 주도한 것으로 사회에 순응하지 않고 직간접적으로 자신들의 불만을 표출하고 있다.

36) 90后는 1990~1999년까지 출생한 세대를 나타내며, 80后보다 중국 경제발전과 정보환경이 좀 더 발전한 시대에 태어나 중국 개혁개방 이후 가장 많은 혜택을 받은 세대라 할 수 있다.

37) 중국은 국제적 위상에 합당한 대학교육 시스템 마련이 필요하다고 느껴 중국 정부의 주도 하에 개혁적인 고등교육정책을 추진, 1990년대 “21세기 100개 우수중점대학육성”이라는 목표 아래 “211프로젝트”를 시행하였다. 그러나 100개 대학을 선정하는 것이 너무 과하다는 지적과 대학 선정의 형평성 문제로 한계점을 나타났다. 1985년 5월 4일 베이징대 개교 100주년 기념식에서 장쩌민 주석이 세계적인 대학을 중국에 건설하겠다고 발표하면서 “985프로젝트”가 시행되었다. 2011년 말까지 985프로젝트의 선정된 학교는 39개이고, 이러한 고등교육 정책으로 대학의 경쟁력을 강화시키고 있다.

38) 중산대학(中山大学), 난징대학(南京大学), 화중이공대학(华中理工大学), 시안교통대학(西安交通大学), 지린대학(吉林大学), 충칭대학(重庆大学).

39) 이 결과는 社会蓝皮书, 2012年 中国社会形势分析与预测내용을 참고하여 요약하였음.

985대학의 대학생 집단의 또 다른 특징은 당원의 비율이 높다는 것이다. 43.1%의 80后 학생이 당원(党员)이였으며, 985대학에서 2003년 이후 졸업한 학생 중의 50%가 당원으로, 대부분의 학생들이 입당하는 이유는 직장을 쉽게 잡기 위해서이다. 일반적으로 학생당원들의 대다수는 우수한 성적과 학생간부, 서클활동에 적극적인 학생 또는 기타 사회활동에 활발한 학생들이다.

〈표 8-6〉 80后 내부집단 차이

항 목	80后 전체	80后 농민공	80后 대학생	985대학, 80后 대학생	985대학, 90后 대학생
도시호구비율(%)	22.9	0.0	67.8	51.9	63.2
외동자녀비율(%)	19.1	9.3	48.0	42.8	52.1
평균교육년도(년)	10	9.5	〉15	〉15	〉15
당원비율(%)	2.5	3.1	10.3	43.1	7.7
부모직업(%)					
관리자	3.2	1.1	8.3	12.2	16.4
전문가	2.9	1.1	8.3	13.0	18.7
사무원	6.5	1.1	11.5	12.4	15.0
개인사업	8.2	9.1	11.5	15.7	16.4
노동자	23.8	15.1	29.8	11.1	9.3
농민	51.5	71.5	25.2	30.3	18.1
무직	3.9	1.1	5.5	5.3	6.1
부모가 교육받은 연도 수(년)	6.7	6.3	8.3	9.5	10.6

참고자료 : 社会蓝皮书(2013), 2012年 中国社会形势分析与预测, p.164.

중국 정부가 대학입학생을 확대 모집한 정책은 80后 성장 과정 중에서 가장 중요한 사건임에 틀림없고, 이 정책으로 많은 80后들이 이전세대에서 누릴 수 없던 대학의 기회를 누릴 수 있게 되었지만 졸업과 동시에 극심한 취업경쟁에 시달리게 되었다.

반면 농민공의 취업난은 대학졸업생들과는 다른 양상을 보이는데 민공황(民工荒 : 노동자 부족현상)이 나타나 그들의 일할 기회는 일정정도 선택의 여지가 있었다. 당연히 도시에 있는 청년이나 대학졸업생들은 농민공이 하는 일을 원하지 않기 때문에 그들은 실업 혹은 취업 불안정 상태에 빠지게 된다.

985대학 졸업생 중에 미취업상태의 비율은 대학졸업생보다 다소 높았는데, 이들 중 대다수는 석·박사 공부를 하거나 유학, 전문자격시험 준비, 전문적인 기술을 배우고 있는 중으로 순수 실업상태에 처한 사람은 5.1%에 불과하였다.

985의 명문대학 졸업생들이라고 취업문제에 걱정이 없는 것은 아니다. 다만, 그들이 직업 선택에 있어 가장 고려하는 것은 자신이 만족하는 일을 찾을 수 있는가에 있다. 대학졸업생 취업난이 날로 심각해지는 상황에서 좋은 직장을 찾는 것은 대학의 졸업증서가 결정하는 것이 아니라 가정의 환경, 특히 부모의 사회관계가 결정한다고 많은 사람들은 말한다. 그러나 985대학 졸업생 조사결과를 보면 부모의 직업지위, 부모의 문화수준과 부모의 월 소득을 포함한 가정환경 요소가 그들이 졸업 후에 첫 번째 직장을 잡는 시간 및 실업의 가능성에 크게 영향을 주지 않는다는 것을 알 수 있다.

첫 번째 직업을 잡는 데 중요한 요소는 성별, 당원신분과 학력이었다. 남성이 여성보다 우세했으며, 985학교 남성졸업생 취업률이 같은 조건의 여성졸업생 취업률보다 높았고, 남녀의 실업률에는 별 차이가 없었지만, 여자졸업생 취업률이 남성보다 낮았다. 이는 여학생이 실업 상태에 처해있는 비율이 높다는 것을 의미하는 것이 아니라 여학생 대다수가 시험을 준비하거나 다른 공부를 한다는 것을 의미한다. 남성졸업생이 여성졸업생보다 국유부문에 진입하기 수월했지만 외자기업에 진입하는 것에는 성별에 차이가 없었다.

당원졸업생의 취업률은 비당원보다 낮았지만 실업률은 차이가 없었다. 즉, 당원졸업생은 취업을 하지 않고 석·박사로 공부를 더 한다는 것을 의미하고, 당원졸업생이 국유부문에 진입하는 가능성은 비당원보다 월등히 높았다.

학력이 첫 번째 직업을 얻는 데 확실한 영향을 주지만 학력이 높다고 취업률이 높은 것은 아니다. 반대로 대학졸업생과 석·박사졸업생을 비교했을 때, 석·박사들이 대기하는 상황이 더 높고, 직업을 찾는 시간이 더 길었다. 그러나 국유부문에 취업할 경우 박사졸업생의 기회는 석사생보다 높고 석사생의 기회는 대학졸업생보다 높아, 실제로 985대학의 박사졸업생의 대다수는 국유부문에 취직한 것으로 나타났다. 박사졸업생이 국유기관에 진입하는 비율은 89.7%, 석사졸업생과 대학생의 비율은 각각 57.2%와 48.3%이였고, 985대학 졸업생이 국유기관에 진입하는 비율은 대학졸업생의 평균수준보다 높았다. 전국표본조사 결과 20.4%의 80后 대학졸업생의 첫 번째 직장은 국유기관이었다.

80后 대학졸업생의 학업성적이 직장을 잡는 데 확실히 영향을 주는 것으로 나타났지만 졸업성적이 좋은 사람이 취업기회가 많은 것만은 아니었고 조사결과, 졸업생의 전공과목 성적, 재학 시 공부를 열심히 한 정도와 외국어 수준이 취업률과 실업가능성, 직업을 잡는 데 걸리는

시간 등에 영향을 주는 것으로 나타났다. 그러나 이와 반대의 상황도 나타났는데, 졸업생의 학업성적이 좋으면 취업의 가능성이 낮고, 대기하는 가능성이 높으며 직업을 잡는 시간이 길어진다는 것이다. 이는 학업성적이 좋은 졸업생의 경우 긴 시간을 소모해서 자신에게 만족할 직장을 찾길 원하거나, 자격시험 참가 및 전문지식을 배울 가능성이 높다는 것을 나타낸다.

취업문제를 제외하고, 현재 80后가 관심 있어 하는 문제는 결혼을 해서 가정을 이루는 것이다. 985의 6개 대학 졸업생 중 74.3%가 미혼이었고, 기혼자 24%중 1.7%는 이미 결혼을 하거나 이혼을 하였으며, 13%는 자녀가 있었다. 17.4%의 사람은 연애를 한 번도 해본 적이 없는 것으로 나타났다.

많은 80后들은 자신의 집이 있어야 하며, 이를 결혼의 전제조건으로 인식하고 있었다. 985대학 졸업생 중 25.6%의 사람들은 이미 자신의 주택을 소유하고 있었고, 주택소유비율과 그들의 결혼한 비율은 거의 비슷하게 나타났다. 그 중 71.5%는 이미 기혼자로 자신의 집을 구매하였고, 10.2%의 미혼자만이 자신의 집을 구매한 것으로 나타났다. 자신의 집을 구매한 사람 중에 64.9%의 사람은 집을 살 때 대출을 받았으며, 평균 월 2474.91위안을 지불하는데 이는 자신의 월급에서 49%를 차지하는 비중으로 이들은 이른바 '주택의 노예' 현상에 처해 있다고 할 수 있다.

그러나 많은 졸업생은 주택을 구입할 때 그들의 부모가 그들을 도와줄 거라고 생각하고 있었으며, 실제 62%의 졸업생은 그들이 주택을 구입할 때 이미 부모의 도움을 받았고, 그 중 5.8%는 부모가 집을 사줬다. 또한 23.9%는 부모가 일부 대출금을 지불하고, 27.6%의 사람은 부모가 약간의 경제적 도움을 주었다. 반면 29%는 부모가 도움을 줄 수 없었으며 8.6%는 부모가 그들의 주택 구매에 도움을 줄 수 있을지 없을지조차 몰랐다.

주택 구입에 있어 부모에게 의지하는 것 이외에 22.7%의 졸업생은 다른 방식으로 부모에게 경제적 도움을 받고 있으며, 그 중 미혼자가 도움을 받는 비율은 28%, 기혼자가 도움을 받는 비율은 7.3%이었다. 또한 외동자녀가 부모에게 도움을 받는 비율은 30.6%, 非외동자녀가 부모의 도움을 받는 비율은 17.3%이었다. 그 외에 11.8%의 985대학 졸업생은 자가용을 소유하고 있었으며, 이 비율은 80后의 평균수준(7.6%)보다 높았다.

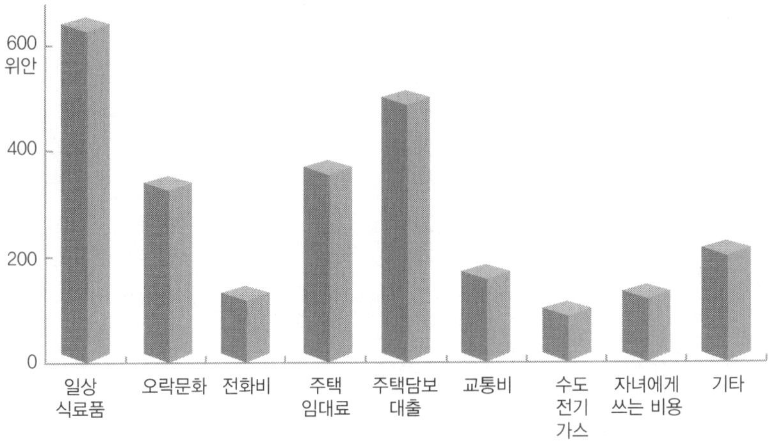

참고자료 : 社会蓝皮书(2013), 2012年中国社会形势分析与预测, p.169.

【그림 8-3】 985대학 80后 졸업생의 매월 평균 지출 상황

985대학 졸업생의 월 평균 총 지출은 약 2,622위안으로 〈그림 8-3〉에서 졸업생의 일상생활의 구성 상황을 보면, 식품이 최대의 지출항목

으로 646위안, 지출의 가장 적은 부분은 수도 · 전기 · 가스와 전화비용이 차지하였다. 주의 깊게 봐야 할 것은 그들이 평균적으로 지불해야 하는 대출비용이 높아(주택, 자가용) 월 509위안으로 이는 80后의 소비취향을 나타낸다. 주택임대료도 매월 지출해야 하는 비중에 큰 부분을 차지해 약 378위안이었다. 또한 집을 소유하고 있는 졸업생의 주택담보대출금은 평균 1,778위안으로 이는 주택 구매에 있어 985대학 졸업생의 지출이 매우 크다는 것을 의미한다.

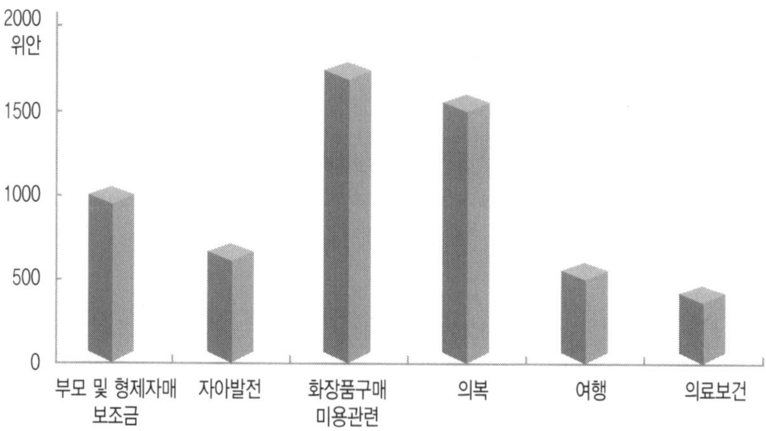

참고자료 : 社会蓝皮书(2013), 2012年 中国社会形势分析与预测, p.170

【그림 8-4】 985 80后 졸업생 일상생활을 제외한 지출 비용

985대학 졸업생의 기타지출 비용을 보면 의복 구매와 자신을 꾸미는 데 사용하는 비용이 각각 1,604위안과 1,405위안으로 이는 대학졸업생의 생활방식과 생활태도가 중요하게 변했다는 것을 나타낸다. 다시 말해 80后 대학졸업생은 이전의 대학졸업생들보다 자신의 품위 유지와 개성 추구를 더욱더 중시한다는 것이다. 자격증, 여행, 의료건강

등에 대한 지출 비중이 비교적 적은데, 이는 젊은 대학졸업생이 아직은 이러한 것에 관심이 낮고, 동시에 주택, 식품 등의 고정 지출이 차지하는 비중이 커서 졸업생들이 자신의 여가생활에 대한 비용을 절약하기 때문으로 풀이된다.

소득, 연령, 자녀의 유무 및 현재 거주지가 졸업생의 일상생활 지출에 영향을 미치는데 자녀의 유무와 거주조건이 비슷한 조건에서는 소득, 연령이 높을수록 일상생활 지출도 높았다.

985대학 졸업생은 80后 집단의 행운아로 그들은 취업난에 크게 영향을 받을 필요도 없고 비교적 안정적인 생활을 누리고 있다. 그러면 그들의 현재 상태에 대한 만족도는 비교적 높을까? 조사결과에 따르면 2.2%의 985대학 졸업생은 매우 만족, 9.7% 만족, 37% 비교적 만족, 26.8% 비교적 불만족, 17.5% 불만족, 6.8% 매우 불만족을 나타내어, 전반적으로 과반수 이상이 현재의 자신의 상태에 만족하는 것으로 나타났다.

조사결과 취업상태와 생활수준이 개인의 만족도에 영향을 미치는 것으로 나타났는데, 직장이 있는 사람이 없는 사람보다 만족도가 높았으며 월 소득이 비교적 높은 사람의 만족도가 높았고, 승진하면 만족도가 더 상승하였다. 국유기관에 일하는 사람들의 만족도는 외자기업과 사영기업에 일하는 사람보다 높은 것으로 나타났다.

생활에 있어, 개인 및 가정의 소비수준은 만족도를 향상시키지는 않지만 주택의 유무와 자동차의 유무 상태는 만족도에 영향을 미쳤다. 주택대출이 있고 없고는 만족도에 아무런 영향을 주지 않아, '집의 노예'로 경제적인 스트레스가 있을지라도 그들은 전반적으로 집이 없는 사람보다 만족도가 높은 것으로 나타났다.

그 외 여성졸업생의 만족도가 남성보다 높았으며, 외동자녀의 만족도가 非외동자녀보다 높았고, 결혼은 만족도에 영향을 주지 않았으며 도시와 농촌 졸업생의 현재 생활에 대한 만족도는 비슷하였다.

취업과 거주 지역이 서로 다른 것도 사람들의 만족도에 영향을 주었는데, 6개 985대학 졸업생은 전국 각지에서 분포해 있으며, 현재 '베이징 · 상하이 · 광저우' 지역에 사는 사람들의 비율은 30.1%, 기타 직할시와 성에 사는 사람들은 27.9%, 기타 지역에 거주하는 사람은 42%이었다.

과거 졸업생이 취업지역을 선택할 때 '베이징 · 상하이 · 광저우'의 대도시를 피하던 추세는 아직 985대학 졸업생들에게는 나타나지 않았고, 오히려 이들 중에서 대도시 지역을 제외한 기타 지역에 취업한 졸업생의 비율이 감소하였다. 이는 대도시의 높은 집세와 생활물가의 상승은 아직 985대학 졸업생에게 영향을 미치지 않아, 이들 엘리트들은 더욱 더 대도시에 집중하여 남아있고자 하기 때문으로 풀이된다.

거주지가 서로 다른 지역 졸업생의 사회환경 만족도는 서로 다르게 나타났는데, 거주지가 대도시인 졸업생은 개인의 발전 기회와 사회 · 도덕 풍조에 대한 만족도가 높았지만 거주지가 직할시와 성(省)인 지역의 졸업생은 사회에 대한 만족도가 낮았다.

985대학 졸업생들은 국가전망에 대해 긍정적인 자세를 보였는데, "당신은 미래 중국 사회의 전망에 대해 믿음이 있느냐?"는 질문에 14%의 사람이 '매우 그렇다', 28.5%의 사람이 '그렇다', 33.7%의 사람이 '비교적 그렇다', '비교적 그렇지 않다', '그렇지 않다', '매우 그렇지 않다'는 각각 14.9%, 4.8%, 4.1%이었다. 당원졸업생의 국가의 전망에 대한 믿음도는 비당원졸업생보다 높았으며, 국유부문에서 일하는 졸업생이 기타 영역에서 일하는 사람들보다 믿음도가 높았다.

인터넷 사용은 국가에 대한 믿음에 영향을 주는 것으로 나타났는데, 매일 인터넷을 하는 시간이 길면 믿음도가 낮고, 매일 블로그를 쓰는 사람이 쓰지 않는 사람보다 국가에 대해 비관적으로 보았다. 그러나 매일 인터넷서핑으로 신문과 블로그를 읽는 사람은 미래 중국 사회에 대해 낙관적으로 보았다.

985대학 졸업생은 과거 30년간의 중국의 개혁개방에 대해 긍정적으로 평가했는데, 94.8%의 졸업생이 "중국 개혁 30년 결과의 전체평가"에서 대해 '매우 좋다', '좋다', '비교적 좋다'를 선택했고 극소수만이 부정적인 대답을 하였다. 당원신분과 국유기업에 취업한 사람이 그렇지 않은 사람들보다 국가의 개혁개방에 대한 평가가 좋았다.

몇 년간 중국 경제가 빠르게 성장함에 따라 중국의 국제지위도 날로 높아지고, 더욱이 2008년 금융위기 이후 중국이 국제사회의 각 분야에서 중요한 작용을 발휘함과 동시에 세계의 정치 · 경제구조의 변동과 중국 국가이익이 서로 상충되어 나타났다. 80后는 지금 중국의 각 분야에서 빠르게 성장하였고, 80后의 지식엘리트는 세계구조의 변화 및 중국의 국제적 지위 등에 대해 객관적으로 잘 알고 있기 때문에 앞으로 그들이 중국 미래의 발전방향에 중요한 영향을 미칠 것이다. 83.7%의 졸업생이 서방이 중국에 압력을 가한다고 느끼고 있었는데 "당신은 미국이 서방국가를 대표하여 중국의 발전을 억제하고 있다고 생각합니까?"라는 질문에 25.5%가 매우 그렇다고 생각한다. 28.8% 그렇다, 29.4% 비교적 그렇다, 11.2% 비교적 그렇지 않다, 3.3% 그렇지 않다, 1.7% 매우 그렇지 않다고 답했다.

종합적으로 80后의 특징을 정리해 보면, 우선 그들은 자신들의 가정환경에 강하게 영향을 받아 부모의 교육환경 및 경제적 지위를 비슷하게 이어오고 있으며, 대부분의 80后는 높은 취업경쟁과 주택구입 및 결혼에 대한 부담은 있지만, 80后 엘리트들은 이 두 가지 면에서 비교적 부담이 덜해 기본적으로 그들은 취업기회와 취업선택의 폭이 넓고 직장과 소득이 상대적으로 안정되어 기혼자의 주택구매 비율이 높았으며 주택대출이 차지하는 비율이 그들의 소득 및 소비 비율에서 적당한 것으로 나타났다.

또한 80后 중 985대학을 졸업한 엘리트들은 국유부문으로 취업하는 사람이 많은 동시에 그들의 당원비율이 매우 높았는데, 이 두 가지 특징은 80后 지식엘리트의 정치적 태도를 확실히 보여준다.

마지막으로 80后는 인터넷 세대로 인터넷이 그들의 생활과 가치 및 국가에 대한 신뢰에 매우 크게 작용하였는데, 985대학 졸업생 중 1.5%의 사람이 인터넷을 하지 않으며, 26.9%의 사람은 3시간 이하, 24.1%는 3~5시간, 19.4%의 사람은 5~8시간, 28%의 사람은 8시간 이상 인터넷을 하는 것으로 나타났으며, 인터넷이 그들의 사회정치생활에 관련이 있지만 긍정적인지 부정적인지는 확실히 나타나지 않다.

살펴보기

90后 2억 명, 막강한 소비 파워로

1990년에 출생한 장양은 지난해 9월 막 대학에 들어갔다. 장양은 자신이 전형적인 '90后' 세대의 심벌이라고 느끼고 있다.

태교 때부터 유덕화의 음악을 들은 그는 초등학교에 다닐 때 이미 컴퓨터와 휴대전화를 가지게 되었다. 집단의식도 강하다. 온라인 게임과 록 음악을 즐기는 그는 온·오프라인 세상에서 자신을 드러내는 것을 즐긴다. 장양은 이렇게 말한다.

"나는 유일무이한 존재이기 때문에 남과 다른 나만의 개성을 가지고 특별한 일을 해야 한다고 생각한다. 자라면서 나는 중국의 교육방식과 타협해 왔지만, 앞으로 더욱 나다운 삶을 살겠다."

장양과 같은 90후 세대에 대한 연구가 중국에선 한창이다. 대학에 막 들어가기 시작한 이들은 약 2억 명에 달하며 막강한 소비파워를 가지고 있다. 이들은 아디다스, 펩시콜라 등 대부분 소비재기업의 핵심 마케팅 대상이다.

신조어를 활용한 리닝

그렇다면 90후는 어떤 특성이 있으며 이를 어떻게 활용해야 마케팅에 성공할 수 있을까. 중국의 유명 스포츠용품 메이커인 리닝은 90후를 겨냥한 신발을 출시해 대성공을 거뒀다.

제품은 바로 신조어가 쓰인 신발이었다. 이 제품의 디자이너 저우샤오판(周小凡)는 "90후는 대담하고 자신만의 선명한 색깔을 가지고 있으며, 전통문화에 대한 재창조와 재해석에도 많은 관심과 흥미를 가지고 있다"고 분석했다.

살펴보기

2007년 여름 그는 한 웹사이트에서 처음 보는 듯한 이상한 글자를 보게 됐다. 요즘 네티즌 사이에서 인기를 끌고 있는 囧이라는 글자였다. 원래 뜻은 '빛나다'라는 의미이나 글자모양이 찌푸린 얼굴 모습과 닮다 보니 원래의 의미보다는 마음이 답답하거나 괴롭고 난처하다는 뜻으로 사용되고 있었다.

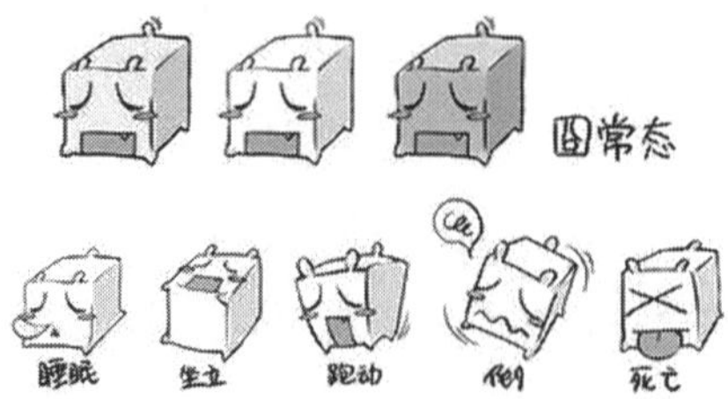

이 글자를 보는 순간 그는 갑자기 囧이라는 글자 속에 담긴 느낌을 알아차릴 수 있었다.

"마치 오늘날 중국이 처한 현실을 반영하는 듯했다. 요즘 중국에서 젊은이들이 자신의 재능을 발휘 할 기회를 얻지 못하고, 불합리한 사회현상을 비판하고, 일자리를 구하지 못하는 현실을 비유적으로 잘 나타내주는 글자라고 생각했다."

저우 디자이너는 곧바로 각양각색의 글자를 응용한 디자인을 하기 시작했다. 마침내 1개월 후에 흑백의 조화가 두드러진 젊은 취향의 신발 설계도면이 나왔고 뒤이어 시장에 출시됐다.

이 신발은 신세대 사이에서 폭발적인 인기를 끌어 불티나게 팔려 나갔다.

참고자료 : 쑨신, '90후' 2억 명—막강한 소비 파워로, 이코노미스트, 2009. 981호.

살펴보기

80后와 90后에 대한 중국 네티즌의 자체 비교

그룹	90后	80后
기성세대 평가	타인을 배려할 줄 모르며 물질주의적 가치관이 심함	무책임하고 이기적인 세대이지만 반항기를 지나 주류로 편입되는 중
서로에 대한 평가	젤리족 : 젤리처럼 뚜렷한 형체가 없고 도무지 종잡을 수 없음. 스스로 비주류임을 자체하며 80后보다 개인주의적이며, 사회적 통념을 무시하는 경향이 큼	딸기족 : 이미 신세대적 신선함을 잃어버린 낡은 세대
선호직업	사업가, 연예계 스타	정년이 보장되는 공무원
직장생활	출근 자체를 싫어함 평상시나 회식때 자신을 가장 우위에 두고 다른 사람이 맞춰주기를 바람	추가근무와 같은 자신의 생활을 침해할 수 있는 근무 거절 상하관계 평등주장
생활태도	잘 때도 신발을 벗지 않는 등 서구 문화 영향 큼	집에서 신발을 벗는 등 전통적 삶의 태도 남아 있음
선호문화	일본 마니아와 서구 마니아가 많음	한국 마니아가 많음

참고자료 : 윤다연(2013), 20대와 30대를 통해 본 중국 소비자의 라이프스타일과 소비트렌드, KIDP vol.10.

살펴보기

중국 신세대 : 바링허우, 주링허우, 푸얼다이, 신세대 농민공

▷ 바링허우(80後) : 1980년대 이후 출생, 집에서 소황제로 자란 세대로, 현재 30대로 성장해 소비시장의 주역으로 부상, 약 1억 8,000만 명

▷ 주링허우(90後) : 1990년대 이후 출생, 어려서부터 고가 제품과 외국 브랜드에 익숙하고 첨단유행을 선도하는 20대, 약 2억 2,000만 명

▷ 푸얼다이(富二代) : 부모의 부를 세습한 자녀로, 부유층 자녀가 부유층 인구에서 차지하는 비중은 현재의 10%(약 1,200만 명)에서 5년 내 30% 이상으로 상승할 전망(2013 中國私人財富報告, 초상은행 · 베인앤드컴퍼니)

▷ 신세대 농민공 : 1980년대 이후 태어난 젊은 농민공, 가난을 대물림

중국 신세대의 핫플레이스

▷ 2008년 완공된 베이징 차오양 구 산리툰(三理屯) 빌리지는 명품숍, 레스토랑 등이 자리잡은 복합문화공간

- 애플 플래그십 스토어, 아시아 최대 규모의 아디다스 매장 등이 위치

▷ 2007년 완공된 스마오티엔지에(世貿天階, the Place)는 베이징 시내 중심에 위치한 복합쇼핑몰

- 아시아 최대, 세계 2위의 대형 천장스크린이 유명(250m×30m)

참고자료 : Discover Beijing Toure 홈페이지 〈www.discoverbeijingtours.com〉

살펴보기

| 바링허우 세대의 소비 특징 |

특징	내용
① 명품과 브랜드 선호	• 제품 구입 시 브랜드는 물론 디자인도 중시 • 매킨지 조사에 따르면, 歐美 국가의 명품소비 주체는 40~50대인 반면, 중국은 20~40대가 80%의 명품 구입
② 신가족소비 형성	• 바링허우는 '1가구 1자녀' 가정의 중심이자 최종 구매결정자로 가족소비에 결정적 역할을 담당 • 구매력, 정보력 소비감각을 갖춘 신세대 부모 • 자녀의 소비형태 형성에도 영향, 브랜드 대물림 현상
③ 성숙한 소비의식	• 축적된 브랜드/제품 체험을 바탕으로 성숙한 소비자로 변화 • 명품을 선호하지만 가격 대비 품질과 가치를 비교하고, 소비자권익을 중시하며 부가서비스에 대한 니즈가 까다로움 • 트렌드를 빠르게 수용하는 얼리어답터에서 트렌드를 창조하는 이노베이터로 전환

| 주링허우 세대의 소비 특징 |

특징	내용
① 합리적 얼리어답터	• 유행에 민감하고 신제품이 나오면 앞장서 구매 • 히트상품, 해외트렌드에 대한 정보가 많아 글로벌 수준의 품질, 디자인, 기능을 갖춘 제품 구매 • 바링허우와 달리 中國産도 품질만 좋으면 선입견 없이 구매
② 실험소비	• 다양한 브랜드, 제품에 대한 호기심이 많고 실험적 소비성향 • 휴대폰 등 개인용 제품 중심으로 다양한 브랜드를 체험하고자 하는 욕구가 크고 교체주기도 짧은 편
③ 인터넷 쇼핑의 핵심 고객층	• 주링허우는 인터넷과 모바일 기기에 익숙한 세대로, 온라인 쇼핑몰을 통해 제품 정보 입수 및 구매 • 주링허우가 중국 온라인 쇼핑 매출의 35%를 점유

참고자료 : 유진석, 소비대국 중국, 그 중심에 있는 신세대, SERI, 213.7.30(제424호)

제 9 장

대중문화의 성격과 특성

1 중국 대중문화의 특징

대중문화(大衆文化, mass culture)란 이윤창출을 목적으로 대량으로 생산되며, 대량으로 소비되는 상업주의 문화를 말한다. 이러한 대중문화가 주목받는 이유는 현대사회의 지배적인 문화형태이기 때문이다. 대중문화의 특징을 보면 다음과 같다.[40)]

첫째, 문화의 생산자와 소비자가 분리되어 있다는 점이다. 일반적으로 대중문화의 생산자는 신문 · 방송 · 잡지 · 출판 · 영화 · 음반 · 광고 · 패션 등과 같은 대중문화산업이 된다. 소비자는 대중문화산업이 생산한 문화상품을 소비하는 불특정 다수인 대중이다.

둘째, 대중문화의 창조자는 대중문화산업에 고용되어 있거나 계약관계에 있다. 즉, 대중문화의 창조자는 대중문화산업체들 가운데 어느 하나에 고용된 사원이거나 특정 업체와 계약을 맺고 창작활동을 한다. 대중문화의 창조자는 문화산업의 요구와 타협하여 문화 창조 행위를 하지 않을 수 없게 된다.

셋째, 대중문화산업이 이윤창출을 목적으로 생산되는 상업주의 문화이므로 그 문화상품의 유통과정은 일반소비재와 마찬가지로 자

40) 공봉진, 이강인, 조윤경(2010), 한 권으로 읽은 중국문화, 산지니, pp.136~148 참조.

유시장의 경쟁원리에 따르게 된다. 따라서 대중문화산업들은 관련 산업체와 시장점유율을 놓고 치열한 경쟁을 하지 않을 수 없다. 특히 신문·잡지·방송 등과 같은 대중문화산업들은 독자와 시청자라는 시장의 점유율을 높임으로써 광고수익도 증대되므로 치열한 경쟁을 하지 않을 수 없다. 그 결과 대중문화는 오락 지향적인 성격을 지니지 않을 수 없게 된다. 또한 시장점유율의 확대를 위하여 성별·연령·교육정도·직업 등과 관계없이 누구나 즐길 수 있는 상품을 만들려 하기 때문에 모든 사람이 공통으로 흥미를 느끼는 섹스·폭력·모험 등이 주된 소재가 되며, 인구구조에서 차지하고 있는 비중이 큰 젊은이들과 여성들의 취향에 맞게 형식과 내용을 갖추게 된다.

넷째, 대중문화의 상품은 유행성을 지닌다. 그 까닭은 두 가지로 볼 수 있다. 하나는 기본적으로 소비재이므로 즉각적인 만족을 준 다음 더 이상 생명력을 갖기 어렵기 때문이며, 다른 하나는 대중문화산업이 지속적인 이윤확보를 위해 새로운 상품을 계속적으로 생산·유통시키기 때문이다.

이러한 특징을 지니고 있는 대중문화가 중국에 나타나기 시작한 것은 개혁개방이 시작된 이후부터라고 할 수 있다. 사회주의 계획경제시대에서도 대중문화가 존재하기는 하였지만 소비재로서의 상품이라기보다는 지배이데올로기를 선전하는 정치적 도구로써 자리매김을 하여왔기 때문이다. 그리고 문화의 공급자가 국가와 당의 지령에 의해 의도적으로 만들어졌기 때문에 소비자 중심이 아니라 생산자(공급자) 중심의 문화생산 메커니즘을 가지고 있었다.

1978년 개혁개방 이후 중국은 1987년 대외문화개방정책을 통해 본격적으로 대중문화가 싹트기 시작했다. 그리고 그 근저에는 문화개방 정책에 따른 해외문화 수용이 자리한다. 즉, 중국의 대중문화는 1987년대의 문화개방정책에 의해 형성되었던 臺灣(홍콩)流,[41] 日流에 이은 한류 그리고 서구 대중문화의 수용이라는 흐름 속에 나타난다. 그리고 대외문화 수용이 시차를 두고 대상을 달리해 변화하고 있다는 점도 특이한 점이다.

80년대 개혁개방을 시작하면서 사회주의 현대화에 역사적 정통성과 정체성을 확보하려는 덩샤오핑 정권의 이데올로기적 전략에 따라 서구화 운동으로 촉발되면서 대중문화에 대한 인식도 조금씩 변하게 되었다. '부강한 중국 건설에 수반되는 개혁의 고통을 어떻게 이겨나갈 것인가'에 대한 정치적 담론을 대중문화 속에 담아내기 시작한다. 그리고 국유기업 개혁을 둘러싼 정부와 노동자의 갈등을 시장화의 필요성이란 점에 입각해서 대중을 설득하는 내용을 확산시킨다.

중국의 대중문화가 여전히 중국 정부와 당의 관리 하에 있는 독특한 구조 속에서 대외문화의 수용이 소비자의 욕구를 어느 정도 충족시키고 국가의 문화정책에도 부합되기 때문으로 이러한 현상이 나타난다고 볼 수 있다. 예컨대, 한국발 대중문화가 기존 중국 대중문화 소비자들에게 결핍되었던 모종의 욕망 충족적 요소를 지니고 있을 뿐만 아니라

41) 1980년대 초 중국이 개방화 정책을 추진하고 있을 때 '중국의 낮은 늙은 덩 씨(덩샤오핑)가 지배하고, 밤은 젊은 덩 씨(덩리쥔)가 지배한다'는 말이 유행하고, '덩샤오핑 대신 덩리쥔이 필요하다'는 말이 나돌 정도로 중국에서 커다란 영향력을 과시하였다. 중국 당국으로부터 오염된 자본주의 문화의 상징으로 낙인찍혀 여러 차례 앨범 발매가 금지되었으나 앨범을 복사한 테이프가 중국 전역에 유통되어 불티나게 팔려나갔다. 1995년 천식에 의한 호흡곤란으로 추정되는 사인(死因)으로 숨을 거뒀다. 죽음을 둘러싸고 자살설과 중국 비밀기관에 의한 암살설 등 갖가지 소문이 돌기도 하였다. 덩리쥔에 의해 중국대륙은 대만과 홍콩의 대중문화가 급속히 확산되었다.

정부의 문화이데올로기를 충족시키고 있기 때문으로 풀이된다. 〈목욕탕집 남자들〉(1995년 작)이 중국에서 한류를 조성하는데 가장 큰 역할을 했는데, 이 작품은 중국에서 사라져 가는 대가족제도와 동양적 사고 그리고 평범한 사람들의 생활 등이 반향을 일으킨 것이다.

중국의 대중문화가 사상통제 차원에서 문화시장을 관리하는 중국적 관리시스템 하에 '조절'된다는 사실을 고려하면, 대중문화라 할지라도 전적으로 상업성, 혹은 대중의 욕망 충족요소만으로는 설명될 수 없는 중국적 특성이 있음을 부인 할 수 없다.

중국적 특성, 곧 정부의 이데올로기적 검열과 상업성의 결합을 말한다. 이러한 특징은 높은 시청률을 기록한 성공한 드라마의 서사적 측면에 드러나는 검열의 흔적 및 드라마 제작과 관련된 제도를 통해 확인된다. 현 중국 정부의 드라마 허가증제도, 그리고 기획에 대한 심사비준제도의 엄존은 주류 권력담론과 민간의식의 타협점에서 馴化(순화)된 드라마가 생산된다는 사실을 말해 준다. 다시 말하면, 시장화와 가장 직접적인 인과관계에 있는 문화산업이라 할지라도 중국의 대중문화를 이해하기 위해서는 관방을 포함한 시장화 정책추진자들의 의도와 20세기 후반 중국 일반대중들의 문화향수 욕구가 어떠한 층차와 시점에서 합일점을 형성하였는가를 이해해야 한다. 특정한 문화현상이 사회전반에 공시적 반향을 일으키는 것은 그것이 '사회 현실생활, 사람들의 평범한 심리적 요구, 삶의 요구와 맞아 떨어지는' '点'을 형성했기 때문이다.[42)]

21세기에 접어들자 중국은 경제력을 바탕으로 대중문화의 민족주의

---

42) 김미란(2003), 90년대 중국 대중문화 — 드라마 「渴望」 분석, 「中國現代文學」, 第26號, p.266.

적 색채를 강화하기 시작하였다. 영화와 대중음악을 포함하여 최근 중국 대중문화는 하나같이 '중국적 특색' 강조하기 위해 중국의 고대사회나 과거의 특징을 중요한 소재나 주제로 삼는다는 점이다. 이러한 특성은 전 지구적 시장에서 중국의 문화상품을 부각시키는 데 중요한 역할을 함과 동시에 내부적으로는 민족주의적 감정을 확산시킬 수 있는 가능성을 만들어 내고 이전 시기 사회주의적 구심력의 빈자리를 채우는 역할을 한다.[43)]

대중문화에 내셔널리즘을 접목시키려는 조절된 문화정책은 경제성장에 따른 불평등 심화로 인한 사회적 불안과 배금주의에 따른 사회주의 이데올로기의 약화 그리고 강대국으로 부상한 중국의 저력을 보여주려는 정치적 의도가 만들어낸 산물이다. 2008년 8월 8일 8시 8분, 복(福)을 불러온다는 길한 수 8이 연속으로 있는 날 베이징의 '새 둥지(鳥巢) 경기장'에서 열린 올림픽 개막식 행사가 이를 상징적으로 보여준다. 화약, 문자, 항해술 등 고대 중국의 자랑거리들을 빠르게 성장한 현대 중국의 테크놀로지를 동원하여 표현한 개막식의 여러 장면들은 중화주의의 원대한 야망과 충만한 자신감의 과시로 여겨지기 충분했다.

이처럼 중국의 대중문화는 시장경제에서 나타나는 소비재적 성격을 가지고 있으면서 국가정책에 의해 의도적으로 계획되고 조절되어진다는 특징을 지니고 있다. 따라서 대중문화의 최종 공급자인 국가와 당에 의해 만들어진 이중적 특성을 가지고 있다. 즉, 소비재임과 동시에 이데올로기의 선전물이라는 중국 특색의 대중문화가 중국 시민들의 일상에 확산되어지고 있다. 그러나 이 두 가지 속성이 대중문화 속에 융

43) 이응철(2009), 세계화 시대의 중국 대중문화와 내셔널리즘, 「한국문화인류학」 42(1): pp.145~177.

합되어질 수 는 없다. 대중문화의 속성상 소비자가 자신의 선호에 따라 구매하여 소비하기 때문이다. WTO 가입 이후 꾸준히 문화시장이 개방되는 중국의 현실에서 '조절'되고 '통제'된 대중문화가 대중문화의 진정성을 가지고 경쟁력을 지닌 채 살아남을 수 있을지 의문이다.

2
중국의 대중문화

개혁개방 이후 중국 사회의 대중문화를 이해하는 데는 가요(MTV), 영화, 드라마, 패션 등 다양한 경로가 있을 수 있다. 그러나 중국의 대중문화는 텔레비전 드라마에 의해 주로 확대 재생산되었다.[44] 그 이유는 접촉 면적이 넓다는 사실, 즉 하나의 문화현상으로서 드라마 열기가 超지역, 超세대적으로 일어난 데서 확인되는 드라마의 대표성을 들 수 있다. 둘째로는 관방과 시장, 수용자 삼각 구도가 절묘한 일치점을 형성할 때, 성공한 드라마가 탄생하는 매체 통제국가 중국의 특성을 감안한 결과이다.

먼저 대중과의 접촉 면적이란 점에서 볼 때, 현재 중국 가정의 텔레비전 보급률은 90%를 상회하며 텔레비전 보유 가정 수는 1998년 현재 3억 가구를 훨씬 넘어 보유가수 수치가 세계 최대이다.

중국에서 하나의 방송국은 최소 1개, 최대 11개 채널을 보유하고 있기 때문에 중국 도심 거주민은 적어도 10~40개의 채널을 케이블 네트워크를 통해 시청할 수 있다. 그러나 주목할 점은 수용자층 가운데 비

44) 김미란(2003), pp.267~268 참조.

교적 수입이 높고 여행 등 다른 여가활동의 기회를 가질 수 있는 도시 지역 시청자의 시청률은 점차 줄고 있고, 상대적으로 수입과 사회적 지위가 낮은 시청자들의 시청률은 증가 추세에 있다는 사실이다. 따라서 사회 중간층을 포함한 도시 서민들의 문화욕구를 가장 쉽게 만족시켜 주고 역으로 이들의 심미취향을 반영하는 매체가 텔레비전이라고 볼 수 있다.

시야를 확대하여 텔레비전의 보급·발전사를 살펴보는 것도 대중문화의 대표적 매체로서 텔레비전이 차지하는 위상을 파악하는 데 도움이 된다. 중국의 경우, 매체의 발전을 3단계로 나누어 설명한다.

- 첫 단계는 1949년 건국부터 1978년까지로서 대중매체의 창건기이다. 1958년에 최초로 텔레비전이 전파를 탔으나 이 시기에 주류를 이룬 것은 영화였고, 경향은 선전성·규율성으로 요약되며 수용자의 태도는 피동적이었다.
- 두 번째는 1978년부터 80년대 말로서 번영기에 해당한다. 雙百정책과 경제발전의 결과로 텔레비전 시청자 수는 2억에 이르렀으며, 텔레비전은 영화를 제치고 1위를 차지하였다. 진정한 의미에서 드라마가 대중문화로 자리잡았다고 볼 수 있는 이 단계의 변화 가운데 하나는 기존의 창작체제 중심제로부터 감독중심으로 제작이 바뀐 점으로서 제5세대 감독이 이 시기에 출현하였다.
- 세 번째는 轉型期로서 80년대 말부터 현재까지이다. 이 시기에는 제작에 外資를 포함한 상업자본이 유입되고, 광고 수입원의 폭증으로 시장의 힘이 정부의 힘과 함께 대중매체 발전의 양대 추동력으로 자리잡았으며, 독립 제작사인 "紫禁省影業公社"의 드라마 제작 성공을 상징적 기점으로 하여 影視문화가 돈이 되는 산업으로

인식된 단계이다.

텔레비전 드라마를 대중의 심미성향 파악의 바로미터로 채택한 텔레비전 드라마 다음으로 중요한 대중문화 전달자는 영화다. 중국 영화는 문화혁명시기까지 선전영화만을 주로 만들어왔다. 이후 소위 제5세대의 감독[45)]들이 자신들의 일련의 작품들에서 붉은 색을 주조 색으로 사용하여 기존의 경색되고 교조주의적인 영화스타일을 지양하면서 중국 전통문화의 정수들을 계승하였다.

제5세대의 영상 미학적 성취는 중국 문화 안에 내재되어 있는 영상성이 결정적인 역할을 했고, 따라서 이 영화들은 전통문화에 바탕을 둔 영상적 사유의 산물이라고 평해지고 있다. 그러나 영화라는 매체는 그 태생적인 한계가 바로 대중적이라는 것이다. 특히 현대의 자본시장의 논리로 볼 때 대중이 없는 영화는 사장될 것이며, 제작자 우선의 작업으로서 제작에서 완성까지 자본과는 별개의 문제가 아닌 것은 분명하다.

따라서 제5세대 감독들의 후반기 작품들은 지금의 현실적응에 맞는 작품들을 보여주고 있으며, 중국 정부의 큰 지지를 받고 있다. 이들은 초기의 작가주의 작품과는 다른 상업성 있는 작품을 만들기 시작했다. 이들 뿐만 아니라 대부분의 중국 감독들은 모두 흥행영화를 만들어야 된다는 압박감을 느끼고 있다. 사실 예술영화에 돈을 대줄 정부도 없고 관객의 흥미를 일으키지 않는 어렵고 이해하기 힘든 영화는 잘 보러 오지 않기 때문이다. 대표적으로 장이모우의 최근작 〈영웅(英雄)〉(2003)이나 〈연인(十面埋伏)〉(2004), 천카이거 감독의 〈무극(無極)〉(2006) 등이 무협액션의 블록버스터인 것도 모두 대중성과 상업성

45) 이에 대해서는 이강인(2009), "중국 영화와 중국 사회", 공봉진 외, 현대중국사회, 세종출판사, pp.221~234 참조.

에 기탁하여 자신들의 영화세계를 더욱 확장해 나가는 것으로 볼 수 있다.

제6세대들은 다원화된 중국 사회의 출발점에서 같이 시작하여 영화 창작에서도 다양한 주제들을 다루고 있다. 제6세대들은 제5세대들이 <문화대혁명> 기간을 거쳐 와서 서로 공통된 의식과 시각들이 존재하지만 제6세대들은 중국의 개혁개방 시기에 성장한 신진 감독들이기에 중국의 전환기에서 세상을 바라보고 이에 대한 시각을 키웠으므로 생각이 다원화되고 또 영화 만들기 역시 다양성을 지향하고 있다. 따라서 이들은 서로가 너무 다른 사상들을 지니고 있기에 그들의 영화를 어느 하나의 틀 속으로 해석하기가 어려워진다.

〈표 9-1〉 중국 영화의 세대별 구분

세대	활동시기	내 용
1	1905~1920년대	무성영화시기 감독들, 연극계 출신이 다수, 연극 전통계승
2	1930~1940년대	유성영화시기, 본격적 영화수업 받은 해의유학파, 리얼리즘 1차 중흥기
3	1950~1976년대	사회주의 실험기 정치권력에 의한 영화침체기
4	1976~1980년대	문화대혁명으로 재능을 상실한 비운의 감독들
5	1982~	중국 영화의 새 물결, 새로운 형식미학과 문제의식, 주로 문혁의 아픔과 농촌 서사에 집중, 세계 영화계의 주목, 중국 영화 2차 중흥기
6	1993~	제5세대를 비판하며 등장한 독립영화감독들, 천안문 사태 이후 현실사회비판, 도시와 소외 서사에 집중, 문제의식 변화

이러한 조절된 문화정책에 반발하여 보다 사회 비판적이며 독립적인 관점에서 영화를 제작하는 제6세대 감독들이 나타났다. 1980년대 말 1990년대 초에 국영 영화제작사 시스템의 제작방식을 거부하고 독립 제작 방식을 채택하여 작품을 만들기 시작한 제6세대 감독들은 자신들만의 영화를 찍기를 원하고 영화를 만든다.[46] 이들 역시 현실체제의 한계를 인식하고 어느 정도 타협을 가진다. 그러나 '정치'와 '시장'의 논리에 맞게끔 그들의 예술성을 변용시키지는 않는다. 그들은 극히 현실적인 중국인들의 삶을 렌즈에 담고 이것을 중국인들이 보아주기를 바랄 뿐이다. 이들은 다음과 같은 공통점들이 있다.

- 새로운 인생을 개척하는 주제에서는 청춘시대의 고통을 표현하며, 이전에 비교적 적게 표현한 도시환경을 선택한다.
- 물질문명에 부딪힌 인생생활의 파괴를 선택한다.
- 운 없는 보통 인물을 선택하여 생활이 불안정하고 감정이 표류하는 방랑자 특징을 보여주고 '불분명한 원인'의 고통을 토로한다.
- 인물관계 속의 혼외정사와 동거환경을 나타내어 개인행위의 갈등을 강조하고 인과관계를 분명하게 설명하지 않는 것 등이다.

중국 대중음악은 개혁개방 이후부터 1990년대 중반까지의 문화개방과 문화개혁의 혼돈기, 1990년대 후반 이후부터 현재까지의 세계화와 중국 특색의 대중음악 발전기에 이르기까지, 정치경제의 격변과 궤를 같이하여 왔다. 1992년 시장경제의 도입으로 인해, 대중음악은 점차로 산업과 오락으로서 존재 가치를 인정받게 되고, 홍콩·대만과 서구·일본으로부터의 모방 속에서 차츰 기반을 마련해나가게 된다. 일반적으

46) 이강인(2009), "중국영화와 중국사회", 공봉진 외, 현대중국사회, 세종출판사, pp.221~234.

로 중국에서 대중가요가 자리잡은 것은 등려군(鄧麗君) 등이 활동했던 1980년대와 4대 천왕[47]을 대표로 하는 1990년대로 본다. 즉, 중국의 대중음악은 대만과 홍콩의 대중음악이 중국대륙에 소개되면서 본격적으로 꽃을 피우게 된 셈이다.

중국의 대중음악은 발라드가 주류를 이루고 있다. 이는 중국 대중가요의 주요 수용자 층인 30대가 4대 천왕이 활동하던 시기의 중고생으로 지금 실질적 구매자의 한 축을 이루고 있기 때문이다. 따라서 이들의 발라드 편애 성향이 대체적으로 중국 대중가요를 발라드로 치우치게 하는 데 큰 역할을 하고 있다.

대중가요의 또 다른 중요한 장르는 록(Rock)이다. 중국에서 록은 비교적 역사가 짧다. 1989년 천안문 시위대가 불렀던 추이젠(崔建)의 〈아무것도 가진 것이 없어(一無所有)〉(1986 발표)라는 곡이 중국 록의 출발이라고 할 수 있다. 그는 이 곡 때문에 약 10여년간 활동금지를 당했지만 중국 록음악이 발전하는 계기가 되었다.

최근에는 해외 대중음악이 인터넷을 통해 사회전반으로 확산되면서 소위 '아이돌 그룹' 현대적인 댄스음악이나 힙합 등이 점점 큰 비중을 점유하기 시작하였다.

그럼에도 불구하고 다른 한편에서는 대중문화의 민족주의 성향이 더해지면서 중국적인 요소들이 적극 사용되는 사례를 많아지고 있다. 표범(黑豹, Hei Bao) 음악 중 〈너무나 부끄러워(無地自容)〉라는 곡의 뮤직비디오는 붉은 깃발을 들고 만리장성에서 내려오는 장면으로부터 시작하여 자금성(紫禁城)을 포함해 베이징 곳곳에서 촬영한 화면과 공연

47) 홍콩의 대중가수들로 궈푸청(郭富城), 류더화(刘德华), 장세우(张学友), 리밍(黎明)을 칭한다.

장면을 교차편집하고 있다. 이들은 중국의 전통을 상징하는 아이콘들을 이용하여 자신들의 음악이 홍콩의 발라드나 서구의 팝과는 다른 베이징의 록임을 표현하였다.[48] 록이라는 요소, 즉 1960~70년대 영국과 미국에서 기성에 대한 조롱에 충실했던 바로 그 장르를 이용하되 거기에 소위 '민족적 특색'을 가미하는 방식으로 자신들의 진정성을 보여주려고 한다는 점에서 중국 대중문화의 과거 강조 현상이 단순히 내셔널리즘의 강조로만 국한해서 해석하기는 어려울 듯하다. 지구적 자본주의화와 시장경제의 흐름이라는 맥락에서 관리와 조절이라는 틀 속에서 태어난 중국의 대중문화가 어떻게 소비자의 니즈를 수용해 갈 수 있는지는 여전히 불분명하다.

이러한 제도권 내 대중문화와 달리 소외계층들만의 문화가 최근 들어 노골적으로 확산되고 있다. 이는 경제성장과정에서 소외된 빈민계층들에 의해 이루어지고 있다는 특징이 있다.

이들 문화는 자신들의 이상과 현실이 정반대로 치닫고 있다는 상황인식에서 탄생되었다. 그 대표적인 상징이 최근 회자되는 '산짜이(山寨)'문화이다.[49] '산짜이'는 본래 수호전에 나오는 산적들의 소굴을 지칭하는 말이다. 그러나 최근에는 '모방'과' 패러디' 등의 의미를 지닌다. '산짜이' 문화는 중국 내 소외계층의 일그러진 자화상을 대변한다. 이들은 우리나라처럼 시위나 투쟁을 통해서 자신들의 요구를 관철시키지도 못한다. 중국 정부가 시위 자체를 불허하기 때문이다. 또한 이들은 점점 더 벌어지는 빈부격차의 현실을 목도하면서 사회시스템에 대한

48) 이응철(2009), p.156.

49) 이에 대해서는 강진석(2009), 다원화시대에 들어선 중국문화 이해하기 : 21세기 중국의 저변을 이해할 코드는 대중문화, 「Chindia Journal」 3, pp.37~39.

신뢰를 상실하고 있다.

이러한 가운데 이들은 해학과 침투로 대변되는, 마치 '양산박'과 같은 게릴라성 문화지대를 만들어냈는데, 그 중 하나가 '산짜이'문화다. '산짜이'는 명품 브랜드를 모방한 물건을 만들어 내거나, 유명한 스타를 모방한 일반시민들을 등장시켜, 일종의 가치 전복과 대리 만족을 꿈꾸는 문화 게릴라이다.

이는 저작권 침해와 브랜드 표절의 혐의를 지적받고, 시장의 질서를 교란시키는 위험을 내포하며, 심지어는 짝퉁의 범람으로 인한 치명적 건강상의 해악을 유발할 수도 있다. 그러나 동시에 이 21세기 양산박은 그들의 불만과 욕구를 푸념과 절망으로 내몰지 않고 해학과 일탈로 유도하며 나름대로 사회적 해소의 기능을 담당한다. '산짜이' 문화는 21세기 초 중국 사회가 양산해 낸 숙명적인 양날의 검이다. 개도국에서 부패와 짝퉁이 지니는 부분적인 긍정적 요소가 존재한다면, '산짜이'는 이보다 한 단계 더 나아간 해학과 해소의 활동 지대이다. 게릴라성 문화지대가 변천하는 과정에서 중국 사회가 지닌 소외되고 어두운 면들을 입체적으로 읽어낼 수 있다.

산짜이(山寨)

산짜이(山寨)란 원래 다음과 같은 뜻이 있다. 첫째. 방어용 울타리가 있는 산간마을이다. 둘째, 광범위하게 산촌을 지칭하기도 한다. 셋째. 수호전에서는 산중호걸들의 소굴이라는 뜻으로 사용되었다. 그러다가 이 말이 광둥에서는 1990년대 말 2000년대 초반에 새로운 뜻으로 사용되기 시작했다.

즉, 산짜이는 광동화로 제3차의 상품을 모방하거나 위조하는 생산 공장을 지칭하게 되었다. 여기서도 산(山)을 포함하는 산짜이란 말이 풍기는 뉘앙스는 정부통제를 피하고 있다는 것이다. 이 말은 처음에는 광둥어였지만, 그 후에 점차 광범위한 영역으로 확산되면서 중국 전역에서 사용되는 보통어로 정착되었다. 그 정의도 점차 긍정적인 뜻을 내포하기 시작했다. 즉, 단순한 짝퉁이나 모방이 아니라 창조적 모방도 포함하는 함의를 가지기 시작했다.

특히 2008년에 접어들어 이 말은 소비재 영역에 국한되지 않고 사회문화 각 영역에서 광범위하게 사용되기 시작했다.

산짜이는 2003년 산짜이 휴대폰에서 시작했다. 그 후 산쨔이 카메라. 신짜이 액정TV, 산짜이 자동차 등이 등장했다. 내구소비재뿐만 아니라 서비스산업에서도 산짜이 현상이 나타났다. 이후 대중은 산짜이를 받아들이면서 새로운 가치관과 문화인식을 가지기 시작했다.

산짜이 영화, 산짜이 스타, 산짜이 춘완처럼 문화영역에서도 산짜이 현상이 출현하였다.

그 밖에 2008년 이후에 있었던 주요한 산짜이문화 사례로는 산짜이 올림픽봉송, 산짜이 TV드라마, 산짜이 백가강단, 산짜이 노벨상, 산짜이 광고, 산짜이 웹사이트 등이 있다.

살펴보기

특히 2008년 이후 대중언론이나 인터넷으로부터 각광을 받으면서 2008년은 산짜이 원년이라고 평가되었다. 구글(Google)은 2008년에 검색빈도 순위 1위인 단어는 산짜이라고 발표한 바 있다.

| 산짜이 제품이 유행하는 주된 원인 |

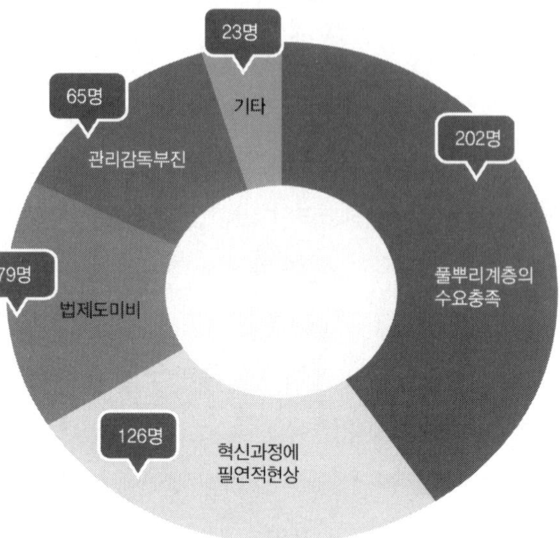

참고자료: KOTRA (2009).

| 산짜이 문화의 종류 |

산짜이 문화	내 용
	**산짜이 춘완** (春晩) 중국 최대 명절인 춘제(설날)에 국영방송 CCTV에서 하는 유명 스타들의 쇼 프로그램인 춘제완후이에 맞서 한 명의 네티즌 라오멍이 만든 산자이 춘완. CCSTV란 명칭을 달고 웹사이트 개통 후 인기리에 인터넷에서 방송됨.

산짜이 스타 판빙빙

유명 스타의 산짜이판이 무대에 오르고 있다. 산짜이 류샹, 산짜이 주걸륜, 산짜이 장쯔이, 산짜이 스타는 출연료가 저렴해 광고업자의 관심을 끔.

산짜이 웹사이트

구글과 중국 최대 검색 사이트 바이두, 야후를 묶은 산자이 검색엔진'baigoohoo'생김.

산짜이 베이징 올림픽 경기장

중국 산시성(陝西省)푸셴(鄜縣)에 지어진 짝퉁 산짜이 베이징 올림픽 경기장. 정부의 허가 없이 1억 위안에 달하는 예산을 들여 만듦.

산짜이 드라마

미국 유명 드라마(어글리베티)를 모방한 후난 TV의 산짜이 드라마 추녀무적. 시청률은 전국1위를 차지

산짜이 노벨상 증서

중국 누리꾼들은 매년 중국판 산짜이 노벨상 수상자를 발표. 선전 부동산 값이 떨어지지 않을 것으로 전망한 베이징대 교수에겐 산짜이 경제학상 수여. 중국 육상선수 류상의 운동복을 디자인했으나, 류상의 기권으로 허무해져버린 리닝 디자이너에겐 산짜이 노벨물리학상 수여.

참고자료 : 이동훈(2012). 중국 80后, 90后 세대의 라이프스타일과 산짜이 문화, 커뮤니케이션디자인학연구, 제38호, 재구성.

3
IT혁명과 인터넷문화

3-1. 새로운 IT문화의 확산

1996년 1월 중국 전 지역을 연결하는 인터넷 기간망 ChinaNET은 전국 범위의 인터넷 서비스를 시작하여, 중국의 인터넷 발전속도는 빠르게 향상되었다. 중국인터넷데이터센터는 1997년 10월부터 매년 중국 인터넷 발전상황을 보고하는데 2012년까지 30차가 보고되었다.

1987년 9월 CANET(Chinese Academic Network)는 베이징컴퓨터응용기술연구소에서 정식으로 중국의 첫 번째 국제인터넷 이메일노드를 건설, 9월 14일 중국은 "越过长城 走向世界"(만리장성을 넘어, 세계로 가자)라는 첫 번째 이메일을 보내 중국인이 사용하는 인터넷의 서막을 열었다. 이후 인터넷 사용자는 빠른 속도로 증가하여, 2012년 6월까지의 인터넷 사용자는 5억 3천 760만 명으로 2010년보다 약 1억 8천만 명이 증가하였고 인터넷 보급률은 39.9%이었다.

인터넷은 전통적인 신문, 방송, 텔레비전 이외의 제4의 매체로 확실히 자리잡아, 이미 가장 빠른 뉴스를 접할 수 있는 가장 중요한 매체 중 하나가 되었다. 2010년 12월 인터넷신문 이용률은 77.2%로 사용자는 약 3.53억 명에 달했고, 블로그를 사용하는 네티즌의 수는 빠르게 증가하여 64.4%에 도달하였으며, 사용자는 대략 2.95억 명, 매년 7,310만 명씩 증가하고 있는 추세이다. 2010년 웨이보(微博)[50] 이용자

50) 중국판 트위터로 웨이보 사용자는 2012년 3억 6,800만 명, 중국의 각종 언론 및 관공서의 공식채널 계정으로 활용되고 있다.

가 빠르게 증가한 한 해로 웨이보는 개방적이고 내용이 간절한 특징을 가지고 있어 네티즌들을 빠르게 흡수하여 중요한 사회화 매체 중 하나로 발전할 수 있었다.

인터넷의 사회화는 오락성, 전자비지니스, 사회교류를 포함한다. 중국의 인터넷게임은 이미 비교적 성숙단계에 진입하여, 2010년 12월까지 중국 인터넷게임 사용자 규모는 3.04억 명이었지만 네티즌 사용률은 66.5%로 감소하였다. 중국 인터넷게임 사용자 규모는 축소되었는데, 예를 들어, 인터넷게임하기, 인터넷음악듣기, 인터넷시청하기 등 오락관련 사용률이 전면적으로 하락하였다. 이는 인터넷게임이 사양의 길을 걷고 있는 것이 아니라, 인터넷게임 사용자가 폭발적으로 증가하는 초기단계를 지나 안정기에 들어섰기 때문이다.

인터넷으로 구매하고 인터넷으로 지불하는 방식의 전자상거래는 빠르게 증가하여 인터넷으로 상품을 구매하는 사용자들의 증가율은 가장 크게 확대되어, 2010년 12월까지 인터넷구매를 이용한 사용자는 1.61억 명으로 사용률은 35.1%를 차지하였다. 또한 인터넷결제 및 인터넷뱅킹 등 인터넷이 상업업무에 사용되는 빈도가 증가하여 거의 모든 생활분야에서 인터넷이 전통적인 사회생활을 변화시키고 있다.

중국의 인터넷 발달에서 주목해야 할 것은 중국 네티즌 수는 전반적으로 증가하였지만 도·농간 네티즌의 격차가 크다는 것이다. 2010년 12월 도시 네티즌은 전체 네티즌 중 72.7% 차지하였고, 학생, 기업의 일반 사원, 개체호 등 이 세 부류의 네티즌 증가속도가 가장 빨라, 이들이 전체 네티즌의 61.7%를 차지하였다. 2010년 농촌 네티즌의 규모는 1.25억 명으로 전체의 27.3% 차지하고 있다. 그 외에 중국 정부가 인터넷 안전문제에 대해 집중적으로 관리하는 부문이 확대되면서

2010년 인터넷 바이러스 혹은 악성코드의 공격을 당한 네티즌의 비율은 45.8%로 2009년보다 10.8% 감소하였다.

상술한 내용을 보면, 10여년의 빠른 발전을 통해 중국은 이미 인터넷을 기초로 하는 사회구조가 형성되어 인터넷이 사회와 밀접한 관계를 가지고 있다. 네티즌이 인터넷에서 주동적으로 참여하는 적극성이 날로 증가하여, 인터넷은 민주화 과정과 경제발전을 향상시키는 장소가 되고 있다. 다만, 중국 인터넷의 발전에 있어 각 지역 간에 불균형이 나타나고 연령별, 직업별 불균형도 나타나고 있다.

2012년 말 중국의 휴대전화를 이용해 인터넷을 하는 네티즌은 4.2억 명으로 2011년보다 6,440만 명 증가하였다. 휴대전화를 이용해 인터넷에 접속하는 네티즌이 2012년 빠르게 증가하여 데스크 탑(PC)을 통해 인터넷에 접속하는 네티즌 수를 초과하였다. 스마트폰의 보급이 확산되면서 PC와 같은 전통적인 인터넷 접속 단말기의 사용률은 줄곧 하락할 것으로 예상된다.

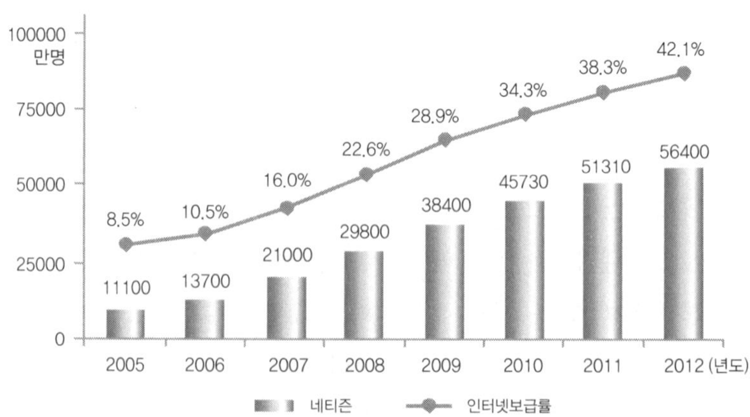

참고자료 : CNNIC (2013년).

【그림 9-1】 중국 네티즌 규모와 인터넷 보급률

휴대전화를 통한 인터넷 접속이 빠르게 증가하였다는 것은 최근 스마트폰 단말기의 보급과 스마트폰 기능이 점차 강화되면서 모바일 인터넷 애플리케이션에서 혁신의 붐이 일고 있는 동시에 휴대전화 단말기 가격이 계속해서 내려가는데 원인을 둘 수 있다.

이러한 상황은 일반휴대전화 이용자를 모바일 인터넷 이용자로 탈바꿈시키고 있다. 휴대전화기는 중국 인터넷 사용자가 인터넷 접속에 있어 제1의 단말기가 되었으며, CNNIC(China Internet Network Information Center)는 모바일 인터넷과 스마트폰의 발전은 중국 인터넷 보급에 중요한 의미를 지니며 이는 중국의 광활한 농촌지역과 방대한 유동인구가 휴대전화로 인터넷에 접속하는 것이 더 저렴하고 간편한 방식이라고 설명했다.

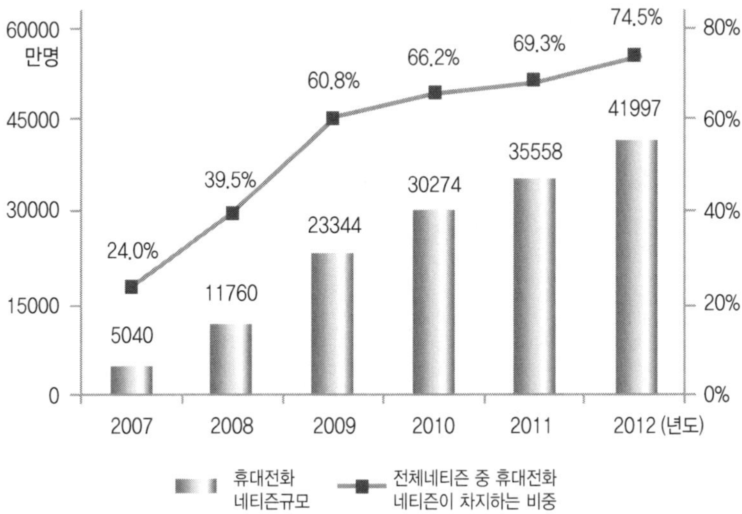

참고자료 : CNNIC (2013년).

【그림 9-2】 휴대전화 네티즌 규모

2012년 중국 내 31개 성(시, 직할시)의 네티즌 규모는 지역마다 다른 양상을 보이는데, 그 중 귀저우(贵州), 안웨이(安徽), 광시(广西), 장시(江西) 등 인터넷 보급률이 낮은 지역에서의 네티즌 증가속도가 빨랐고 베이징, 상하이, 광동 등의 인터넷 보급률이 높은 지역이 네티즌 증가속도가 비교적 완만하였다. 2012년 중국의 8개 성(省)과 시(市)에서 절반의 주민이 인터넷을 사용하는 네티즌이 되었고, 그 중 베이징, 상하이의 인터넷 보급률은 70% 이상이며, 이는 북미 국가와 대부분의 서유럽 국가 및 일본과 한국 등 인터넷 보급률이 높은 국가의 수준과 비슷하다.

광동성(广东), 푸젠성(福建), 저장성(浙江)과 톈진시(天津)의 보급률은 60%, 랴오닝성(辽宁), 장시성(江苏)의 인터넷 보급률은 50%에 도달하여, 8개 지역 중에 톈진을 제외하고 네티즌 증가율은 전국의 최하위였다.

산시성(山西), 하이난성(海南), 신장자치구(新疆), 칭하이성(青海), 허베이성(河北), 산시성(陕西), 충칭시(重庆), 닝샤자치구(宁夏), 산둥성(山东), 후베이성(湖北) 등 10개 지역의 인터넷 보급률은 40~50% 정도이었고, 그 중 허베이성과 닝샤자치구의 인터넷 보급률 및 증가폭은 40%를 넘어 인터넷 증가속도가 가장 빠른 지역이었다(〈표 9-2〉 참조).

2012년 12월말까지 중국 네티즌 중 농촌인구의 비중은 27.6%으로 2011년보다 1.1% 상승하였고 그 규모는 1.56억 명으로 전년 대비 1,960만 명 증가하였다.

최근 중국 네티즌의 도·농간 구조변화의 폭은 크지 않았는데, 이는 중국의 빠른 도시화 과정과 관련이 있다. 2011년 중국의 도시상주 인구 규모는 처음으로 농촌상주 인구를 초과하여, 도시화율은 50%을 넘었고, 농촌인구는 이미 2008년 7.28억 명에서 6.57억 명으로 감소하였다.

〈표 9-2〉 중국 지역별(성/시/자치구) 네티즌 규모와 인터넷 보급률

지역		네티즌 수 (만 명)	보급률 (%)	네티즌 증가율(%)	보급률 순위	네티즌 증가율순위
베이징	北京	1,458	72.2	5.8	1	27
상하이	上海	1,606	68.4	5.3	2	29
광둥	广东	6,627	63.1	5.2	3	30
푸지엔	福建	2,280	61.3	8.5	4	23
저지앙	浙江	3,221	59.0	5.5	5	28
텐진	天津	793	58.5	10.3	6	18
라오닝	辽宁	2,199	50.2	5.1	7	31
장시	江苏	3,952	50.0	7.2	8	25
산시	山西	1,589	44.2	13.1	9	13
하이난	海南	384	43.7	13.6	10	12
신장	新疆	962	43.6	9.1	11	21
칭하이	青海	238	41.9	14.7	12	9
허베이	河北	3,008	41.5	15.9	13	7
산샤	陕西	1,551	41.5	8.6	14	22
충칭	重庆	1,195	40.9	11.9	15	16
닝샤	宁夏	258	40.3	24.5	16	1
산둥	山东	3,866	40.1	6.7	17	26
후베이	湖北	2,309	40.1	8.5	18	24
내몽고	内蒙古	965	38.9	12.9	19	14
지린	吉林	1,062	38.6	10.0	20	20
헤이룽장	黑龙江	1,329	34.7	10.2	21	19
광시	广西	1,586	34.2	17.2	22	4
후난	湖南	2,200	33.3	13.6	23	10
시장	西藏	101	33.3	12.7	24	15
쓰촨	四川	2,562	31.8	14.9	25	8
안휘	安徽	1,869	31.3	17.9	26	3
간쑤	甘肃	795	31.0	13.6	27	11
허난	河南	2,856	30.4	10.6	28	17
꾸이저우	贵州	991	28.6	17.9	29	2
윈난	云南	1,321	28.5	15.9	30	6
장시	江西	1,267	28.5	16.5	31	5
전국		56,400	42.1	9.9		

참고자료 : CNNIC (2013년).

그로 인하여 네티즌 중 농촌인구비율이 상승하지 않는 결과를 가져왔다. 현재 도·농 인터넷 보급률에는 여전히 격차를 나타나고 있는데 2012년까지 도시지역의 인터넷 보급률은 60%를 넘은 반면 농촌지역은 23.7%였다.

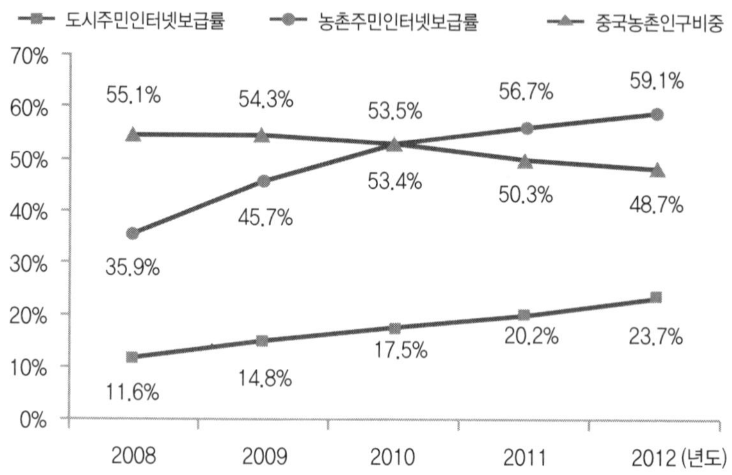

참고자료 : CNNIC (2013년).

【그림 9-3】 중국 도·농주민 인터넷 보급률

네티즌의 연령구조를 살펴보면, 10~19세의 비율은 2011년의 26.7%에서 24.0%로 감소하였는데, 이는 중국의 인구구조에서 이 연령군의 인구 수가 감소한 것과 관련이 있다. 이 외 40세 이상의 연령군은 정도에 차이는 있지만 상승하는 추세이고, 이는 인터넷이 이들 연령군에 빠르게 보편화되고 있음을 의미한다.

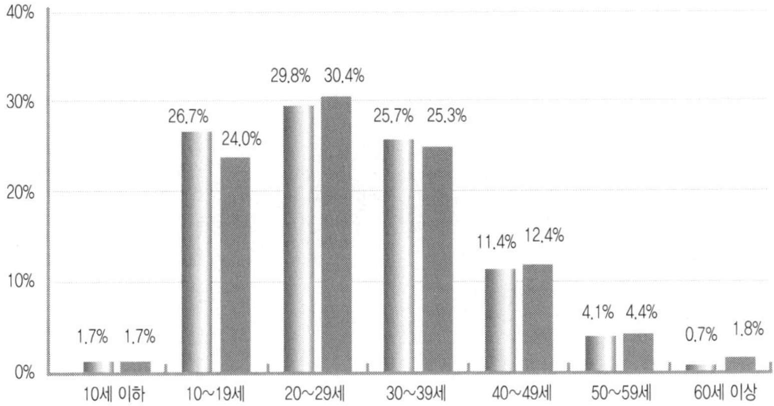

참고자료 : CNNIC (2011, 2012년).

【그림 9-4】 중국 네티즌 연령구조

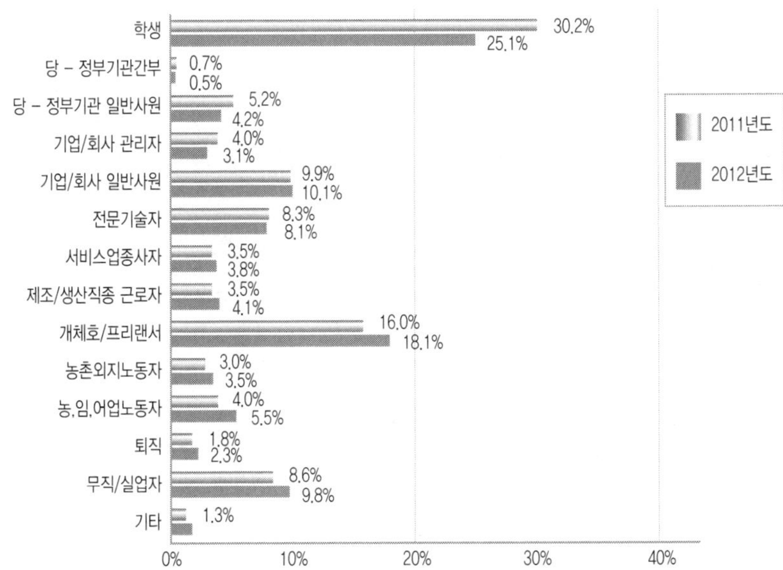

참고자료 : CNNIC (2013년).

【그림 9-5】 중국 네티즌 직업 구조

〈표 9-3〉 2011~2012년 중국 네티즌의 각 영역별 사용 현황

항목	2012년		2011년	
	사용자 규모(만 명)	네티즌 사용률(%)	사용자 규모(만 명)	네티즌 사용률(%)
메신저	46,775	82.9	41,510	80.9
인터넷검색	45,110	80.0	40,740	79.4
인터넷음악	43,586	77.3	38,585	75.2
블로그	37,299	66.1	31,864	62.1
인터넷동영상	37,183	65.9	32,531	63.4
인터넷게임	33,569	59.5	32,428	63.2
웨이보	30,861	54.7	24,988	48.7
SNS	27,505	48.8	24,424	47.6
이메일	25,080	44.5	24,578	47.9
인터넷구매	24,202	42.9	19,395	37.8
인터넷문학	23,344	41.4	20,268	39.5
인터넷뱅킹	22,148	39.3	16,624	32.4
인터넷지불	22,065	39.1	16,676	32.5
BBS/토론	14,925	26.5	14,469	28.2
여행예약	11,167	19.8	4,207	8.2
공동구매	8,327	14.8	6,465	12.6
인터넷주식투자	3,423	6.1	4,002	7.8

참고자료 : CNNIC (2013년).

〈그림 9-5〉의 중국 네티즌 직업구조를 살펴보면, 학생들의 인터넷 보급률은 이미 높은 상태인 동시에 최근 중국 초·중학생 수가 감소하는 추세여서 네티즌의 규모가 최대인 집단이지만 2011년보다 2012년 오히려 25.1%로 감소하였다.

〈표 9-3〉의 2011~2012년 각 영역별 사용현황에서 알 수 있듯이 휴대전화를 이용한 메신저 사용자는 2012년 3.52억 명으로 사용률은 83.9%에 달한다. 또한 메신저는 이동하면서 사용하기에 좋은 특징을 지니고 있어, 시간과 장소에 구애받지 않고 어디서든 손쉽게 메신저 창을 열고 사진전송, 메시지 전송, 음악과 동영상 전송 등을 손쉽고 편리하게 할 수 있기 때문에 많은 휴대전화 사용자들의 환영을 받고 있다.

중국 휴대전화 인터넷 환경의 개선과 스마트폰의 보급에 따라 전자업무에 있어 휴대전화 단말기를 사용한 이용이 증가하고 있다. 전통방식의 오프라인 구매가 지역 제한이 있다는 점과는 달리 휴대전화를 이용한 구매는 언제 어디서든지 구매가 가능하다는 장점으로 많은 소비자들을 빠르게 흡수하고 있다. 휴대전화를 이용한 상품구매는 날이 갈수록 풍부해지고 다양해져서 의복구매부터, 영화표 할인, 호텔예약, 여행 등 일상생활의 모든 방면까지 서비스 범위가 확대되어 소비자 생활을 더욱더 편리하게 하고 있다.

3-2. 인터넷 핫 이슈와 인터넷 유행어

〈표 9-4〉 2011년도 네티즌 10대 핫 이슈[51)]

순위	인터넷을 뜨겁게 달군 검색어	
1	7.23 动车追尾	(7.23일 중국 철도 사고)
2	佛山小悦悦事件	(포산 여아 사건)
3	日本9.0级地震	(일본 9.0지진)
4	郭美美事件	(궈메이메이 사건)
5	深圳大运会	(심천유니버시아드 대회)
6	利比亚政局	(리비아 정국)
7	药家鑫案	(야오지아신 사건)
8	乔布斯去世	(스티븐 잡스 사망)
9	上海地铁追尾	(상해 지하철 사건)
10	各地房产限购	(각 지역 부동산 구매 제한)

참고자료 : 社会蓝皮书(2013), 2012年 中国社会形势分析与预测.

★ 7.23 动车追尾 (7.23 중국 철도 사고)

2011년 7월 23일 중국 저장성(浙江省) 온조우(溫州)에 발생한 베이징발 고속철도 사고로, 정전으로 정지한 열차를 후속열차가 추돌하면서 그 충격으로 6대 차량이 탈선하고 그 중 4대가 고가다리에서 낙하

51) 社会蓝皮书(2013), 2012年中国社会形势分析与预测, p.196에 나온 내용을 참고하여 상위 10개의 내용을 정리함.

하였다. 중국 정부는 이 사고로 38명이 사망하고 200명이 부상당했다고 보도하고 사고 처리수습에 미온적인 자세로 일관하여 중국인들의 비난을 받았다.

이로 인해 중국 정부가 국력 과시용으로 야심차게 내놓은 고속철도의 차량 자체의 치명적인 치부를 감추기 위해 일부러 사고원인은 감추려는 게 아니냐는 비판을 받았다. 또한 중국 정부는 미국 브라질 등에 고속철도 수출 목표를 가지고 있었는데, 이 사고로 인해 중국 정부가 의도적으로 사고 자체를 축소할 수 있다고 세계 각국의 매체들이 보도하였다.

★ 佛山小悦悦事件 (포산 여아 사건)

2011년 10월 13일 광둥성(廣東省) 포산(佛山)에서 두 살 여자아이가 뺑소니에 치여 쓰러져 있는데, 그 옆을 지나가던 18명의 시민들은 보고도 딴청을 피우거나 무관심하게 지나쳤고, 또 다른 차가 쓰러져 있는 아이를 다시 치고 지나가자 아파 비명을 지르던 아이의 목소리를 듣고 엄마가 달려와 병원으로 옮겨졌으나 21일 결국 사망하였다.

이 사건으로 남의 일에 관심을 갖지 않는 중국인들의 이기심의 정도가 죽어가는 아이를 보고도 그냥 지나칠 정도였냐며 인터넷상을 뜨겁게 달군 사건이었다.

★ 日本 9.0级地震 (일본 9.0지진)

2011년 3월 11일 오후 2시 46분에 일본 북동부 해안에서 9.0의 강진이 발생, 10미터 높이의 쓰나미가 해안을 덮쳐 미야기현, 이와테현,

후쿠시마현에 영향을 주었으며, 이 지진으로 인해 사망자 수는 1만 4,924명, 부상자 수 1,028명, 실종자 수 725여 명이었고, 80조 원의 재산피해가 발생한 세계에서 4번째로 기록되는 강진이었다.

★ 郭美美事件 (궈메이메이 사건)

2011년 6월 21일 郭美美baby라는 아이디를 사용하는 20세 여성이 자신의 블로그에 자신이 중국 적십자회 상업대표라고 부를 과시하면서 인터넷 파문이 시작되자, 자신이 운영하는 회사는 순수 자선사업을 하는 적십자와는 다르고 자신이 적십자회와 합작한 회사를 운영하는 대표라고 말했지만 이를 의심하던 네티즌들의 신고로 경찰조사를 받게 되었다. 결국 중국적십자회를 사칭한 것으로 드러나 용서를 구했지만 중국인들이 자선사업기구에 대한 의구심은 수그러들지 않았다.

★ 深圳大运会 (선전유니버시아드 대회)

세계 대학생끼리 우호와 친선을 도모할 목적으로 국제대학스포츠연맹이 2년마다 주최하는 범세계적인 대학운동경기로, 2011년 8월 12일 중국 광둥성(广东省) 선전(深圳)에서 26회 세계유니버시아드 대회가 개막되었고, 150여개 국가 9,000여명의 선수들이 참가해 24개 종목에서 306개의 금메달을 놓고 결전을 벌였다.

선전시가 이번 대회를 위해 투자한 돈은 약 1,800억 위안으로 이 금액은 2010년 광동성 광저우 아시아대회에 투자한 1,200억 위안보다 더 많이 투자되어, 중국 정부가 이 대회 개최를 위해 얼마나 심혈을 기울였는지 알 수 있었다.

2009년 선전시장이 경기장 건설관련 업체로부터 뇌물수수와 여배우 스캔들 등으로 체포되자 쑤저우(苏州)의 왕룽(王荣) 서기가 급히 투입되어 2년간 유니버시아드 준비를 철저히 하였을 뿐만 아니라 이 대회를 통해 젊고 활기 찬 도시를 만들고자 지하철을 연장 운행하는 등 도시기능을 새롭게 단장하였다. 본래 유니버시아드 대회에 맞춰 개통을 예상했던 광저우(广州)-선전(深圳)을 연결하는 广深열차는 7월 23일 온조우고속철도 사고로 개통되지 못했다.

★ 利比亚政局 (리비아 정국)

2011년 북아프리카 리비아에서 벌어진 유혈분쟁으로 동부의 주요도시인 벵가지에서 민주화 시위가 일어나 친카다피 세력과 반카다피 세력 사이의 내전.

★ 药家鑫案 (야오지아신 사건)

2011년 10월 20일 시안(西安)의 대학교 3학년 야오지아신이 야간에 오토바이를 운전하고 가던 중 주부를 들이받아 상처를 입히고 나서, 경찰에 신고할 것을 우려해 현장에서 쓰러져 있던 주부를 가지고 있던 흉기로 살해한 사건으로, 그의 엽기적인 범죄행각이 드러나면서 피해자 가족이 엄중한 처벌을 요구하였고, 그 결과 산시(陝西)성 시안(西安) 중급인민법원이 사형을 선고, 2011년 6월 7일 사형이 집행되었다.

★ 乔布斯去世 (스티브 잡스 사망)

애플의 창시자이자 CEO이였던 스티브 잡스가 2011년 8월 24일 56

세의 나이로 사망하였다. 중국 내에는 애플의 수많은 협력 생산업체들이 있고, 한국처럼 애플을 무조건 사 모으는 추종자들과 아이폰, 아이팟이 인기가 높아 그의 죽임이 중국에서 크게 다뤄졌다. 중국의 대표적인 인터넷 바이두(百度)에서는 스티브 잡스의 죽음을 애도하는 애도 특별판을 사이트에 올려 그의 죽음을 크게 보도하기도 하였다.

★ 上海地铁追尾 (상하이 지하철 사고)

2011년 9월 27일 오후 2시 50분경, 중국 상하이 지하철 10호선에 열차 추돌사고 발생, 271명이 부상을 입어 병원으로 옮겨졌으며, 7월 온조우에서 일어난 고속철도 탈선사고와 같은 신호고장이 원인이었다. 역 주변에서 고장이 나서 수동신호로 사고차량은 속도를 줄여 운행하였지만 전방에 차량이 있었는데도 멈추지 못했다. 사고 발생 4시간이 지나서 다시 운행을 재개하였다. 상하이 지하철은 2009년에도 1호선이 신호시스템이 고장으로 차량 접촉사고를 일으켰다.

★ 各地房产限购 (각 지역 부동산 구매 제한)

중국 정부는 부동산시장 안정화를 위해 베이징(北京), 상하이(上海), 텐진(天津), 충칭(重庆) 등의 4대 직할시와 라싸(拉萨)를 제외한 26개 성 정부소재 도시 및 다롄(大连), 닝보(宁波), 샤먼(厦门), 칭다오(青岛), 션전(深圳) 등 5개 계획도시와 우시(无锡), 쑤저우(苏州), 샨야(三亚), 포산(佛山) 등 부동산시장이 과열된 8개 도시를 포함한 43개 도시에 주택 구매제한조치를 시행 중에 있다.

원자바오(温家宝) 전 총리는 부동산시장 조정정책을 유지해 차등적 주택대출, 조세정책과 구매제한정책을 철저히 시행하고 효과적인 조치로 일반 상품주택 공급을 늘리며 보장형 비영리성 주택건설 프로젝트를 계속 추진해 부동산시장의 안정적이고 건전한 발전을 촉진할 것이라고 하였다. 이러한 정책으로 대부분 도시에서 부동산 가격상승의 폭이 줄어들었지만 부동산 투기자금이 주요 대도시 주변에 있는 중소도시로 몰리는 풍선효과가 발생하여 일부 중소도시의 부동산 가격이 급등세를 보이고 있다. 업계 전문가들은 정부의 고강도 부동산 억제정책은 부동산 자산 거품화를 막기 위해 필요하지만 전국적으로 장기간 지속된다면 부동산 경기침체로 인한 금융위기 및 경제위기가 발생할 가능성도 있다고 지적하였다.

중국 베이징, 상하이, 광저우 등 1선 도시의 부동산 통제정책은 한층 더 강화될 전망이고, 기존의 구매제한 정책을 유지하는 동시에 각 지역 상황과 소비계층을 감안해 차별화된 부동산세 및 대출정책이 시행되는 정책이 등장할 것이라고 중국의 일간지 증권보(证券报)가 2013년 1월 31일 보도하였다. 중국 국가통계국에 따르면 중국 70개 주요도시의 신규분양주택가격이 평균적으로 상승세를 유지하고 있다기 때문에 강력한 정부의 정책에도 불구하고 이들 1선 도시의 집값은 여전히 오름세를 나타내고 있다고 지적하였다. 이에 중국 정부는 부동산 통제정책을 유지하면서 더욱더 엄격한 주택구매제한정책을 시행할 것이라고 밝혔다.

이상 10대 사건을 보면 10대 사건에서 3개는 국제사건이 차지하였는데, 이는 중국의 네티즌의 시야가 넓어져 국제문제에도 관심을 갖고 있다는 것을 보여준다.

인터넷 유행어는 뉴스 사건이나, 사회현상 및 영화 오락프로그램과 밀접하게 관련되어 있다. 인터넷 유행어를 보면 중국 국민의 민심과 심리상태를 알 수 있다. 아래 몇 가지 중국 인터넷 유행어를 살펴보자.

★ 淘宝体 (타오바오체)

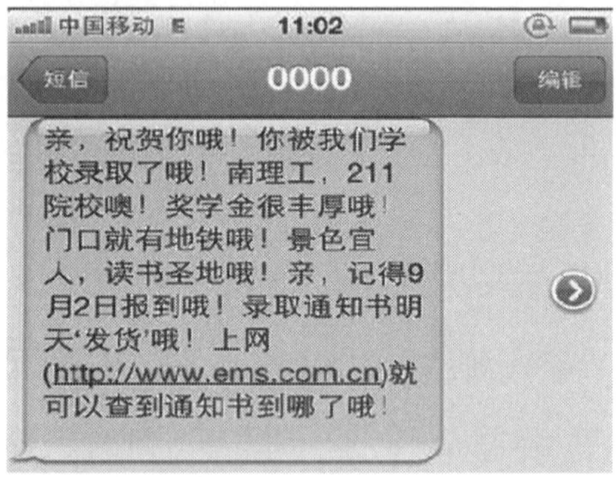

淘宝(타오바오)는 중국 최대 인터넷 쇼핑몰로, 타오바오체는 타오바오 쇼핑몰에서 소비자들이 판매업자들과 메신저로 대화할 때 판매자들이 고객을 잡기 위해 사용하던 애교 넘치는 말투가 유행하면서 '타오바오체'라고 불리게 되었다. 타오바오체는 상대방을 친근하게 부르는 亲爱的(친아이, 자기, 당신의 의미)의 줄임말인 亲으로 시작 하는 것이 특징이다. 온라인이나 젊은층에서 사용되던 글 자체 타오바오체가 청두(成都)시 교통 표지판, 외교부 인재채용 공지, 대학 합격통지 문자 등 오프라인에서도 널리 사용되고 있다.

★ 我爸是李刚 (우리 아빠는 리깡이야!)

2010년 10월 16일 허베이 대학교에서 자동차가 두 명의 여학생을 치고 달아나는 사건이 발생하였다. 사건 발행 후 사고당사자가 차에서 내려 "당신 고발할 거야, 우리 아빠는 리깡이야!"라고 말했다. 리깡은 중국 바오딩시(保定市) 공안국 부국장의 고위간부로 자신의 아버지는 높은 간부니깐 이 사건에 대해 말하려면 말하라는 뜻이었다. 교통사고를 당한 두 학생 중 한 여학생이 사망하였지만 집안이 가난하여 소송을 할 상황도 되지 못했고, 피해자들을 무료로 변호하겠다는 변호사가 있었지만 현장을 지켜봤던 사람들 중 단 한 명도 사고 목격자로 나선 사람이 없었다. 이 사건 이후 중국 네티즌들은 '신상 털기'를 통해 이 사고당사자와 아버지에 대해 인터넷 게시판에 올렸고 이 사건이 알려지기 시작하였다. 관영방송 CCTV에 나와 공개사과를 하였지만 시민들의 반응은 싸늘했다. 이 사건은 현재 중국의 권력을 지닌 사람들과 그의 자녀들이 잘못을 저지르고도 자신의 권력을 믿고 반성하지 않는 도덕불감증을 나타나는 것으로 중국의 현실상을 나타내고 있는 사건이라고 할 수 있다.

★ Hold住 (자신감 있게 지속해 가다)

영어의 hold(잡다, 지속하다)와 중국어 住(머무르다)의 조합으로 만들어진 이 단어는 "어떤 상황에 대해 자신감 있게 지속해 나가다. 유지하다"라는 뜻으로 쓰이고 있다. 2011년 8월 9일 일반 대학생들이 출연하여 재미있는 이야기를 하는 대만 인기 TV프로그램에서 한 여학생이 패션에 대해 한 수 가르쳐주겠다고 자신의 경험담을 이야기 했다. 자신이 모임의 초대를 받아 비키니를 입고 멋을 부리며 백사장을 갔는데 청조시대의 파티였다는 것이다. 그렇지만 자신은 패셔니스타이기 때문에 당황하지 않으려고 애를 썼고 그때 자신이 떠올린 아이디어는 바로 비키니를 머리 위로 올려 순식간에 청조시대의 공주 컨셉으로 변화하는 것이었다고 말하면서, 이때 그녀가 뱉은 말은 "整个场面我hold住"(이 모든 상황을 내가 장악하겠어)라는 말이 유행어가 되어 대만, 뿐만 아니라 중국대륙에서도 폭풍적인 인기를 끌었다. 8월 21일부터 시작한 웨이보에서 불과 4일만에 팔로우 10만 명을 넘기는 기염을 토하기도 하였다.

★ 蓝精灵体 (스머프체)

만화 〈스머프〉는 25년 전 중국에 처음으로 방영되었고, 2011년 8월 3D로 중국대륙에 상영되면서, 중국 70~80세대들은 과거의 추억에 깊이 젖어들었다. 스머프 캐릭터는 중국에서 인기가 높은데, 이에 대해 중국 신문은 한 명의 지도자 아래 모두가 같은 옷을 입고 공동소유와 자급자족, 평등을 실현해 가는 스머프들의 삶이 흡사 중국의 공산주의 체제를 집약해 놓은 듯해 중국인들에게 향수를 불러일으키며 더욱 친근하게 다가온다고 지적하였다. 스머프의 인기에 맞춰 중국판 트위터 웨이보에서 스머프 노래를 다양한 버전으로 개사하여 올리는 사람들이 늘어났고 직업에 따라 수십 가지 버전의 스머프 노래가 유행하였다. 그 중 교사버전의 스머프 노래가 가장 인기를 끌었는데, "저기 성 안쪽에 미련한 정원사(교육자 의미)들이 있네, 답답하고 부지런한 정원사, 매일 일찍 일어나는 정원사들은 매일 넓은 교실에서 열심히 강의하고, 사심없이 공헌하지만 보수는 아직 적네, 오, 귀여운 정원사, 사심없는 정원사! 학생들을 교육하고 학부모는 대학교 교육당국을 물리치네, 숙제 검사를 하고 내일 수업을 준비하는 정원사들"로 개사되었다. 7080들은 스머프 노래에 자신들이 사회에서 받은 압박과 스트레스를 최대한 반영하여 개사해 불렀다고 할 수 있다.

★ 咆哮 (포효체)

포효체는 인터넷에서 유행하는 일정의 언어로 豆瓣网(인터넷상에서 네티즌들이 서로 좋은 책, 음악을 공유하는 사이트)에서 자신의 감정을 표현하고 전달하는데, 한 개의 느낌표만으로는 충분하지 않아 여러 개의 느낌표를 사용하면서 처음 사용되기 시작하였다. 2011년 3월 인터넷에서 매우 빠르게 퍼지기 시작하였는데, 의미가 있거나 격식을 갖춘 것이 아닌 것으로 매 문장과 문장 사이에 "有木有"(有没有의 변형으로)를 곁들여 쓰든지 문장 끝에 "伤不起"(고생을 너무 많이 하거나 상처를 받아 더 이상 견딜 수 없다는 뜻)를 넣어 소리를 지르는 형태로 묘사되고 있다. 대게 감탄부호가 글자보다 많고 내용보다는 소리를 지르는 형태에 중점을 두어, 불만을 털어놓거나 엄청 웃길 때 심리적 압박을 받을 때 사용되고 있다.

★ 土豪(투하오)

土豪(투하오)는 원래 지방호족이나 악덕지주를 가리키는 단어인데, 아이폰 5S 금색이 출시되었을 때 금색을 유난히도 좋아하는 중국인들이 서로 금색을 사려고 하자 금색 아이폰 가격이 비싸졌다. 비싸진 금색 아이폰을 "土豪金"이라고 부르기 시작하면서 무개념으로 돈을 헤프게 쓰는 사람을 지칭하는 단어로 의미가 변하였다. "土豪, 我们做朋友吧"(졸부, 나랑 친구하자)는 말은 중국인들이 돈이 없음을 한탄할 때 자주 사용되고 있다.

3-3. 중국 인터넷에 존재하는 문제

인터넷의 빠른 발전은 중국 정보화 수준을 향상시키고 중국 경제사회의 발전을 촉진시키지만 인터넷 권리침해, 인터넷 범죄, 바이러스 등 인터넷 안전을 위협하는 행동들이 나타나기 시작하였다. 인터넷 안전문제는 인터넷의 건강한 발전을 저해하고 중국의 경제사회 발전에 영향을 주기 때문에 전 세계가 공동으로 이 문제에 주의를 기울여야 한다.

현재 중국 인터넷 안전에 존재하는 주요한 문제는 인터넷 권리침해와 인터넷 범죄문제, 인터넷 동원문제 등 세 가지로 볼 수 있다.

우선 인터넷 권리침해와 인터넷 범죄는 일종의 사회현상으로, 인터넷 발전과 인터넷 법률, 도덕수준에 영향과 제약을 준다. 현재 중국의 인터넷 발전속도는 빠르지만, 인터넷 사회의 가치관은 아직 정립되지 않아 인터넷상의 도덕과 인터넷 법률체계도 아직 완전하게 갖춰지지 않았다. 현재 인터넷 권리침해 행위에서 주요하게 발생되는 문제는 인격권과 지적재산권의 침해이다.

인격권침해는 대표적으로 성명권, 초상권, 명예권과 사생활침해권이 있다. 인터넷상에서 모욕 혹은 비방, 도용과 타인의 이름 도용, 불법적인 방법으로 네티즌의 신상을 수집하고 개인의 정보와 사생활 자료를 공급하는 모든 행위가 이에 속한다. 예를 들어 이메일을 보내거나, QQ, MSN 메신저를 통해 불법적인 방법으로 자료를 수집하고 그들의 허가 없이 인터넷상에서 그들의 정보를 파는 행위가 모두 속한다.

사람들이 인터넷상에서 마음대로 말하고 의견을 블로그에 올리고 게다가 인터넷상에서 광범위하게 전파하고 정보를 교환함으로써 인터넷 공간은 정보의 장이 되기도 하지만, 문제를 일으키거나 이슈가 되는 사람의 신상을 털어 그 사람의 정보를 인터넷상에 모두 공개함으로써 자신이 원치 않지만 자신의 정보가 이미 인터넷상에서 공유되는 상황도 벌어지기도 한다. 그 대표적인 예로, 2006년 “통쉬먼 사건(铜须门事件)”[52]과 “고양이 학대사건(虐猫事件)”[53] 이후 신상털이는 이미 네티즌을 인터넷상의 ‘의무경찰’로 행동하도록 하였다.

지적재산권의 침해는 인터넷상에서 불법복제와 개조를 통해 본래의 상품을 아무 대가없이 도용하는 것을 말한다. 인터넷상에서의 지적재산권의 침해는 이미 매우 보편적이고 광범위하게 퍼져 있고, 일반적으로 볼 수 있는 것은 해적판, 저작권침해, 상표권침해, 소프트웨어복제 등을 들 수 있다. 이러한 침해는 사회파괴성이 매우 크며 일반적으로 정보의 본래 가치를 소멸시키고 이러한 손실을 수치로 계산하기 어려울 정도로 이러한 침해는 이미 너무 광범위하게 만연되고 있다.

중국은 인터넷사용대국으로 이미 전문적인 인터넷 법규체계를 만들었는데, 《전자 인증법》, 《컴퓨터 정보시스템 안전보호조례》, 《통신조례》, 《인터넷 정보서비스 관리방법》, 《컴퓨터정보인터넷 국제인터넷 안전보호 관리방법》 등의 인터넷 법규와 행정법규를 제정하였고, 그 중 《인터넷 안전보호 기술대책 규정》,《인터넷 이메일 서비스 관리방법》, 《인터넷 전자공문서 서비스관리방법》, 《중국 인터넷도메인 관리방법》, 《컴퓨터바이러스방지 관리방법》 등 법률법규로 인터넷을 보호하고 있다. 2010년 7월 1일 중국은 정식으로 《권리침해책

52) 한 남자가 자신의 부인이 인터넷 아이디 통쉬라는 남자와 바람난 것을 인터넷에 올려, 자신은 동정을 받고, 통쉬는 비난을 듣게 한 사건으로 네티즌은 통쉬라는 사람의 신상털이를 통해 실제이름, 주소, 사진을 인터넷상에 공개, 바람난 부인의 정보도 올려 네티즌의 집단비난을 받았던 사건이다.

53) 한 여성이 자신의 힐로 고양이를 밟고 있는 사진을 인터넷상에 올려 네티즌이 그 여성을 찾아 인터넷상에서 신상정보를 모두 공개한 사건으로 경찰수사보다 빨리 문제의 여성을 찾는 데 성공하였다.

임법≫을 실시하였고, 그 중 제4장 36항에 네티즌 및 웹사이트를 침해하는 행위에 대해 명확히 규정하고 있다.

둘째, 현재 만연되고 있는 인터넷 범죄는 이미 지능화되었고 그 은폐성도 강해졌는데 이는 공공의 안전에 중요한 영향을 미치고 있다. 초기 인터넷 범죄영역은 금융 시스템에 집중되었었지만 현재는 이메일, 과학연구, 위생, 생활 및 컴퓨터가 사용되는 모든 분야로 영역이 확대되었다. 다시 말해, 거의 모든 지역의 업종과 시스템 그리고 사회와 국가조차 인터넷 범죄의 공격 대상이 되었다.

인터넷 범죄는 항상 정상적인 인터넷 질서를 파괴시키고 사회혼란을 일으키며 인터넷 바이러스를 통해 사회를 무질서하게 하기 때문에 그 결과는 매우 심각하여, 전 세계는 이 문제로부터 자유로울 수 없다.

인터넷 동원(动员)은 새로운 사회동원의 하나의 형식으로 인터넷 공간에서 특정사건에 조직적으로 행동하여 네티즌을 모으고 온라인·오프라인에서의 집단행동을 말한다. 인터넷상에서 인터넷 동원이 보편화되고 정부의 인터넷 관리가 허술함에 따라 민중들은 더욱더 인터넷을 통해 자신의 이익을 표출하고 더 많은 민중이 인터넷 조직을 통해 자신의 이익을 표출하고자 한다.

중국 네티즌 규모는 점차 확대되어 하나의 '압력단체'로 성장하였다. 2010년 12월 4.57억 네티즌 중에서 인터넷 뉴스를 이용하는 규모는 3.53억 명으로 그 사용률은 77.2%에 달하였으며, 그들은 새로운 뉴스를 인터넷에서 옮기는 주체로서 1억 명의 네티즌이 BBS를 방문하고 그들은 여론을 형성하고 확대시키는 역할을 한다.

인터넷 동원은 두 가지 역할을 하는데, 인터넷 동원은 사회교류를 증진시키고, 민중참여와 사회문제에 대한 응급조치 역할, 민중의 이익 실현, 공권력 감독 등 각 분야에서 적극적인 작용을 한다. 실제로 2011년 저명학자와 기자 등이 "웨이공이(微公益)"(작은 일부터 실천하여 공익에 기여한다) 활동을 정부와 시작하였다. 우선 "随手拍照解救乞讨儿童"(구걸하는 어린이들 사진을 찍어 웨이보에 올린 후 그들의 실종된 부모를 찾아주거나 도움을 주는 활동) 활동을 시작한 후 1월 웨이보를 개설한 이래 11월까지 6,000건이 접수되었고 공안부는 올라온 정보를 토대로 전국에 있는 인신매매범을 잡아들여 아이들을 구제하는 활동을 추진하고 있다. 또한 초등학교에 "무료 아침 제공"하는 공익활동을 실천해, 현재 백 개의 초등학교 2백만 명 학생에게 무료아침식사를 제공하고 있다.

이처럼 인터넷 동원을 통해 인터넷에서 의견을 접수하고 사회와 함께 행동하는 방식은 중국 국가발전에 도움을 주고 있다. 간혹 이 둘 간의 의견의 불일치로 마찰이 생기기도 하지만 전체적으로 보면 그들은 중국 정부의 중요한 동반자이다. 그러나 인터넷 동원은 앞서 살펴 본 바와 같이 '개인 신상털기' 같은 개인 사생활을 당사자 모르게 시행하여 사회충돌을 일으키는 부작용도 존재하고 있다.

전통의 매체는 뉴스나 정보에 대해 일방적으로 전달하는 수직적인 구조여서, 사람들은 전통매체에서 기본적인 정보를 피동적으로 획득할 수밖에 없었지만 인터넷은 새로운 것, 평등적, 강압적이지 않은 정보를 만들어내는 공간으로 기존의 일방적으로 전달하던 방식을 상호간에 전달하는 방식으로 바꾸는 질적 변화를 가져왔다. 대중은 더 이상 피동적인 자세가 아니라 주동적으로 권리를 행사할 수 있게 되었으며, 모든 정보가 전달되는 과정은 쌍방간의 상호과정을 통해 만들어지기 때문에 인터넷은 강한 여론을 형성하게 되었다.

살 펴 보 기

웨이보 3억 명의 수다 … 비리 고위관료 80명 옷 벗겼다

충쯔(蟲子)와 딩당(丁當 · 여). 20대 후반인 이들은 부부다. 그의 친구들은 이들을 ＜웨이푸치(微夫妻)＞라 부른다. 웨이보(微博) 부부라는 뜻이다. 퇴근 시간. 같은 직장에 다니는 이들은 택시를 탄다. 남편인 충쯔가 앞자리에, 부인인 딩당은 뒷자리에 앉는다. 곧바로 둘은 휴대전화를 꺼내 웨이보에 접속한다. 집에 도착할 때까지의 20여 분 동안 부부의 대화는 없었다. 두 사람의 대화는 저녁식사 자리에서야 비롯됐다. ≪당신 웨이보 팔로어 중 ＜V＞(사회 영향력 있는 인사)에 대해 좀 알아야겠어.≫(딩당) ≪왜?≫(충쯔) ≪그래야 당신의 하루 일과, 관심사 등 모든 것을 알 수 있거든.≫(딩당) ≪날 감시하려는 거지?≫(충쯔)

저녁식사 후 둘은 나란히 침대에 누웠다. 이불 속에서 각자 휴대전화를 이용해 웨이보 단신을 받고 날리다 잠이 들었다.

최근 웨이보를 통해 확산되고 있는 베이징(北京)의 한 신혼부부 일상이다.

이를 본 중국 사회학자들의 분석은 네 가지.

사람들 대화 화제의 70%가 웨이보에서 나오고, 웨이보가 말을 대신하며, 팔로어 숫자로 상대를 평가하고, 부부 사랑의 공간까지 웨이보가 점령했다는 것이다. 요즘 중국 젊은이들은 웨이보를 떠나 생활하기 어려운 '중국 웨이쿵(微博控 · 웨이보 콤플렉스)' 현상까지 보인다는 게 이들의 진단이다.

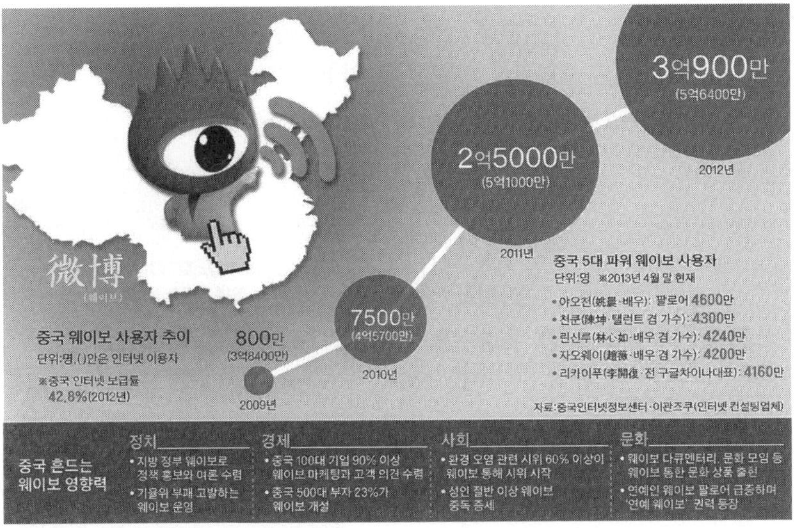

춘절 때 초당 발송 3만여 건 … 트위터 제쳐

중국 인터넷정보센터 조사에 따르면 지난해 1월 23일 춘절때 초당 메시지 발송건수는 3만 2,312건에 달했다. 세계인들이 사용하는 트위터의 역대 초당 최고 기록인 2만 5,088건을 훨씬 앞지르는 수치다.

지난해 말 베이징요우뎬(北京郵電)대학은 자체 개발한 '웨이보 출근부' 시스템을 활용해 학생과 교직원들의 등교시간을 확인하고 있다. 학생들이 교실에 들어가기 전 웨이보 출근부에 지문을 대면 기록은 대학의 인터넷 학사관리시스템에 자동 입력된다. 수업시간에 늦을 경우 학생의 웨이보로 경고 메시지가 발송되고 이 같은 기록은 성적증명서에도 그대로 올라간다. 이 대학 3학년인 리링(李嶺)은 "학교 입장에서 학생들을 관리하는 것은 좋지만 개인의 모든 학교생활이 노출돼 대학생활 자유에 대한 억압"이라고 불평했다.

살펴보기

기업에 웨이보는 새로운 경영수단이다. 마이크로소프트 아시아연구원에 따르면 중국 100대 기업의 90% 이상이 웨이보를 통해 ▶ 판촉과 광고 ▶ 고객 의견 수렴 등 소통 ▶ 신상품 정보 제공 ▶ 기업 간 전략적 협력 ▶ 실시간 제품 문제 검색 등을 하고 있다.

공산당, 전담 인력 두고 의견 접수·분석

중국 경제부처의 핵심 인물이자 왕치산(王岐山) 당 기율위 서기의 오른팔이었던 류톄난(劉鐵男 · 59) 국가발전개혁위원회(발개위) 부주임(장관급)도 최근 경제잡지인 차이징(財經)의 뤄창핑(羅昌平) 부편집장의 웨이보 비리 폭로로 낙마했다. 시진핑 주석 당서기 취임 이후 지금까지 낙마한 100여 명의 국장급 이상 고위 간부 80%가 모두 웨이보 비리 제보를 통해 감옥으로 갔을 정도다. 전국 공안기관에서 부패 척결 목적으로 개설한 웨이보가 자그마치 1,228개다.

중국 정치의 최대 난제인 정치개혁을 위해 공산당은 지난해부터 웨이보로 의견을 접수하고 있다. 중국 푸단(復旦)대의 '여론과 매스컴 연구실험실'이 4월 발표한 '중국정치웨이보연구보고서'에 따르면 올 3월 현재 정치 소식을 전문적으로 전하는 웨이보만 2,400개에 달한다. 공산당은 이들 웨이보 내용과 분석을 위한 별도의 인력을 두고 있다.

http://media.daum.net/foreign/newsview?newsid=20130527001405430(2013.05.27 자료검색)

제10장

중국의 새로운 길

1 G2

G2(Group of Two)는 중국이 개혁개방을 시작한 이후, 연평균 9.8%라는 엄청난 경제성장속도와 팽창력으로 세계 경제대국으로 부상하며 국제사회에서 위상이 높아지자 기존의 초강대국인 미국과 신흥강국인 중국이 글로벌 리더로서 경제 및 사회 전반에 관한 각종 국제문제를 중국과 미국이라는 두 나라가 해결하는 시대가 도래하였다는 논리로 만들어진 말이다. 이 단어는 2008년 미국 피터슨 국제경제연구소(Peterson Institute for International Economics, PIIE) 소장 프레드 버그스텐(C. Fred Bergsten)이 미국 외교정책 전문잡지 'Foreign Affairs'에 〈평등한 동반자 관계〉[54]라는 글을 기고하면서 세계 금융위기 극복을 위해서는 미국과 중국 간 협력이 가장 중요하다고 하면서 처음으로 사용하였다.

초기의 G2론은 중·미 양국이 경제적 영역에서의 상호 협력이라는 개념으로 사용되었다가 2008년 세계 금융위기가 폭발한 이후 특히 2009년 1월 베이징에서 열린 중·미 수교 30주년 기념 학술행사에

54) C. Fred Bergsten,"A Partnership of Equals: How washington Should Respond to China's Economic Challenge", Foreign Affairs, No.6(July/August 2008).

서 지미 카터 행정부의 국가안보 보좌관을 역임한 즈비그뉴 브레진스키(Zbigniew Brzezinski)가 G2를 기존의 경제적인 측면에서 전략적인 측면으로 확대시켜야 한다고 주장하면서 의미가 더욱 확대되었다. 또한 2009년 7월 미국 워싱턴에서 개막된 중·미 전략경제대화 이후 국제사회에서 G2론이 더욱 성행하기 시작하면서 G2 개념을 둘러싼 논쟁이 가시화되기 시작하였다.[55]

하지만 G2라는 개념은 중국-미국이 세계의 양대 강국체제가 되었다는 것을 의미하고 있는 것이 아니라 양국이 세계문제에 있어 협력해야 함을 강조하는 의미라고 할 수 있는데, 2009년 3월 로버트 졸릭(Robert Zoellick) 세계은행 총재와 린이푸(林毅夫) 세계은행 부총재가 공동으로 기재한 '세계 경제 회복의 관건은 G2에 달려있다'[56]라는 글에서 세계경제는 두 나라의 협력 없이는 별다른 성과가 없을 것이라고 한 것에도 G2의 본래 의미가 어떠한지를 알 수 있다.

그러나 이러한 본래의 의미에도 불구하고 중국 정부는 중·미관계를 G2로 인식하는 것에 부정적인 입장을 견지하였는데, 그 이유로 중국이 빠르게 발전을 이룬 것은 사실이지만 아직은 강대국이라고 하기에는 여전히 거리가 있고 미국이 금융위기 이후 경제가 어려움에 처한 상황이나 여전히 종합국력에서 중국보다 우위에 있고 회복 잠재력이 거대한 국가이기 때문에 중·미 양국의 실질적인 격차는 축소되기 어려워서 중국은 미국과 동급의 국가지위가 되지 못한다는 것이다. 표면적으로는 이러한 이유들로 G2에 대한 직접적인 언급을 회피하고 있지만 그

55) 이에 대한 자세한 내용은 이정남(2013), "중미관계에 대한 중국의 인식 : '이익상관자', 'G2', '신형강대국 관계'를 중심으로", 현대중국학회, Vol15, No.1, pp.43-47.

56) Robert B. Zoellick and Justin Yifu Lin,"Recovery Rides on The <G-2>", Washington Post, March 06, 2009.

이면에는 세계무대에서 중국의 위상이 커질수록 중국이 지불해야 하는 대가와 비용이 커지기 때문인 것으로 보인다.

2
중 · 미 관계

1979년 1월 1일 중국과 미국 국교를 수립한 이후 양국은 과거 30여 년간 여러 차례의 변화와 조정이라는 과정을 통해 공생적 관계를 유지하면서도 위험한 관계를 발전시켜 왔다.

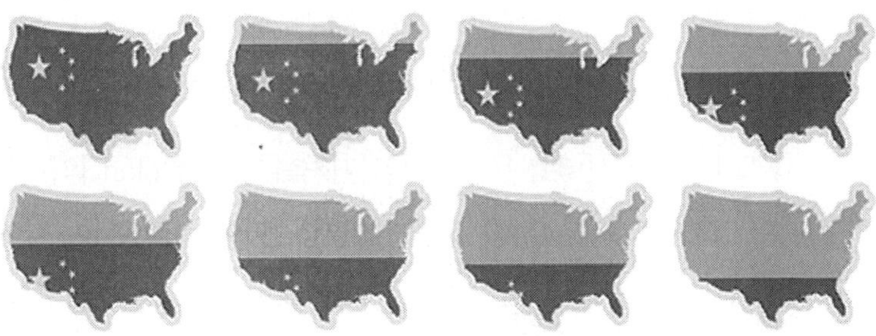

참고자료 : David Leonhardt,"The China Puzzle", NY Times, May 13, 2009.

【그림10-1】 중 · 미 관계를 보여주는 미국 지도 그림

21세기 이후 국제상황에 따라 양국관계도 변화되었는데 2001년 '9.11사건' 이후 중미 양국은 국제적 위험에 있어 공동으로 책임을 통감하며 2001년 10월 APEC회의에서 당시 중국 국가주석 장쩌민과 미국 부시 대통령이 양국은 국제사회의 발전을 위하여 발전적 협력관계에

더욱 힘쓰겠다고 발표하였고, 2006년 6월 후진타오 전 국가주석이 미국을 방문하였을 때 중·미 양국은 대화를 강화하고 공통된 인식과 양국 간의 믿음을 확대시켜 전면적으로 양국 간의 협력관계를 추진하겠다고 발표하였으며, 2009년 4월 런던 G20회의에서 후진타오 전 주석과 오바마 대통령이 처음으로 회담을 가진 자리에서 양국의 국가 원수들은 양국의 전면적이고 적극적인 협력관계를 위해 노력하겠다고 하였다. 이러한 양국의 우호적 입장은 2011년 1월 후진타오 전 주석이 미국을 방문하였을 때 양국은 상호존중과 상호이익을 위한 협력 동반자 관계를 유지해 나가겠다고 발표한 〈중미연합성명〉에서 더욱 확실해진다.

이렇게 순탄한 공생적 관계를 유지하는데 문제가 없을 것 같던 양국은 2013년이 시작되면서 미국 양원이 새로운 '국방수호법'을 통과시켰고, 나아가 〈미일안보조약〉 제5항에 중국과 일본의 영토분쟁지역인 센카쿠 열도(중국명 댜오위다오)를 포함시키면서 긴장국면에 놓여있다. 이 정책으로 인해 앞으로 중·미 양국관계가 앞으로 어찌 될 것인가에 대해 국제여론은 촉각을 곤두세우고 있다.

니스시옹(倪世雄) 푸단대 미국연구소장은 중·미 관계에 대해 양국 관계는 끊임없이 성숙해지고 발전하는 동시에 갈수록 복잡하고 어려워질 것이라고 말하면서 그 예로 무역마찰 문제, 주변국의 영유권 문제 등을 꼽았다.

우선 중·미 양국의 무역마찰은 해마다 강하게 나타나고 있는데 금융위기 이후 미국은 중국 기업에 대한 소송과 제재를 해마다 증가시키고 있다. 이에 대해 모건 스탠리 아시아담당 회장 스티븐 로치(Stephen Roach)는 한 TV 인터뷰에서 오바마 대통령이 미국의 경제회복을 위해 향후 5년간 수출을 두 배로 늘리겠다고 약속한 것과 관련해 중국 없이는 해낼 수 없는 일이라고 강조하면서 이러한 상황에서 중국에 무역제재를 강하게 가하는 것은 미국 경제 회복에 있어 우려할 만하다고 경고했다.[57] 또한 미국 전 국무부장관 힐러리 클린턴(Hillary Rodham Clinton)이 아시아와 아프리카를 방문했을 때 중국은 개도국에 '새로운 식민주의'를 시행하고 있다고 강하게 비판하면서 세계는 중·미 관계에 있어 심각한 '제로섬' 논리가 펼쳐질 것을 걱정하고 있다.

영유권 문제에 대해서는 양국 간의 이해관계는 더욱더 심각하게 나타나고 있는데 더욱 중요한 것은 미국이 외교정책의 중심축을 기존의 중동과 유럽에서 아시아태평양지역으로 옮기겠다는 새로운 전략(Pivot to Asia)을 선언했다는 것이다. 미국의 새로운 외교정책은 2011년 미국 전 국무장관 힐러리 클린턴이 외교잡지 〈Foreign Policy〉에 '미국의 태평양시대'[58]라는 기고를 통해 선언하면서 2000년대 이후 수십년간 이라크와 아프가니스탄 등 중동에 집중해 온 외교 및 군사정책의 중심을 아태지역으로 이동한다는 "재균형 정책"이다. 이러한 미국의 전략은 아태지역의 광활한 동력과 발전 잠재력을 이용하여 자신들의 경쟁력을 강화시키고 이를 바탕으로 기타지역과 전 지구촌에서 주도적인 지위를 유지하고자 하는 것으로 풀이된다. 이로 인해 오바마는 핵심 동맹국인 일본과 한국은 물론 인도, 베트남, 미얀마 등 중국과 영토 및 영해 분쟁이 있는 국가들과의 외교관계를 강화하는 한편 이들 국가와 중국과의 영유권 분쟁에 개입하여 중국과 마찰을 빚고 있다. 또한 경제적으로

57) http://www.bloomberg.com/news/2011-01-20/roach-says-threat-of-sanctions-on-china-endangers-u-s-recovery-tom-keene.html 2013.12.07검색.

58) Hillary Rodham Clinton(2011), "America's Pacific Century", Foreign Policy, November 2011, (189).

환태평양 경제 동반자협정(TPP : Trans-Pacific Partnership)을 맺어 중국이 아태지역에서 힘을 키우고 있는 것에 대해 경계하고 있다.

이에 반해 미국이 아태지역에서 세력을 확장하는 것을 견제하는 러시아는 중국과의 협력관계 강화를 서두르며 친선 확대 도모에 힘쓰고 있어 자칫 아태지역이 중국과 미국의 새로운 패권다툼의 장이 될 가능성도 배제할 수 없는 상황이지만 2012년 9월 11일 중국 광시좡족자치구(广西壮族自治区) 난닝(南宁)에서 열린 '중국 · 아세안(ASEAN) 엑스포 비즈니스 서밋' 연설에서 "중국은 영원히 패권을 다투지 않을 것"이라고 밝혔고, 오바마 대통령도 2012년 10월 22일 외교정책을 주제로 한 3차 대선 토론에서 "중국이 규칙을 따른다면 국제사회에서 잠재적 동반자가 될 수 있을 것"이라고 말해 양국이 파국으로 치닫는 가능성은 낮을 것으로 예상된다. 친구(friend)와 적(enemy)의 합성어 프레너미(frenemy)가 현재의 중 · 미 양국의 관계가 아닐까 싶다. 확실한 것은 21세기 들어 중 · 미 양국은 전 세계 문제에 있어 직 · 간접적으로 영향을 미치고 있으며 이로 인해 양국관계는 복잡하게 변화하고 있다는 것이다.

과거 중 · 미 관계는 "초-강 관계" 다시 말해 유일한 초강대국 미국과 많은 강국 중의 하나였던 중국과의 관계였다면 현재 중 · 미 관계는 "맏이와 둘째 관계"와 같다. 패권을 수호하고자 하는 첫째(미국)와 새롭게 힘을 키워 부흥하는 둘째(중국)관계로 볼 수 있다. 중국이 미국의 경제를 추월하는 시기에 대해 국제통화기금(IMF)은 그 시기를 2016년으로 보고 있다. 이러한 중국의 경제발전으로 인해 군사, 인터넷, 항공, 해양, 과학 등 여러 분야에서 중 · 미 양국이 함께 긴밀하게 협조하는 일이 많아졌다.

미국은 이러한 문제에 대해 민감하게 대응하고 우려하는 입장을 취하고 있는 반면 중국은 오히려 미국에 대한 외교에 있어 과거에 비해 자신감 있게 처리하는 행보를 보이고 있다. 이는 도광양회(韜光養晦)[59]를 지나 유소작위(有所作爲)[60]를 적극적으로 실행하는 것이라고 볼 수 있다.

3
중·미 양국의 새로운 패러다임

2010년 초 미국의 타이완 무기 판매, 오바마 대통령의 달라이라마 접견, 무역마찰, 천안함 사건과 남사군도 사건을 둘러싸고 중·미간에 긴장감이 고조되면서 중국 내에서는 G2의 가능성에 대한 강한 의문이 제기되었다.[61] 이러한 상황 속에서 2010년 5월 중·미 전략경제대화에서 당시 국무위원 다이빙궈(戴秉国)가 "양국은 글로벌시대를 맞이하여 사회제도나 문화전통 및 발전단계가 다른 국가들로, 서로 존중하고 조화와 협력으로 윈-윈 하는 신형대국관계를 열어가야 한다"고 처음 언급하였다. 그 이후 2011년 1월 후진타오 전 주석이 미국을 방문하여 새로운 〈연합성명〉에 합의하면서 "중·미 양국은 공동으로 노력하여 상호존중, 호혜공영(互利共赢)을 건설하는 협력 동반자 관계에 힘쓰자"고 하였다. 이는 장기간 '적도 없고, 친구도 없는' 양국관계의 모

59) 자신의 재능이나 명성을 드러내지 않고 참고 기다린다는 뜻으로, 1980년대 중국의 대외정책을 일컫는다.

60) 적극적으로 참여하여 하고 싶은 대로 한다는 뜻으로, 2002년 후진타오를 중심으로 하는 4세대 지도부가 들어서면서 새로운 중국의 대외정책으로 사용되었다.

61) 이정남(2013), pp.49.

호한 상태를 새롭게 재배치한 표현이다. 또한 2012년 2월 당시 국가 부주석이였던 시진핑도 "양국은 협력 동반자 관계를 바탕으로 21세기의 신형대국관계를 만들어가야 한다"고 말하면서 중국 지도자로서 처음으로 미국 측에 정식으로 중·미 신형대국관계(中美新型大国关系)를 언급하였다.

시진핑 주석은 중·미 신형대국관계에 대해서 3가지 기본 원칙을 제시하였는데 바로 "不冲突, 不对抗, 相互尊重、合作共赢"(충돌하지 않고, 대항하지 않으며, 서로 존중하고 협력하여 공동의 이익을 추구한다)이다. 즉, 동반자적 관계를 유지하여 대항과 충돌의 방식이 아닌 대화의 방식을 통한 협력으로 양국 간에 발생하는 모순과 의견 충돌을 현명하게 해결하자는 의미이다. 또한 각자의 선택을 존중하여 각국의 사회를 발전시키고 상호간의 배려와 존중을 통해 자신들의 이익을 추구하는 동시에 상대방의 이익도 수용하자는 의미를 지니고 있다.

2013년 6월 8일 미국 캘리포니아주에서 시진핑 주석과 오바마 대통령이 가진 첫 정상회담에서도 "양국은 반드시 인류의 발전과 진보에 착안해 새로운 사고를 창조하는 동시에 적극적인 행동을 통해 새로운 대국관계를 형성해야 한다"고 거듭 강조하면서 주요 현안에 대해서 의견을 나눴는데, 그 내용은 다음과 같다.[62]

우선, 북한 핵문제에 있어 양국은 모두 아태지역의 형세와 이슈에 관하여 긴밀한 협조를 하겠다고 하면서 시진핑 주석은 원칙적으로 한반도 비핵화라는 입장을 견지하고 있으며 한반도의 평화를 위하여 북한의 핵문제와 한반도 문제에 대해 대화를 통해 노력하겠다고 강조하였

62) 이에 대한 자세한 내용은 习近平三句话概括中美新型大国关系,〈新景报〉, 2013.6.10. 자를 바탕으로 작성.

다. 북한의 핵문제에 있어 양국은 원칙적인 입장과 전반적인 목표가 일치하였다.

경제관계에 있어 양국은 이미 경제관계에 있어 긴밀한 협력관계를 유지하고 있으며 현재 양국은 경제구조를 조정[63]하여 앞으로 더욱더 양국 간의 경제협력이 확대될 것이라고 하였다. 미국은 중국의 기업이 미국에 투자하는 것을 부탁하는 한편 미국의 첨단기술 상품을 중국 시장에 더 확대시켜 중국에 대한 무역이 증가되고 에너지 등의 분야에 있어서도 협력하길 희망하였다.

지적재산권문제에 있어 중국은 지적재산권 보호가 중국이 앞으로 실행해야만 하는 국제적 의무일 뿐만 아니라 중국이 구상하는 새로운 국가의 경제발전 및 사회의 요구라는 점을 강조하면서 중국은 앞으로 더욱더 지적재산권 문제에 대해서 법적인 체계를 완벽하게 구비하고 강하게 법을 집행하는 동시에 각국 기업의 지적재산권 문제에 대해서도 차별 없이 보호할 것이라고 하였다.

인권문제에 있어 시 주석은 중국의 인권관에 대해 설명하면서 중국은 인권을 중시하고 인권발전을 위해 노력한다는 점을 강조하면서 중국 인권사업은 괄목할 만한 성과를 가져왔다고 자평하였다. 또한 중국의 경제 · 사회발전에 따라 중국의 인권도 빠른 성과를 거뒀다고 말하였다.

사이버안전문제에 대해서 중국 정부는 중국도 무차별한 인터넷 공격의 피해자로서 어떠한 형식의 사이버 공격도 용납하지 않는다고 하면서 현재 사이버 안보에 관해 양국이 공동으로 양국 간 네트워크망을

63) 미국은 "제조업으로의 회귀"와 "수출증가"를 제창하고 있는 반면 중국은 오히려 제조업 중심이었던 경제구조를 "자주창신 및 산업 업그레이드"로 발전시키고자 한다.

구축해 협조와 협력을 통한 투명한 네트워크 관리 시스템을 만들자고 하였고 네트워크망을 구축하는 데 합의했다. 그러나 양국의 협의가 무색하게 미국 중앙정보국(CIA : Central Intelligence Agency) 전 직원 스노우든이 미국 국가안전국(NSA : National Security Agency)은 지난 15년간 중국 칭화대(清华大学)와 이동통신회사 등 중국의 많은 인터넷망에 침입했다고 폭로하면서 양국관계에 악영향을 미칠 것으로 예상되었지만 2013년 7월 워싱턴에서 열린 제5차 중 · 미 전략경제대화에서 미국 측은 이는 모든 나라가 행하고 있는 정보활동이라고 중국 측에 양해를 구하는 동시에 NSA에 의한 중국 사이버 공격과 중국발 대미 사이버 공격을 동일시해서는 안 된다고 강조하였다.

기후변화문제에서 양국은 양국의 기후변화팀을 통해 기후변화에 대한 실무적인 협력을 추진하는데 동의하는 동시에 탄소배출량의 생산과 소비를 감소시키는 데 동의하였다.

마지막으로 아시아태평양지역에 대해 과거 30여년간 아태지역은 전반적으로 안정적인 정세를 유지해 왔으며, 이러한 국면을 유지시키기 위해 양국은 아태지역의 경제단일화를 지지하면서 서로 긴밀하게 협조하는 데 동의하였다.

2013년 11월 20일 한겨레-부산 국제심포지엄에서 신형대국관계의 개념과 의미를 놓고 미국과 중국, 한국의 학자들이 치열한 논쟁을 벌였다.[64] 중국 측 발제자로 참가한 텡젠췬(腾建群) 중국국제문제연구소 연구위원은 "미국 등 서방에서 G2라는 단어를 10여년 전에 내놨지만 후진타오 등 중국의 이전 지도자들은 이를 받아들이지 않았다. 그러나

64) 이 부분에 대한 내용은 2013. 11.21일자 한겨레신문의 내용을 정리.http://www.hani.co.kr/arti/politics/politics_general/612066.html. (검색일 2013.12.06.)

지난해 출범한 시진핑 체제는 이를 기꺼이 받아들이려는 분위기다. 그런 생각이 바로 '신형대국관계'라는 표현에 담겨있다"고 말했다. 그는 "중·미 양국은 양자 관계를 강화하는 동시에 양국관계의 악화를 이용하려 하는 제3국의 시도를 통제해야 한다. 그런 점에서 양국은 G2가 아닌 협력(Cooperation)과 조정(Coordination)을 의미하는 C2가 돼야 한다"고 주장하였다.

반면, 미국 측 입장의 멜 거토브(Mel Gurtov) 포틀랜드주립대 교수는 "신형대국관계는 아직 시기상조이다. 미국의 공식적인 대중국 정책은 여전히 경쟁과 협력, 봉쇄를 섞은 형태를 유지하고 있다"고 전제하면서도 "미국은 중국과 지속적으로 갈등관계를 유지할 여력이 없고 이는 중국도 마찬가지이기 때문에 양국이 서로 협력하고 우호적인 관계를 유지할 수 있도록 노력해야 한다"고 말했다.

마지막으로 한국 쪽 입장의 차창춘 부산대 교수는 "신형대국관계의 시험대는 결국 아태지역이 될 것이다. 북한 핵, 영토분쟁, 일본의 보수화 등 동아시아 지역에 여러 현안이 쌓인 상황에서 중·미 양국에 협력적 관계가 형성되지 못한다면 한국의 입장이 무척 어려워질 수밖에 없다"고 말했다. 중·미·한 3국의 입장을 종합적으로 살펴볼 때 중국은 미국과 어깨를 겨루는 신형대국관계의 불가피성을 역설한 반면 미국은 아직은 때가 아니라는 다소 조심스러운 입장을 내놓았다. 한국의 경우 이러한 국제질서의 변화를 인정하면서 우리만의 전략적 태도가 필요하다고 보았다.

신형대국관계 건설에 있어 장지엔(张建)[65]은 몇 가지 문제점을 지적했는데,

---

65) 张建, 中美新型大国关系的障碍, 东方早报, 2013.4.19.

- 우선, 신형대국관계에 있어 아직은 미국 국내의 공통된 인식이 부족하다는 것이다. 또한 미국의 일부 외교관과 학계에서는 "중국 지도자 혹은 중국인이 제기하는 신형대국관계라는 개념은 마치 중국이 미국보다 강하다는 인식을 심어준다"고 말한다. 이러한 상황에서 양국 간에 신형대국관계를 건설하려는 것에는 제약이 따를 수밖에 없다고 지적하였다.
- 두 번째로 중·미 양국이 기본적으로 지니고 있는 인식의 차이는 현실적으로 단기간에 개선하기 어렵다는 것이다. 중국은 미국이 중국의 발전을 억제하거나 봉쇄한다고 생각하고 있는 반면 미국은 오히려 중국이 미국에 도전하고 미국의 전 세계 주도적 지위에 대해 상호간에 제약을 통해 힘의 균형을 이루고자 한다고 생각한다는 것이다.
- 마지막으로 현재 양국은 공동이익 확대라는 전략을 취하고 있지만 이는 일정한 범위에서 공동이익을 확대시키는 것이지 장기적으로 봤을 때 이러한 전략이 양국의 이익 확대를 제약하는 요인으로 작용하고 결과적으로 공동의 이익을 확대시킬 수 없는 결과를 초래한다는 것이다.

현재 국제사회에서 가장 중요한 양자관계는 중·미관계이고, 이들의 관계가 어떻게 21세기 국제질서에 영향을 미치느냐에 세계의 이목이 집중되어 있다. 중국은 시진핑 체제가 가동되고 미국은 오바마 대통령이 재선에 승리하면서 앞으로 5년은 중미신형대국건설에 있어 중요한 시기가 될 것이다. 누구도 가지 않은 새로운 길을 가는 것은 어렵기는 하지만 결코 불가능한 일이 아니다. 양국은 양국의 발전뿐만 아니라 국제질서에 대한 깊은 사고와 대범한 탐색을 통해 양국관계에 대해 고

민하는 동시에 끊임없이 '正能量'(정녕량 : 긍정의 힘)[66]을 축척해 중·미 관계의 새로운 길을 모색하고 나아가야 할 것이다.

66) 정녕량은 영국인 심리학자 리차드 와이즈먼(Richard Wiseman)의 저서에서 시작된 유행어로 '긍정이 가지는 에너지'를 의미한다.

살펴보기

외교, 중국 꿈 · 신형대국관계 · 의리관에 기초

중국 신화통신은 2013년 중국외교가 '중국의 꿈'(中國夢), '신형대국관계', '정확한 의리(義利)관' 등 3개의 신개념 아래 추진됐다고 평가했다.

신화통신은 22일 '신개념이 2013년 중국외교를 이끌었다'는 제목의 평론 기사를 통해 중국 외교가 이들 3개의 신개념을 통해 새로운 외교 공간을 열고 새로운 외교의 틀을 만들었다고 밝혔다.

'중국의 꿈'은 외교에서 중화민족의 위대한 부흥을 실현하는 한편 평화발전의 길을 흔들림 없이 추구하면서 중국의 발전이 이웃국가와 세계의 발전에 도움이 될 수 있도록 한다는 개념이다. 여기에는 중국의 외교적 영향력과 위상을 키우고 국제현안에서 중국의 발언권을 높인다는 의미도 담겨 있다.

중국이 미국과의 관계를 언급할 때 제시하는 '신형대국 관계'는 기존 강대국인 미국과 새로이 부상하는 중국이 평등의 기초 아래 서로 존중하고 상호간의 핵심이익을 보호하며 호혜적인 관계를 형성해야 한다는 주장이다.

정의와 이익을 정확하게 조화시키는 것을 주요 내용으로 하는 '정확한 의리관'은 중국이 주변국과 관계발전을 위한 주요 지침으로 활용됐다고 신화통신은 전했다.

신화통신은 '의(義)를 리(利)보다 중시하고 우선시하는 것은 중국의 오랜 전통 문화관습이나 외교전통으로, 이는 주변국 외교에서 정치적으로는 정의를 견지하고 도의를 우선시하면서 경제적으로는 서로에게 이익이 되는 공동번영과 공동발전을 추진한다는 의미'라고 평가했다.

의리관은 또 중국과 오랜 우호관계를 유지하면서도 발전에 어려움을 겪는 주변의 개발도상국에 대해선 상대방의 이익을 더 많이 고려하고 필요할 경우 이익을 포기하고 의를 취하도록 한다는 개념이라고 신화통신은 주장했다.

신화통신은 '실크로드 경제권' 및 21세기 해상 실크로드 제안, 중국과 아세안(ASEAN) 간 자유무역협정 전면 발효, 아시아기반시설투자은행 설립 등을 중국이 이러한 '의리관'을 실행에 옮긴 사례로 꼽았다.

http://news.naver.com/main/read.nhn?mode=LSD&mid=sec&sid1=104&oid=001&aid=0006664974
(2014.01.19. 자료검색)

미·중 신형대국 관계... '경제', '안보'에서 한국 방향타 설정 잘해야

미국과 중국이 명실상부한 G2(주요 2개국)로 자리를 굳히면서 그 사이에 끼인 한국은 여러모로 난처한 상황에 빠지고 있다. 미·중 양국이 만들어 가는 신형대국관계가 때로는 '대립'으로 때로는 '협조'로 방향을 바꿔가기 때문이다.

왕이 중국 외교부장은 지난 12월 말 열린 '2013 중국과 세계외교' 포럼에서 "중국엔 미국 주도의 환태평양경제동반자협정(TPP) 같은 무역협정 참여에도 길이 열려 있다"고 밝혔다.

중국의 TPP관심 표명은 처음이 아니다. 리커창 총리가 직접 지난해 10월 미국과 거대 자유무역협정(FTA)을 두고 다툴 의사가 없음

살펴보기

을 분명히 했다. 하지만 이 같은 발언 전 TPP와 역내 포괄적 경제협정(RECP)은 미국과 중국의 패권경쟁으로 묘사되면서 어느 쪽에 가입하느냐를 두고 친미와 친중이 가려지는 상황으로까지 몰렸다. 하지만 최근 중국이 경제적 이익 때문에 TPP에 관심을 보이면서 한국 입장만 난처해졌다.

중국이 그간 TPP에 가입을 주저한 것은 가입국들이 관세 철폐뿐 아니라 투자와 지재권, 노동, 환경, 중소기업, 국영기업 등의 교역규범 측면에서 높은 수준의 규제 원칙을 만들고 있기 때문이다.

국영 기업에 대한 막강한 보조금과 행정지원을 통해 성장해 온 중국으로선 부담스러운 부분이다. 그럼에도 중국이 체질 개선까지 해가며 TPP에 들어가려는 것은 중국 내 노동임금이 가파르게 상승하는 상황에서 미국과 캐나다, 일본 등 거대시장과 베트남, 말레이시아 등 신흥경제국이 손잡게 되면 관세철폐 효과를 보는 이들 국가가 중국 상품 수출량을 대체하기 때문이다.

중국이 TPP 가입 쪽으로 방향을 선회하는 모습을 보이자 당황한 것은 한국이다. 한국보다 세계경제에 파급력이 큰 중국이 TPP 협상에 들어오면 원산지 규정 등에서 중국 입김이 강해질 가능성이 높다. 미국도 최근 들어 한국을 협상국으로 받아들이는데 난색을 표했다. 모든 협의가 끝나고 난 뒤에 TPP에 참여하는 것은 가능하지만 13번째 참가국으로 협상에 참여하는 것은 곤란하다는 것이다. 만약 한국이 모든 규정이 결정된 후 TPP에 들어가게 된다면 미국이 우리나라에 또 다른 조건을 제시할 가능성이 크다. 중국 눈치를 보다 최근에서야 TPP 가입을 선언했지만 너무 늦었다는 이야기다.

미·중 패권경쟁의 핵심 쟁점으로 떠오른 중국 방공식별구역 설정도

한국에 피해를 줄 수 있다. 월스트리트저널(WSJ) 등 외신은 중국이 방공식별구역을 설정한 것은 미국과의 신형 대국관계에 포함된 핵심 이익 수호, 특히 영토와 주권 사항에 대한 강력한 수호의지를 보여준 것이라고 분석했다.

방공식별구역을 선포함으로써 미국의 대응수준, 그리고 미·일동맹의 응집력을 보겠다는 심산이다. 문제는 방공식별구역 선포가 그 첫걸음이라는 것이다. 향후 남중국해나 기타 지역에 방공식별구역을 확대 적용할 경우 한국 입장에서는 이어도 문제가 걸릴 수 있다.

중국은 이번 선포가 한국을 겨냥한 것이 아님을 언급하고 한국에 협조를 부탁했지만 상황이 어떻게 급변할지 모르는 상황에서 한국도 중국에 대응해 방공식별구역 확대를 선포했다. 문제는 이런 상황에서 중국과 미국이 이익을 조율하게 될 때 한국이 방향타를 어떻게 설정하느냐의 문제다.

홍콩 봉황TV 등 중국 매체들은 중국이 미국과 조율해 상황이 격화되는 것을 막을지라도 일본과는 대립을 계속 할 것으로 보고 있다. 이 경우 중국은 한국과 일본을 분리하는 정책을 쓸 것으로 보인다고 지적했다. 한국은 양쪽의 상황을 주시하며 줄다리기를 통해 이어도 상공이라는 실익을 얻어야 한다. 이럴 경우 이어도가 한국의 방공식별구역에 속한다는 외교적 홍보를 강화해야 한다. 그렇지 않고 우물쭈물하다가는 타국의 이익에 매몰돼 상당한 손실을 볼 것으로 보인다.

http://www.asiatoday.co.kr/news/view.asp?seq=917625 (2014.01.20.자료검색)

참/고/문/헌

김미란(2003), 90년대 중국 대중문화 ― 드라마『渴望』분석,「中國現代文學」, 第26號, 265~291.

강준영 편(2003),「중국진출전략 대특강」, 중앙 M&B.

강진석(2004), 중국의 문화코드, 살림.

강진석(2009), 다원화시대에 들어선 중국문화 이해하기: 21세기 중국의 저변을 이해할 코드는 대중문화,「Chindia Journal」3, 37~39.

고광석(2002),「중화요리에 담긴 중국」, 매일경제신문사.

고영근, 김동하(2010),「중국의 상관습과 지역별 비즈니스 환경」, 부산외국어대학교출판부.

孔健 지음, 안수경 옮김(2003),「상하이人 홍콩人 베이징人 : 중국 각 지역 상인들의 기질과 상술에 관한 보고서」, 사과나무.

공봉진, 이강인, 조윤경(2010),「한권으로 읽은 중국문화」, 산지니.

공봉진 외(2009),「현대중국 사회」, 세종출판사.

공상철, 권석환, 이경원, 이창호, 정진강 공저(2011),「중국, 중인 그리고 중국문화」, 다락원.

김대오(2006),「중국에는 왜 갔어?」, 사군자.

김상균, 신동윤(2009),「현대중국의 이해」, 시공간.

김용준 외 지음(2006),「중국의 지역성과 중국 소비자」, 성균관대학교출판부.

김용준 외 지음(2010),「중국 현대 소비문화와 시장문화」, 한국학술정보.

김용준, 김주원, 문철주 (2010),「중국 시장문화와 중국 내수시장 공략」, 성균관대학교출판부.

김익수(2004),「중국시장 마케팅 : 전략과 사례」, 博英社.

김종성(2003),「몸으로 배우는 중국비즈니스」, 거름.

랑셴핑 지음, 이지은 옮김(2011),「부자중국 가난한 중국인」, 미래의 창.

리앙쩐웨이(2008),「한손에 잡히는 중국」, 지영사.

문정인(2010),「중국의 내일을 묻다」, 삼성경제연구소.

박종한, 김민수(2008),「중국시장 브랜드 전략」, 궁리.

보양(柏楊) 지음, 김영수 옮김(2005),「추악한 中國人」, 창해.

삼성경제연구소(2009),「새롭게 주목해야 할 중국 소비시장」, SERI 경영노트, 28호.

서진영(2006),「21세기 중국의 외교정책: 부강한 중국과 한반도」, 폴리테이아.

안경준(1998),「중국 몰라도 너무 모른다」, 여백.

안상혁, 한상구(2008),「중국 6세대 영화, 삶의 본질을 말하다」, 성균관대학교출판부.

예건중 외, 이필주 옮김(1996),「중국의 분열」, 대륙연구소출판부.

유진석(2013), "소비대국 중국, 그 중심에 있는 신세대",「SERI」, 제424호.

윤다연(2010), "20대와 30대를 통해 본 중국 소비자의 라이프스타일과 소비트렌드",「KIDP」vol. 10.

이강인(2009), "중국 영화와 중국 사회", 공봉진 외, 현대중국 사회, 세종출판사, 221~234.

이동훈(2012), "중국, 80后, 90后 세대의 라이프스타일과 산짜이 문화",「커뮤니케이션디자인학연구」제38호, 125~136.

이두만(1997),「중국인의 의식구조」, 아세아문화사.

이벤허(1994),「중국인의 생활과 문화」, 김영사.

이응철(2009), 세계화 시대의 중국 대중문화와 내셔널리즘,「한국문화인류학」42(1): 145~177.

이정남(2013), "중미관계에 대한 중국의 인식: '이익상관자', 'G2', '신형강대국 관계'를 중심으로",「현대중국학회」, Vol.15, No.1, 33~66.

이중톈 지음, 박경숙 옮김(2008),「이중톈, 중국인을 말하다」, 은행나무.

이창영, 공명옥(2000),「중국을 알면 황금이 보인다」, 현대미디어.

이항용(2005),「지금 중국을 사라」, 매일경제신문사.

오승렬(2011), "중국 제12차 5년 계획의 대외전략적 함의: '중국위협론'의 재평가", 「중국연구」, 제52권, 429~450.

인천발전연구원(2010), "중국의 현대 중산층과 여성의 소비성향 분석", 「인차이나 브리프 166」, 인천발전연구원 2010.03.08.

임춘성, 왕샤오밍 엮음, 중국문화연구공부모임 옮김(2009), 「21세기 중국의 문화지도」, 현실문화.

쑨리핑 지음, 김창경 옮김(2007), 「단절」, 산지니.

자오동메이 지음, 신계숙 옮김(2008), 「중국요리기행」, 파프리카.

장허하이 지음, 임희선 옮김(2005), 「콧대 높고 자존심 강한 중국사람 요리하기」, 가야넷.

장행복(2009), 「중국 비즈니스 문화」, 신성출판사.

조봉심(2008), 「중국에서 살아남기」, 지구문화사.

종주캉 지음, 정우석 옮김(2010), 「다시는 중국인으로 태어나지 않겠다」, 포엔북.

중국정보연구기구 편(2010), 「우리가 반드시 알아야 할 중국의 긴급과제 50가지」, 에버리치홀딩스.

중국통상전략연구센터(2010), 「주목해야 할 중국의 2,3선 도시들」, 중국통상전략연구센터.

중국통상전략연구센터(2010), 「올해의 중국 히트상품은 이것」, 중국통상전략연구센터.

정광호(2003), 「중국? 중국! : 중국 · 중국인 · 중국문화이야기」, 시아출판사.

정명기(2010), 「중국 경제입문」, 신론사.

정명기, 전나(2010), "중국의 부패결정 요인에 대한 연구", 「동북아경제연구」, 22권 3호, 109~134.

제임스 맥그레거 지음, 정준희 옮김(2006), 「중국 비즈니스 최전선: 13억 고객에게 프러포즈하라」, 황금나침반.

칼 라크라와, 데이빗 메리어트 지음, 김승완, 황미영 옮김(2011), 「왜 중국은 세계의 패권을 쥘 수 없는가」, 평사리.

卓子施 지음, 류해인 옮김(1994), 「중국 비즈니스 성공의 비결」, 하서.

쑨신(2009), "'90후' 2억 명—막강한 소비 파워로", 「이코노미스트」, 981호.

한국무역협회(2009), 「삼국지보다 재미있는 중국진출 이야기」, 한국무역협회.

한국중소기업학회 편(2005), 「한국중소기업 중국진출 성공과 실패에 관한 연구」, 한국중소기업학회, 기은경제연구소.

현대경제연구원(2009), 「중국 소비시장의 특징적 변화와 기업의 시사점」, VIP REPORT 402호, 현대경제연구원.

현대경제연구소(2013), 「중국의 신소비 트렌드, 화유편강」. 현안과 과제.

홍순도(2010), 「베이징 특파원 중국 경제를 말하다」, 서교출판사

홍순도(2010), 「짝퉁전쟁 – 짝퉁을 알면 경제가 보인다」, 올림.

한중사회과학연구회 엮음(2007), 「현대중국의 이해 2」, 한울아카데미.

후안강(2011), 「2020년 중국」, 21세기 북스.

KB daily(2012), 「중국 공산당 지도부 교체와 향후 정책 전망」.

KOTRA(2009), 「2009 중국 Grand Survey」.

KOTRA(2010), 「KOTRA가 바라 본 중국 성시별 비즈니스 기호와 진출 전략」.

陳紹(2001), 「中國饌食文化」, 上海古籍出版社.

段敏芳(2003), 「中国人口迁移流动现状及发展趋势」.

国家统计局(2013), "人民日报刊发国家统计局报告:改革开放铸辉煌 经济发展谱新篇—1978年以来我国经济社会发展的巨大变化".

李培林(2011), 「当代中国民生」, 社会科学文献出版社.

李翔圭 編(1990), 「經濟談判」, 中國經濟出版社.

陆学艺(2010), 「当代中国社会结构」, 社会科学文献出版社.

倪世雄(2013), "建立中美新型大国关系的思考", 「全球化」, 第7期,

孫景峰(2006), 「酒卓上的生意經」, 哈爾濱出版社.

孫景峰(2007),「先做朋友, 后做生意」, 中央編譯出版社.

王晶(2007),「中國各省商人性格揭密」, 中國經濟出版社.

吴忠民(2011),「中国改革进程中的重大社会矛盾问题」,中共中央党校出版社.

孟健軍(2011), 中国の都市化はどこまで進んできたのか, RIETI Discussion Paper Series 11-J-063.

社会蓝皮书(2013), 2012年中国社会形势分析与预测, 社会科学文献出版社.

新景报(2013),「习近平三句话概括中美新型大国关系」, 2013.6.10.

张建(2013),「中美新型大国关系的障碍」, 东方早报, 2013.4.19.

中国互联网络信息中心(2013), 第31次中国互联网络发展状况统计报告.

中国社会科学院(2002),「当代中国社会划分为十大阶层」.

中国社科学院农村发展研究所(2013),「农村绿皮书: 中国农村经济形势分析与预测」, 社会科学文献出版社.

中国统计信息网(2011),「十一五经济社会发展成就系列报告之十七」.

国务院侨务办公室(2007),「中国地理常识」, 外语教学与研究出版.

C. Fred Bergsten, "A Partnership of Equals: How washington Should Respond to China's Economic Challenge", Foreign Affairs, No.6(July/August 2008).

David Leonhardt(2009), The China Puzzle, NY Times, May 13, 2009.

Development Research Center of the State Council(2013), China 2030: Building a Modern, Harmonious, and Creative High-Income Society, World Bank.

Louie, Kam ed.,(2010), Modern Chinese Culture, Cambridge University Press.

Genzberger, Christine A. eds.(1994), China Business. The Portable Encyclopedia for Doing Business with China, World Trade Press.

Hillary Rodham Clinton(2011), America's Pacific Century, Foreign

Policy, November 2011, (189).

Noh Yanwan(2011), China insight, CERIC.

Seligman, Scott D.(1999), Chinese Business Etiquette, Warner Books.

Robert B. Zoellick and Justin Yifu Lin(2009), Recovery Rides on The <G−2>, Washington Post, March 06, 2009.

UNDP(2013), China National Human Development Report 2013.

찾/아/보/기

ㄱ

ㄴ

ㄷ

ㅇ

ㅈ

ㅍ

ㅎ

중국 현대사회의 이해

2014년 2월 20일 인쇄
2014년 3월 2일 발행

저 자 정명기, 田 娜, 유자영
발 행 한남대학교출판부(글누리)
306-791 대전광역시 대덕구 한남로 70
전화 042-629-7536
전송 042-629-7264
인 쇄 바 름
전화 042-628-2411
I S B N 978-89-7066-347-0 93300

정 가 13,000원